KB245172

위기의 한국교육

위기의 한국교육

주삼환 著

KSI 한국학술정보㈜

개정판 머리말

우리 민족은 5천년 역사를 통하여 수많은 시련과 고난, 위기를 맞았을 것이다. 특히 중국과 왜구로부터 많음 시달림을 받았다. 그때마다 슬기롭게 대처하여 오늘날의 대한민국이 되었을 것이다. 우리 민족은 민족의 위기를 민족교육으로 극복하려 했다. 36년 간의 일제 식민지를 교육의 힘으로 벗어나려 했고, 6.25의 잿더미에서도 교육을 멈추지 않았다. 산업화의 한강의 기적도 교육 때문에 가능했다는 평가이다.

일반적으로 보아 국민 개인적으로도 교육에 열심인 사람들이 성공적인 삶을 살게 되었다. 어려움 속에서도 배움과 교육에 열심이었던 사람이 성공했었다. 그래서 떡 장수, 엿 장수를 하면서도, 굶으면서도 자식을 가르치려 했고, 농경사회에서 가장 귀중한 땅 팔고, 소팔면서도 자식의 대학 공부를 시켜 '우골탑'이란 말이 나오기도 했다. 그래서 국가적으로나, 개인적으로나 교육은 가장 확실한 보장 받는 투자였다.

그런 한국교육이 위기를 맞고 있다. 국가가 제공하는 공교육이 불신을 받고 사교육비가 공교육비를 능가하는 21조~27조원이라고 한다. 존경 받던 스승상은 옛 이야기에나 나오게 되고 교사의 권위는 땅에 떨어지고 초라한 모습으로 구석에 몰리게 되었다. 교육력이 먹혀들지 않고 있다.

교육으로 지탱해오고 교육으로 일으켜 세운 나라 교육으로 망할지 모른다는 위기감이 조여 오고 있다. 이 위기를 극복하고 다시 도약해야 한다. 그래서 위기는 기회라고 하지 않는가? 21세기는 우리 민족에게 아주 좋은 기회의 기운이 돌고 있다. 지식정보사회, 문화창조의 사회는 우리 민족에게 여러 가지 측면에서 강점을 가지고 있다. 햇빛은 서양만 비치라는 법이 없다. 21세기는 동양, 아시아, 대한민국에게 유리한 햇빛이 비칠수 있다. 한국교육의 위기를 극복한다는 전제 하에서 말이다.

그동안 초판과 전자판을 애용해준 독자들께 감사하며 내용을 재확인하고 개정판을 내놓는다.

2009.7
저자 주삼환 지

머리말

누가 뭐래도 우리나라는 교육국가이다. 천연자원이 부족한 나라가 이웃 강대국들 틈바구니에서 생존하기 위한 생존전략으로 우리 선조들은 자녀 교육을 제일 중요시했다. 같은 맥락으로 우리는 물질이 적은 속에서도 튼튼한 정신과 참을성을 가지고 살아왔다. 동방예의지국이란 말을 들어 온 것도 이러한 교육과 정신 강조의 덕분이었다.

여기다가 유교문화의 바탕과 일제식민지 압박의 영향으로 우리의 자녀 교육열은 더욱 높아지게 되었다. 우리의 선조들은 다음 세대의 교육을 통해서 식민지 압박에서 벗어나려고 했던 것이다. 교육 운동이 곧 독립운동이었던 셈이다. 그래서 우리나라 교육의 밑바탕에 민족 학교의 정신이 깔려 있다.

우리나라가 교육에 힘쓴 결과 머리가 깨어 쉽게 개화할 수 있고 또 짧은 동안에 쉽게 산업화도 이룩할 수 있었던 것이다. 한강의 기적도 결국은 우리가 국민교육에 힘쓴 결과이다. 또 우리의 쉽고도 과학적인 한글 덕분으로 온 국민을 쉽게 문맹으로부터 해방시킬 수 있었던 점도 있다.

잘나가던 우리나라가 갑자기 IMF를 맞고, 여기저기서 다리가 끊어지고, 백화점이 무너지고, 가스가 폭발하고, 아이들이 타 죽기도 하였다. 부모 자식 간·사제 간에 윤리가 깨지고 직업·사회·국가윤리도 끊어지고 무질서와 난장판이 연출되었다. 이것을 국가적 총체적 위기라고 했다.

그러면 왜 이렇게 국가 전체가 갑자기 무너지게 되었는가? 산업화에 의하여 물질을 얻는 동안 정신을 내팽개치고, 경제를 얻는 동안 교육을 등한시했기 때문이다. 모든 것을 너무 서두르고 철저히 하지 못하고 기초와 원칙을 무시했기 때문이다. 정치적 목적과 경제적 가치를 내세우다 교육적 가치·정신적 가치를 잃고 마침내 정치·경제도 뒤죽박죽이 되었다. 민주화도 겉돌고 있다.

교육에 투자는 않고 교육자들만 몰아붙인 결과 교육자들마저 토라지게 만들었다. 이제는 교육에 책임질 사람이나 집단이 없다. 정치권과 대통령도 교육을 정치적으로 이용이나 할 뿐이고 경제인들도 교육에 대하여 불평이나 하지 돈으로 책임지려 하지 않는다. 교육 관료들이 교육을 개혁한다고 교육을 쥐고 흔들고 있으나 혼란만 일으키지 책임지지 못한다. 자리 옮기고 승진하는 게 그들의 최고의 목표이다. 이제는 교원들마저 교육에서 비켜 서 있고 충성할 필요를 못 느낀다. 학부모들도 초점을 잃고, 교육을 믿고 맡기지 못한다.

지금 우리는 신뢰의 위기, 권위의 위기, 지도력의 위기를 맞고 있다. 누구도 믿으려 하지 않는다. 권위가 서지 않아 국가 공권력까지 도전받고 있다. 지도자들이 지도력을 잃고 있고 부모가 자식을 가르치지 못하고, 교사가 학생을 지도할 신뢰와, 권위, 지도력을 잃고 있다.

한국교육이 위기를 맞고 있는 것이다. 그것도 교육이 제일 중요시되는 지식정보사회에서 말이다. 고난의 역사 속에서 교육으로 살아온 우리나라가 여기서 주저앉을 수는 없다. 이 교육위기를 현명하게 극복하고 탈출해야만 지식정보사회에서 승자가 될 수 있다. 그래도 교원과 교육 지도자에게 힘을 실어 줘야 무엇인가 될게 아닌가?

한국교육의 위기와 관련하여 지난 1년간 썼던 글들을 모아 보았다. 그러다 보니 중복된 내용과 반복 강조하는 말이 많이 있음에 용서를 빈다.

끝으로 개정판의 교정을 꼼꼼하게 보아 준 충남대학교 대학원 교육행정 전공 박사과정 유지영 선생님께 감사한다.

2005년 9월
저자 주삼환

차 례

위기의 한국교육

지금은 새로운 세기, 새로운 천년대로 넘어가는 전환기인 동시에 산업사회에서 지식정보사회로 넘어가는 전환기이다. 선진국들은 이미 성공적으로 이러한 역사적 전환을 하여 안정을 찾고 있는데 우리나라의 경우는 이 전환기에서 아직도 총체적인 혼란을 연출하고 있으며 국가 전체가 몸살을 앓고 있다.

교육 분야도 예외가 아니어서 교육 붕괴, 교육위기라고 지칭될 정도의 현상으로 나타나고 있다. 지식정보사회에서 교육이 무너지는 것은 산업사회에서 경제가 무너지는 것보다 더 위험하고 심각한 일이다. 산업사회에서 경제는 주로 공장에서 만들어 냈지만 지식정보사회에서 지식과 정보는 공장이 아니라 '교육'에서 만들어 내야 하기 때문이다. 산업사회에서는 공장에서 만들어 내는 물질과 돈을 가지고 행복하게 살려다 실패한 것을 반성하고 21세기 지식정보사회에서는 우리 인류가 지식과 정보, 정신을 가지고 정신적으로 풍요롭고 행복하게 살려고 하기 때문에 지식과 정보, 정신을 길러 내는 교육이 가장 중요한데 이 시점에서 교육이 무너지면 21세기의 우리 민족의 앞날은 또 불행해지게 된다. 사실상 교육은 정치·경제·문화의 모든 분야를 뒷받침해 주는 국가의 기초이기 때문에 우리가 IMF 경제위기를 맞은 것도 사실은 그 이전에 벌써 교육이 제 기능을 못했기 때문이라는 것을 알아야 한다. 기업인, 산업 일꾼, 금융인, 경제 관료, 정치인을 교육이 제대로 길러 내놓지 못했기 때문이다.

교육이 제 기능을 못해 우리 국민의 '도덕적 해이'를 가져왔기 때문에, 그리고 지식정보사회에 알맞은 지식과 정보, 기술을 교육이 뒷받침해 주지 못했기 때문에 경제가 무너지고 지금도 시련을 겪고 있는 것이다. 산업시대에 벌어들인 물질과 경제가 교육을 등한시하고 교육을 외면했기 때문이다.

교육위기, 교육 붕괴의 근본 원인은 우리의 교육이 산업사회 교육에서 지식정보사회의 교육으로 전환하지 못했기 때문이다. 교육열이 높은 우리나라 국민들의 교육 욕구와 열망, 기대는 더욱 높아졌는데 국가의 교육 서비스, 교육정책은 국민의 높은 교육 욕구와 기대를 채워 주지 못하고 있기 때문이다. 국민들은 아주 정교하고 세세한, 그리고 개개인에게 맞는 인간적인 교육 서비스를 요구하고 또 기대하고 있는데 정부의 교육 제공은 아직도 산업시대의 공장식 싸구려 대량 교육, 거친 교육, 지시명령식 획일교육에 그치고 있으니 우리의 공교육은 여지없이 무너지지 않을 수 없게 된다. 경제는 무너졌어도 7천 달러 수준이라고 하는데 우리의 교육은 2천, 3천 달러 수준이니 국민들이 공교육에 등을 돌리고 사교육과 조기 해외 유학, 교육 이민으로 눈을 돌리게 되는 것이다. 교육열이 높은 국민들은 지금 2만 달러, 3만 달러 수준의 교육을 요구하고 있고 또 일부 국민 중에는 실제 2만~3만 달러 수준의 생활을 하고 있을 텐데 정부는 형평성·평등·평균을 내세워 제일 낮은 수준의 평준화 하나만의 획일화 교육으로 대처하려 하니 우리의 공교육은 신뢰를 받지 못하게 된다.

여기에 우리 교육의 교육 지도력에 문제가 있다. 교육 지도자들이 교육을 보는 눈에 문제가 있는 것이다. 아직도 교육을 여벌로 생각하고, 교육을 사치품쯤으로 보고 오로지 달러($)에만 매달려 있는 것이다. 어려운 때일수록 교육에 투자하여 인적자원을 잘 길러 놔야 나중에라도 앞설 수 있는 것인데 눈앞에 어른거리고 있는 달러와 투표 수, 여론과 인기에만 집착하고 있으니 이 나라 교육을 누구에게서 기대할 것인가? 더구나 이 정권에 들어와서 교육 여건이 나아지는 게 아니라 오히려 더욱 악화되고 있어서 교육 붕괴는 가속되고 있다. 최근에 학급당 학생 수는 해마다 늘어나고 교사의 수업 시간도 늘어나 교육 여건은 계속 나빠지고 있으니 교육에 희망조차도 가질 수 없다.

거기다 지식정보 전쟁의 소총수라 할 수 있는 교사들을 무시하고, 촌지·체벌 교사로 범죄인 취급하고, 65세 정년보장의 국가신뢰를 깨고 감당도 못하면서 3년씩이나 교사의 목을 쳐 댔으니 누가 국가에 충성하려 하겠는가? 그러면서 고령 교사 1명 퇴출시키면 젊은 피 3명을 수혈하고 남는 돈으로 교육 환경을 개선해 놓겠다고 거짓말하고는 이를 정부가 지키지 못하고 있으니 누구의 힘으로 국민의 높은 교육 욕구를 채워 줄 수 있겠는가? 교사들은 아이들을 가르치기 때문에 거짓말하는 정부를 제일 싫어한다는 것을 알아야 한다. 분명히 초등교사가 모자라기 때문에 무능하고 고령이라면서 돈 주고 내쫓았던 교사를 또 다시 돈 주며 불러들이고도 당장 담임교사도 채우지 못하는데도 교육 관료들은 교사 수급에 차질이 없다고 거짓 발표하고 또 장관과 정당, 대통령은 이 보고를 믿고 있으니 교육 지도력에 문제가 있는 것이 아닌가? 정부가 의사들, 약사들에게는 질질 끌려 다니면서 말 없고 약해 보이는 교사들을 우습게 보고 몰아친 것이 교육 붕괴의 중요한 한 원인이 된다.

지금 교사들도 교육 붕괴에 속수무책이다. 수업 시간에 학생들이 잠을 자고 숙제를 안 해 와도, 담배를 피우고 교사에게 대들어도 손을 쓰지 못하고 있다. 정부와 교육 관료들이 교사를 우습게 보자 학부모와 학생들까지 덩달아 교사를 하찮게 보고 있으니 교사의 교육 지도력이 학생들에게 먹혀들 수 있겠는가? 교사의 권위는 이미 상실된 지 오래되었다. 교육에서 교사가 구경꾼이 되어 버리고 개혁의 대상, 때로는 타도의 대상이 되고 있다. 이 지경인데도 교육 책임자는 교육 이민, 교육 붕괴가 과장되었다고 정책 진단을 하고 있으니 국민과 교사들은 더욱 실망하게 된다. 교육 붕괴 현상이 전부는 아니고 좀 과장되었더라도 당장 내 자식을 학교에 보내기 불안해하고, 학교에 가기 싫어하는 자식을 마지못해 억지로 보내는 학부모인 국민 한 사람 한 사람을 교육 책임자는 챙길 생각을 해야 한다. '대체로', '평균적으로' 잘되고 있고 '교육 이민', '왕따'의 비율이 얼마 안 된다고 변명하려 드는 교육 관료와 교육 책임자의 사고가 이미 산업시대의 사고이다. 오죽하면 자기 나라의 국민교육·의무교육을 포기하고 사교육으로, 남의 나라로 떠나겠는가?

지도자들은 제발 숫자 놀음만 하지 말고 단 한 사람이라도 이들의 심정을 헤아리고 다수의 국민들이 교육에 대하여 무엇을 아쉬워하고 있는지를 알아서 앞질러 대책을 세워야 할 것이다. 지금

단 한 명이라도 교육 이민을 떠나게 할 게 아니라 오히려 교육의 나라 우리나라의 교육을 받겠다고 다른 나라에서 우리나라로 교육 이민을 오겠다고 할 정도의 양질 교육을 제공해 줘야 할 때라는 것을 지도자들은 알아야 하고 또 그런 교육정책을 만들어야 한다.

우리나라 교육이 산업사회 교육에서 지식정보사회 교육으로 잘 전환하지 못하자 교육에 대하여 목청을 높이는 사람들이 많아졌다. 모두가 교육의 주인이고 주체라는 것이다. 모두가 교육의 주인 행세를 하려다 보니 교육은 더욱 무질서해지고 그것이 곧 교육 붕괴로 이어지고 있다.

교사들이 노조를 만들고 자기들이 교육의 주체라며 지도력을 거부하기까지 하며 무질서를 연출하자 이제는 학부모와 학생들이 무슨 연대라는 걸 만들어 자기들이 주인이고 주체라는 것이다. 여론은 여론대로 교육과 교육정책을 해 달라고 여론조사 결과를 들이대서, 여론에 약한 정당과 정권은 교육을 정치적으로 다루어 망쳐 놓는다. 이제는 교육행정의 손발이 되어야 할 일반 직원들까지 자기들 몫을 챙기겠다는 것이다. 교육을 책임질 사람은 없고 온통 주인 행세하려는 사람만 있으니 우리 교육이 난장판이 되지 않을 수 없다.

이렇게 혼란스러운 때일수록 원칙을 찾고 원칙에 충실해야 한다. 민주주의 국가에서 주인은 국민이고 모든 권한은 국민으로부터 나온다. 교육의 주인도 국민이다. 그런데 만일 지방 교육자치를 한다면 교육의 주인은 국민에서 해당 지방 주민으로 바뀌는 것이다. 간접적인 주체와 주인은 국민이지만 직접적인 주인과 주체는 지방 주민이 되는 것이다.

우리나라에는 세 종류의 학교가 있다. 국립, 공립, 사립의 셋이다. 국립은 국가가 운영 주체이지만 공립은 지방자치단체, 구체적으로는 주민의 대표에 해당하는 교육위원회가 운영의 주체가 되는 것이다. 공립학교 운영은 원칙적으로 교육인적자원부의 관할과 책임이 아니다. 형식은 이렇게 해 놓고 우리나라에서는 산업시대의 교육인적자원부가 교육을 모두 통제하고 획일화시키고 또 모든 돈을 중앙에서 쥐고 있기 때문에 문제이다. 지방마다 특수성을 살려 독특하고 다양한 교육을 할 수 있도록 해야 한다. 공립학교는 죽이 되든 밥이 되든 지방자치단체 교육위원회에 믿고 맡겨야 한다.

사립학교의 경우는 학교 운영의 주체가 재단법인(이사회)이다. 국가 또는 지방자치단체가 해야 할 교육을 사학재단법인에게 믿고 맡긴 것이다. 그래서 믿고 맡겼다는 뜻에서 사립 재단이사를 'Board of Trustees'라고 한다. 그러므로 사립학교는 원칙적으로 교육인적자원부나 지방자치단체 교육위원회의 관할이 되어서는 안 된다. 사립학교는 설립인정 시 조건과 약속(헌장), 학칙에 의해서 운영되어야 한다. 사립학교법과 같은 것으로 사립학교를 구속하고 얽어매려고 한다면 우리나라에 사립학교를 인정하지 말고 설치하지 말아야 한다. 이렇게 보면 우리나라에서는 사립을 너무 남발했고 결과적으로 사립이 사립이 아니게 되어 버렸다. 사립은 원칙적으로 학생도 학교선택권을 갖고 학교도 학생선택권을 가져야 한다. 철저한 계약 관계여야 한다.

교사는 운영주체인 교육위원회(우리나라의 경우는 국가공무원으로 국가)와 (사립)재단법인에 의하여 고용당한 봉사하는 머슴이다. 가르치는 전문가는 될 수 있어도 운영의 주인이나 주체라고 주장할 수는 없다. 학부모와 학생도 6년, 3년 동안만 학교의 구성원이 되면서 주인, 주체라고 주장하기는 어렵다. 계속 운영 주인과 주체가 바뀌어서는 조직이 지탱될 수 없다. 그러나 한 명의 주민으로서 주인 행세하려는 것은 좋다. 그런 경우 반드시 교육위원회를 통해서만 가능하다. 공·사립을 막론하고 학교의 존재 이유는 학생교육에 있기 때문에 학생을 중심에 놓고 보는 시각은 너무나 당연하다. 학교 운영과 교육이 학생 중심, 학생 본위로 이루어져야 한다는 주장은 옳고 당연하지만 주인 행세까지 하겠다는 것은 무리한주장이라고 본다. 또 학교는 가르치는 일이 중심이기 때문에 전문가 교사의 의견과 권위를 존중해 줘야 하지만 교사들이 출자하여학교를 설립하지 않은 이상 학교의 주인이라고 보기는 어렵다.

교육위원회와 재단법인이 학교를 운영하지만 가르치는 일과 경영·관리의 총책임을 교장에게 맡긴 것이지 교사 한 사람 한 사람에게 직접 맡긴 게 아니다. 교사는 학생이나 학부모와 사적 계약에 의하여 학생 교육을 하는 게 아니다. 교장의 지도 없이 교사가아무 학생이나 아무 과목과 내용을 맘대로 가르칠 수는 없는 것이다. 교사들이 교장의 지도력과 권위에 도전하고 무너뜨린 결과 교사의 지도력과 권위도 학생과 학부모에 의하여 무참히 유린되고그것이 곧바로 교육 붕괴로 이어지는 것이다.

우리나라 교육은 이미 많이 무너졌다. 지금부터라도 국가와 민족의 앞날을 생각하여 교육을 살리려고 한다면 첫째, 교육에 엄청난 투자를 해야 한다. 선진국이 되고 싶다면 선진국 현재의 교육투자보다 더 많은 교육투자를 해야 한다. 지식정보사회에 맞는 교육 여건을 갖추어야 한다.

둘째, 교육은 결국 교사들이 하는 것이므로 교사를 존중하고 권위를 회복해 줘야 한다. 최고의 대우를 해 줘 최우수인력이 교사가 되게 하고 그 대신 무섭고 무거운 책임을 물어야 한다. 지식정보사회 고지 앞에서 소총수 교사들이 사기를 잃고 있는 상태에서는 교육력을 회복하기 어렵다.

셋째, 다양한 교육 서비스로 국민의 교육 욕구를 충족시켜 줘야 한다. 지방 교육의 독특성, 사립학교의 특수성을 먼저 원칙대로 살려 줘야 한다. 국민의 교육선택권을 보장해 줘야 한다.

넷째, 교육 지도력을 발휘할 수 있도록 해야 한다. 특히 교장의 지도력은 중요하다. 학교교육은 전적으로 교장의 지도력에 달려 있다. 모든 권한을 단위 학교에 몰아주는 것은 세계적 경향이기 때문에 교장에게 지도력이 없으면 교육은 더 붕괴되기 쉽다. 학교 단위 책임경제로 가는 세계적 경향에서 최우수 교장을 확보하는 일이 시급하다. 교장의 지도력과 권위는 곧 교사의 지도력과 권위가 된다. 그래서 학교가 빨리 질서를 찾아야 한다.

교육의 문제를 정치 논리나 경제 논리로 다뤄 더 이상 교육을 흔들어 놓지 말고 교육 지도력과 교육 논리로 풀어 가 하루빨리 교육에 질서를 찾아 우선 급한 교육 붕괴를 진정시키고 마침내 지식정보사회의 승자가 되는 국가가 되길 기대한다(헌정, 2001. 5. 227호).

이 글을 쓴 후 필자는 이제 지식정보사회를 넘어 '문화창조의 사회'로 접어 들었다고 강조한다. 문화경제(culturenomics), 이야기 산업이 강조된다. 여기에서는 상상력이 문화와 예술, 창조를 만들어 낸다. 문화창조사회에서도 교육이 더 중시된다.

도덕성 위기

　까딱 잘못하면 이 글도 종이와 시간만 잡아먹고 일종의 공해만 일으킬 가능성이 높다. 이미 다른 사람들이 말이나 글로 떠들어 댄 수준을 뛰어넘기 어렵고, 또 좀 색다른 말을 한다고 해도 독자들이 읽는 것으로 끝나 버리고 실천으로 옮기지 않으면 공해를 일으켜 남에게 해를 끼치는 결과가 되기 때문이다.

　도덕이란 인간으로서 마땅히 지키고 실천해야 할 도리이며 삶의 규칙이라고 할 수 있는데, 이러한 도덕적 품성과 덕성을 도덕성이라고 할 것이다. 바람직한 것으로 받아들이는 보편적이고 이상적인 가치가 시대와 장소에 따라 다를 수 있으므로 시·공에 따라 도덕률과 도덕성이 다를 수 있으나 근본적으로는 '인간의 도리'이므로 시간과 장소를 초월할 수 있다고 본다.

　어떤 나라에서는 신사도와 무사도, 시민 정신이 그 사회를 떠받치는 기둥이 되기도 하였으나 우리나라에서는 예의가 도덕의 바탕이 되었다. 대표적인 것이 삼강오륜이었을 것이다. 이것은 결국 사람과 사람 사이의 관계를 다룬 것이다. 사람은 관계 속에서 존재하여 관계 속에서 살아야 하기 때문에 예의가 필요하고 도덕이 중요한 것이다. 사람은 도저히 혼자서 존재할 수 없기 때문에 '인(人)'이 아니라 '인간(人間)'이며, '인'이 되라 하지 않고, '인간'이 되라고 하는 것이다. 사람은 남과 어울리지 않으면 도저히 사람으로서 사람답게 살아갈 수 없기 때문에 사람과 사람 사이에 도덕이 필요한 것이다. 그래서 도덕은 우리 인간에게 불편을 주기 위한 것이 아니라 인간이 어울려서 편리하고 인간답게 살아가게 하기 위한 것임을 알아야 한다. 그런데 사람과 사람 사이는 상대적이기 때문에 모두가 같은 생각을 하고 같이 지킬 때 편리해진다. 지금 도덕성이 떨어지니까 모두가 불편해져서 그 반작용으로 '도덕성 회복' 또는 '도덕적 함양'이 강하게 대두되는 것이다. 모두가 사람이 아니라 짐승같이 살고자 한다면 도덕성 이야기가 나오지도 않을 것이다. 역시 사람은 사람답게 살고자 하는 잠재태(潛在胎)를 가지고 있는가 보다. 이 도덕적 잠재태를 싹 틔우고 곧 자라게 하는 일이 '함양'이고 '교육'일 것이다.

　우리 사회에 왜 도덕성이 떨어지게 되었는가? 아마도 여러 가지 이유가 복합적으로 얽혀 있을 것이다. 첫째, 해방과 전쟁, 혁명 등 급격한 변화와 30여 년간의 갑작스러운 산업화 과정에서 물질적 가치가 도덕성과 관련된 정신적 가치를 누르고 지나치게 중시된 데 하나의 원인을 찾아볼 수 있다. 그러면 세계의 모든 산업사회는 모두 도덕성이 결여되었는가? 그렇지 않을 것이다. 선진 산업사회에서는 흔들리지 않는 튼튼한 도덕적 기반을 갖고 있고, 또 이 기반 위에서 산업화와 물질적 풍요를 누리고 있다. 우리는 너무나 갑작스런 변화 속에서 도덕성마저도 갑자기 곤두박질친 것이다. 전적으로 지난날 우리의 과오라고 하지 않을 수 없다.

　둘째, 산업화와 관련되지만 특히 도시화로 사람들이 집중되면서 익명성의 보장으로 사람과의 관계가 나빠져 도덕성이 저하되는 측면도 있었다. 도시화는 편리한 점도 있지만 동시에 많은 문제점도 내포하고 있다. 그중에서도 가장 중요한 것이 사람 사이의 관계를 규정하는 도덕성의 문제이다.

　셋째, 산업화, 도시화와 연결되어 핵가족화로, 가정의 교육기능 약화를 도덕성 저하의 한 이유로 지적할 수 있다. 집안에 어른이 없어지고 부모들마저 바쁘다는 핑계로 자녀 교육까지 포기하게 되었다. 어른이 어른 노릇을 하려면 고달프고 피곤하니까 일찌감치 어른이기를 포기하고 귀중한 자녀 교육마저도 과외, 학원과 같이 돈으로 사려고까지 한 것이다.

　넷째, 입시 위주의 교육도 도덕성 타락의 원인으로 꼽지 않을 수 없다. 교육에서 쉽고 편하고 금방 결과가 나타나는 지식, 그것도 암기만 편식하고 사람 만드는 일을 게을리 한 것도 중요한 원인이다. 학년이 올라갈수록 지식은 늘어날지 모르나 도덕성은 반대로 떨어지는 현상이 벌어지고 있다. 아이들은 작은 잘못을 저지르고 어른이 되어서는 큰 잘못을 저지른다.

　결국 우리는 이 시점에서 총체적 도덕성 위기를 맞고 있다. 이 위기를 현명하게 극복하지 않으면 안 된다. 한국인은 가까운 사람끼리는 간을 빼 줄 정도로 친하나 낯선 사람과는 친하려 하지 않고 오히려 시비를 걸고 적대시하려는 경향이 있다. 혈연·지연·학연 등으로 맺어진 좁은 범위 안에서는 친절도 있고 결속도 있으나 조금만 낯설어도 배척한다. 약자에게는 강하고 강자 앞에는 비굴하게 약한지도 모른다. 세계화의 시대에 좀 넓게 사귀고, 인간적 도리를 하는 국제윤리와 국제도덕도 생각해야 할 때라고 본다.

　마침 교육과정에서도 '도덕적인 사람'을 인간상의 하나로 강조하면서 '도덕성과 공동체 의식의 투철한 민주시민을 육성'하려는 지침을 첫째로 내세우고 있다. 이런 시점에서 우리는 과거 산업화, 도시화, 핵가족화, 입시에 바쁘던 그 몇 배의 노력으로 빨리 도덕성을 회복 또는 함양하고 또한 본래의 잠재태를 살려 살기 좋은 사회를 만들어야겠다.

〈충남교육 제11호 충남교육연구원 95. 3.〉

가. 교육위기 현상

천연자원을 많이 갖지 못한 우리나라가 이웃 러시아, 중국, 일본 등 강대국들 틈바구니에서 살아남을 수 있는 유일한 길은 자손들 교육에 힘쓰는 일이라고 우리 조상들은 생각했었다. 거기에다 우리나라는 유교문화권에 들어 있어 우리의 교육열은 더욱 높아지게 되었다.

이에 더하여 일본의 식민 지배를 받게 되면서 우리의 교육 기회는 억제되었었고 또 식민 지배의 고통과 고난에서 살아남고, 벗어나기 위해서는 자녀를 가르쳐야만 한다고 생각하여 이래저래 우리나라의 교육열은 세계 제일을 자랑하게 되었다.

우리가 일제 식민에서 벗어나 정부 수립을 하자마자 터진 6·25의 어려움과 가진 것이 없는 속에서도 우리는 교육을 멈추지 않고 교육에 힘쓴 결과 짧은 기간 내에 산업화의 기적을 만들어 낼 수 있었다.

그리고 어려움 속에서도 교사들이 꼬장꼬장 교과서대로 민주주의를 가르쳤기 때문에 민주화도 실현할 수 있었다고 본다. 경제 발전과 민주 발전의 밑바탕과 원동력은 바로 교육에 있었던 것이다. 그리고 교원들이 교육에 헌신했었기 때문이라고 본다.

우리는 가진 것이 교육밖에 없는 교육의 나라이다. 그래서 외국인들이 Korea라고 하면 교육을 떠올리는 교육 이미지의 나라이다. 그동안 한국교육은 한국의 정치, 경제, 사회, 문화 모든 것을 떠받쳐 주고 있었다. 그렇게 강해 보이고 튼튼해 보이던 한국교육이 지금 흔들리고, 표류하고, 가라앉기 시작했다는 것이다.

교육이 방향을 잃고 흔들려 가지고는 경제가 살아날 리 없고 정치가 제자리를 잡을 리 없다. 정치·경제가 교육을 망쳐 놓기도 하고 또 망가진 교육이 정치·경제를 되살려 놓지도 못하게 되는 것이다.

자녀 교육 때문에 조국을 등지고 교육 이민을 떠난다고 한다. 낯선 남의 나라에 산다는 것이 쉬운 일이 아니라는 것을 잘 알면서도 교육 이민의 결단을 내리는 사람들의 심정을 누가 제대로 이해할 수 있겠는가? 어떤 교육 관리는 전체 인구에 비하여 그 숫자가 얼마 안 된다며 얼버무리고 덮어 버리려고 한다.

교육 이민은 그 숫자가 문제인 것이 아니다. 단 한 명이라도 문제이다. 교육 이민은 한국교육의 위기를 나타내 주는 증거임에 틀림없다. 다른 나라에서 교육의 나라 한국으로 이민을 와도 시원치 않은 판에 우리 국민이 교육 때문에 이민을 떠나는데도 괜찮다는 말인가?

해외유학으로 한국교육을 외면하는 것도 한국교육의 위기를 나타내 주는 지표이다. 심지어는 초등·중학의 국민 의무교육 기간에 국민이 교육의 의무를 이행하지 않거나 포기하고 어린애를 '나홀로' 유학 보내는 모험을 감행하는 상황을 교육의 위기라고 하지 않을 수 있겠는가?

각 나라의 의무교육은 그 나라 국민으로서 생활하는 데 꼭 필요한 교육을 시켜야 하기 때문에 의무교육을 하는 것이고 강제교육을 하는 것이다. 의무교육의 의무를 이행하지 않고 해외로 도피하는 것은 병역의 의무를 이행하지 않고 해외로 도피하는 것과 비슷한 것으로 봐야 할 것이다.

대한민국이 제공하는 의무교육을 안 받고 남의 나라 의무교육을 받는다는 것은 대한민국의 국민 노릇을 안 하겠다는 것과 같은 것으로 봐야 할 것이다. 여기서 국내에 거주하면서 남의 나라 의무교육을 받는 것도 우리나라 교육의무를 이행한 것으로 볼 것이냐에 대하여 심각하게 법률 검토를 해야 할 것이다.

남의 나라 의무교육을 받는 것을 우리나라 교육의무 이행으로 봐도 된다면 우리나라 학생이 외국인 학교에 입학하는 것을 막을 법적 논리를 찾기 어렵게 된다. 어린애까지 교육기피를 시키고 남의 나라에 유학 보내는 것을 보면 우리나라 교육이 위기라고 말하지 않을 수 없다.

이보다 더 절실한 것은 학생들이 자살하고 또 사고로 학교 안팎에서 죽는 것을 보면 교육위기라고 하지 않을 수 없다. 학생들이 오죽하면 "시험 없는 저세상으로 가겠다."며 자기 목숨을 끊겠는가? 학생들이 인천 호프집에서 무더기로 불에 타 죽고, 유치원 애들이 컨테이너에서 타 죽고, 또 폭력배나 같은 동료 학생들에게 맞아 죽는데도 교육위기가 아니라고 부정하겠는가? 중·고등학교에 자퇴생이 늘고 있다는 것도 교육위기의 증거이다. 최근 언론보도에서는 한 해 6만여 명이 학교를 떠나는데 이들이 갈 곳은 없다는 것이다.

대통령과 검찰·경찰까지 나서서 학교폭력을 근절하겠다고 학교
폭력과의 전쟁을 선포하고도 학부모들은 아직도 자녀를 학교 보내
기가 불안한데 교육위기가 아닌가?

학교는 이 세상에서 가장 안전한 곳이어야 한다. 자기방어 능력
이 없는 어린 학생들이 가장 집중적으로 모여 있는 곳이기 때문이
다. 오히려 옛날엔 학부모들이 학교와 선생님에게 자신의 자녀를
맡긴다고 했고 또 학교와 선생님들은 남의 자식을 맡아 가르친다
고 했었다. 그런데 지금 한국의 학교는 자녀를 안전하게 믿고 맡
길 곳이 못 된다.

극소수이겠지만 여중·여고생이 원조교제, 유흥가에 돈벌이로
나선다는 것이다. 이 문제도 숫자가 문제가 아니라 어린 학생들이
이런 생각을 한다는 자체가 문제인 것이다.

한국의 학교는 국민과 학부모, 학생의 신뢰를 잃어 학교에 등
돌리고 대신 사교육에 눈 돌리고 있다. 학교교육만으론 불안하여
학교보다는 학습지, 참고서, 회사, 학원, 입시산업, 개인교수에 더
의존하게 된다. 공교육 지원에는 인색하고 사교육엔 후한 인심으로
더욱더 악순환으로 빠지게 되었다. 사교육은 비대해지고 공교육은
쪼그라들고 있다.

제일 질서 정연하고 법통이 서야 할 학교가 무질서와 난장판의
전형으로 변해 가고 있다. 학교가 교수와 교사가 삭발하고 투쟁하
는 장소로 변해 가고 있다. 잘못돼도 법에 호소하여 법의 심판을
받을 생각은 처음부터 하지 않는다. 학교에서도 때려 부셔야 이기
는 세상이 되었다.

국가와 정부가 믿고 공교육을 맡긴 사학재단도 무력으로 탈취하

면 그만이다. 교장의 허락 없이 외부의 명령에 따라 교사가 집단 이탈을 해도 속수무책인 학교가 되었다. 3년 동안 배울 교육과정을 2년 동안에 해치우는 불법을 저질러도 괜찮은 나라가 대한민국이다. 학교는 이미 원칙과는 먼 세상이 된 지 오래되었다.

한국의 교사는 이미 학생을 가르칠 수 있는 힘을 잃었다. 민주적 권위도 못 갖추고 전문적 권위도 인정받지 못하고 있다. 학교뿐만 아니라 온 나라가 권위의 위기(authority crisis)를 맞고 있다. 대통령이 말을 해도 국민들은 믿으려 하지 않는다. 오죽하면 대통령이 "믿어 주세요."라고 국민들로부터 믿음을 구걸하겠는가? 신뢰의 위기(trust crisis)를 맞고 있는 것이다. 교사들은 믿어 달라는 말을 할 힘도 없다. 교사의 권위 상실로 교사는 교육력을 잃고 있다.

한국의 학교는 더 이상 가르치고 배우는 곳이 못 된다. 오직 테스트(test)만이 존재하는 곳이다. 가르치고 테스트를 하기라도 해야 할 것이 아닌가? 학교에 교육은 보이지 않고 평가만이 판을 치고 있다. '평가＝돈(재정 지원)'이 되다 보니 돈 넣고 돈 먹기 판이 되었다. 이래도 교육위기가 아니란 말인가?

분명히 초등교사가 부족한데도 교육 관리들은 교원 수급에 차질이 없다고 국민들에게 거짓 발표를 한다. 정년퇴임시킨 고령 교사를 다시 불러다 기간제 교사로 땜질교육을 하고 있는데도 교육이 잘되고 있다는 거짓이 통하는 교육 현장이니 위기가 아닌가?

교육발전종합방안, 교직발전종합방안, 이상형 학교, 교육 여건 개선 등 너무 많은 것을 발표하여 자기 입으로 무엇을 발표했는지도 모를 지경이다.

몇 년 후의 것을 마구잡이로 대통령에게 보고하는 것으로 그치고 있다. 이것이 통하는 학교 현장이 되고 말았다. 그래서 위기는 또 위기를 불러일으킨다. 이렇게 되니 학생과 학부모가 거짓을 하고, 그 거짓이 통하는 학교가 되었다. 부모가 앞장서서 가짜 봉사 영수증을 떼다 주는 나라가 우리나라이다.

더 이상 교육위기의 현상을 묘사할 필요가 없다. 학교에서 기본과 원칙, 본질이 통하지 않고 있기 때문이다.

나. 교육위기의 근본 원인

교육의 나라 한국교육, 한국의 학교가 왜 이렇게 위기에 처하게 되었을까? 여러 가지 복합적인 요인들이 교육위기에 작용했을 것이다. 그 원인을 찾아봐야 위기의 대처 방안도 나올 수 있을 것이기에 교육위기의 원인에 대하여 생각해 보기로 한다.

무엇보다도 먼저 가치 전도를 들지 않을 수 없다. 교육, 정신을 가지고 살던 우리 사회에 갑자기 산업화의 물결이 휩쓸게 되면서 물질적 가치가 정신적 가치를 누르게 되어 교육과 학교가 파괴되는 원인이 되었다고 봐야 할 것이다. 이렇게 가치가 뒤집히는 사회가 되면서 교육과 학교, 교사를 우습게 여기게 되었다.

둘째, 전통적 권위주의적 권위를 민주적 권위와 전문적 권위로 잘 대체하지 못하면서 교원의 권위가 도전을 받게 되고 교원이 권위를 잃으면서 교육력을 잃게 되어 교육위기를 초래하게 되었다.

교사에 의하여 교장의 권위가 도전받고, 학생·학부모·일반인에 의하여 교사의 권위도 땅에 떨어지게 되었다. 아직도 교장과

30

교사가 민주적 권위와 전문적 권위를 갖추지 못하게 되면서 학교에 권위의 공백을 가져온 것이다.

셋째, 사회는 지식정보사회로 바뀌었는데 학교는 바뀌지 않고 공장식 학교로 그대로 있기 때문에 학생과 학부모의 욕구를 충족시켜 주지 못해 학교가 외면당하고 위기를 맞게 되었다고 본다. 현재의 공장식 대량 싸구려 교육, 집단중심 획일교육, 분업조립식 교육, 시간중심 일제교육으로는 더 이상 학생과 학부모의 관심도 끌 수 없고 지식정보사회에서 생존을 유지할 수조차 없게 된다.

이제는 대량 싸구려 교육 대신 질 높은 고급 교육을 해야 하고 집단중심 획일교육 대신 개별화·다양성·독특성·선택의 자유가 보장되는 교육을 해야 하며, 분리조립식 교육 대신 통합·협동·연계·팀의 교육을 해야 하는 것이며, 시간중심 획일교육 대신 자기 속도에 의한 자기 주도의 교육을 해야 하는 것이다. 우리의 학교는 이러한 시대정신에서 멀리 벗어나 있기 때문에 위기에 처할 수밖에 없다.

애초부터 국민의 교육적 욕구와 교육열이 높았었는데 산업화에 의한 경제 발전으로 국민의 교육에 대한 기대는 더욱 높아지고 부풀었는데 정부는 이런 높아진 기대를 채워 주지 못하고 국민을 실망시키고 있는 것이다.

넷째, 교육 현장을 모르는 교육정책가와 교육행정가, 교육 지도자들의 오류가 교육위기를 몰고 왔다는 비난을 피하기 어렵다.

특히 문민정부, 국민의 정부에 들어와서 더 급격히 교육이 무너지기 시작했는데 이들 정부에 들어와서 교육과 교원을 무시하고 교육을 정치 논리·경제 논리로 흔들어 놓기 시작한 것이다. 우선 교육을 모르는 사람들을 함부로 장관에 앉혀 놓고 그들로 하여금 아무렇게나 개혁의 칼날을 들이대게 했던 것이다.

개혁 하나도 제대로 정착시키지 못하고 현장에 혼란만 가져오게 하고 교원을 교육에서 타도의 대상으로 삼게 만들어 놓은 것이다. 교원들은 코너로 몰려 죄인 신세, 구경꾼 신세가 되고 교육 관리와 투쟁 무리들만 판을 치게 된 것이다. 이렇게 되니 학교에서 교육은 보이지 않고 테스트와 훈련만 보이고, 평가와 개혁, 눈치 보기, 짜 맞추기, 목청 높이기만 판을 치게 된 것이다.

교육위기의 근본 원인으로 여기에서 제시된 가치 전도, 권위 추락, 공장식 교육, 지도자의 방향감 부재 이외에도 더 구체적인 여러 원인들이 있을 수 있다. 그러나 여기서 그런 구체적인 원인을 더 이상 나열하는 것은 큰 의미가 없다고 본다.

다. 교육위기에 대한 대처

지금까지 교육위기의 현상을 간단히 기술하고 그 근본 원인을 찾아보려고 하였다. 그러면 우리는 앞으로 어떻게 해야 할 것인가? 그 대처 방안을 생각해 봐야 할 차례이다.

산업사회 이전에는 정치 우위 시대로 군사적 힘이 중요하고 또 군사적 힘이 판을 주도했다고 한다면 산업사회에서는 경제의 시대로 교환적 가치, 교환적 힘이 판을 쳤다. 그 가치와 힘을 주로 공장에서 거의 다 만들어 냈었다.

우리는 공장에서 만들어 내는 물질을 가지고 행복할 것으로 믿었었는데 이제 우리는 이에 만족하지 못하게 되었다. 공장식 학교에서 제공하는 교육에 만족할 수 없고, 또 이런 공장식 학교에서 지식정보사회에 알맞은 인간을 길러 낼 수는 없다. 지식정보사회에서는 지(성)적 힘이 중요하다는 것을 누구도 부인하지 않는다. 지적 힘은 공장에서 만들어 낼 수 있는 것이 아니라 교육에서 만들어 내야 하는 것이다.

그래서 교육위기를 극복하고 대처하는 길은 먼저 교육을 국가 어젠다의 최우선 순위에 놓는 일이다. 교육을 전 시대에 중시했던 정치나 경제보다도 우선순위에 올려놔야 지식정보사회에서 살아남을 수 있다는 생각을 해야 한다. 정치 논리·경제 논리로 교육을 흔들지 말고 교육을 먼저 생각하는 정책을 생각해야 한다. 교육을 키워서 경제를 살릴 생각을 해야 한다.

그래서 교육에 우선 투자해서 싸구려 교육을 면하고 질 높은 교육을 할 수 있도록 되어야 한다.

둘째, 하루빨리 학교의 모형과 형태를 지식정보사회에 맞는 학교로 바꿔야 한다.

공장식 학교를 가지고는 더 이상 지식정보사회에 대처할 수 없다. 개별화가 가능하고, 학생의 선택이 어느 정도 보장되고, 인간적인 교육을 할 수 있는 학교 모형을 그리다 보면 공교롭게도 우리의 전통적인 서당식 학교에 가깝게 되는 것을 알 수 있게 된다. 우리 조상들의 교육에 대한 지혜가 대단하다는 것을 느끼게 된다.

우리의 서당식 학교가 21세기 지식정보사회에서 추구하는 교육을 하기에 알맞다는 것은 놀라운 사실이 아닐 수 없다. 서당식 학교에서 21세기에 맞게 고칠 점은 ① 많은 학생을 교육할 수 있게 하는 것과 ② 암기·암송식 교육을 사고력 증진, 창의력 계발의 교육으로 바꾸는 점, ③ 전자·정보 시대에 맞게 시설환경을 고도화하는 점이라고 본다. 이 몇 가지만 보완하면 21세기형 서당식 학교가 될 것이다.

셋째, 무엇보다 학교에서 권위를 회복하는 일이 가장 급한 일이라고 본다. 권위 회복을 위해서는 교원 자신들도 노력해야 하지만 국가의 지도자, 행정관리, 학부모들이 앞장서서 생각과 태도를 바꾸고 교원의 권위 회복에 노력해야 한다. 그래야 교장과 교사가 학생들을 가르칠 수 있게 되고, 또 학생들이 교사의 권위를 수용하게 된다.

넷째, 교원들이 먼저 단결해야 한다. 우리 스스로가 우리의 권위 회복, 명예 회복, 자존심을 지키기 위해 단결하지 않으면 안 된다. 교원의 몫을 누가 챙겨 주기를 기다려서는 안 된다. 정치가가 교원을 알뜰살뜰 보살펴 주지도 않을 것이며, 교육 관리들이 교원의 마음을 깊이 헤아려 주지 않을 것이다. 교육 관리들이 교직을 발전시켜 주겠다고 '교직발전종합방안'을 내놓는다는 것 자체가 웃기는 일이다.

대학교수라고 우리 초·중등 교원의 마음을 제대로 알아줄 것이라 기대하기도 어렵다. 우리 교원들이 똘똘 뭉쳐 올바른 것은 주장하고, 옳지 않은 것은 지시를 해도 꼼짝달싹하지 말아야 한다.

그리고 새 시대에 맞게 열심히 연구하고 노력하여 학생들이 잘 배울 수 있게 해 줘야 한다. 그래야 우리에게도 보람이 있고, 살아간다는 것이, 교원이라는 것이 의미를 갖게 되는 것이다. 교육위기를 극복해야 우리가 가르치는 일에서 의미를 찾을 수 있게 된다. 위기와 혼란 속에서 하루하루 살다 보면 우리의 인생이 비참해진다.

위기가 기회라고 한다. 이 위기 극복을 위해서도 그렇고, 위기를 극복하고 나서도 무시받던 우리 교원의 협조를 절실히 필요로 하게 될 것이다. 토라진 교원의 마음을 먼저 돌려야만 교육위기를 극복하는 물꼬가 돌려지고 트이게 될 것이다.(학교 경영, 2001. 12.)

나는 웬만해서는 '위기'라는 말을 쓰고 싶지도 않고 또 평소에는 잘 안 쓴다. 오히려 '불가능의 성취'라는 도전정신을 강조한다. 그런데 이 책에서 위기라는 말을 쓰는 것은 위기의식을 가지고 미래에 대비해야 겠기에 이런 말을 쓰는 것이다. 최근에 핀란드 교육이 세계의 초점을 받고 있다. OECD 국제성취도평가 PISA에서 계속 1위를 차지하고, 국가경쟁력도 1위이고, 국민 행복지수도 5위를 마크하고, 국가 지속가능성 경쟁력도 1위이다. 이 근본원인을 여러 가지에서 찾을 수 있겠지만 '우수한 교사'에서 찾고 있다. 핀란드의 모든 교사는 석사학위 이상으로 연구하는 교사이며, 교사들이 연구해서 가르치며, 정부와 국민, 학생들은 교사를 존경하고, 가르치는 일에 관한 한 믿고 맡긴다는 것이다.

한국의 교사에 대한 존경심과 신뢰, 자율성이 허물어진 것이 한국교육의 위기의 원인, 증상, 대처방안의 모든 것이라고 본다. 존경받는 교사가 '위기의 한국교육'을 구해야 한다.

가. 한국이 무너지는 소리

80년대만 해도 거대한 나라 미국에서까지 '한국이 몰려온다.'고 하면서 때로는 경계하고, 또 때로는 위협을 주기도 하였다. 국민 1인당 GNP가 1만 달러에 이르고, OECD에 가입하여 선진국이 다 된 것처럼 보이던 우리나라가 90년대 어느 날부터 갑자기 가라앉게 되었다. '한강의 기적'이 물거품 신세가 된 것이다.

왜 우리나라가 총체적인 위기를 겪게 되었는가? 기초와 기본이 안 되어 있거나 약하기 때문이라고 본다. 경제 발전이 한창인 60~80년대에 기초와 기본을 철저히 하지 않고 성급하게 성장, 발전하려 했기 때문이다. 성숙한 국민에 의한 내면적 성장, 발전이 아니라 개발 독재에 의한 표면적 성장, 발전이었기 때문이었던 점도 있을 것이다. 아울러 우리의 사고와 체제, 구조가 시대정신에 맞지 않기 때문인 점도 있을 것이다.

그러나 근본은 기초와 기본이 안 되어 있기 때문이라고 본다. 그렇기 때문에 무너지는 우리나라를 추슬러 다시 회복의 길로 들어서야 한다. 그리고 지금부터라도 기초와 기본을 철저히 다져야 한다. 기초와 기본, 원칙과 원론은 어느 시대, 어느 곳에서나 중요하다. 특히 양보다는 질이 더 강조되고, 부분과 분리보다는 전체와 통합이 중시되는 지식정보사회에서는 과거보다도 더 기초와 기본이 강조된다. 또 변화가 급격하고 심한 때일수록 기초와 기본, 원칙과 원론이 더 중요한 것이다.

그동안 산업사회의 사고에 의한 교육으로 양과 겉만 추구하고 기초교육은 충실히 하지 못했다. 그 결과 국가 발전을 지속적으로 뒷받침해 주지 못하고, 오늘날 우리의 교육이 국가와 국민으로부터까지 외면당하고 있는 것이다. 지식정보사회에서 우리의 교육은 튼튼하고 철저한 기초교육의 바탕 위에 최고의 질 우수성을 추구하는 방향으로 가야 한다.

나. 기초교육의 기능과 중요성

기초교육은 기초학력을 포함하여 인간으로 살아가는 데 있어서 필수 요소가 되는 교육이라고 할 수 있다. 기초학력이 주로 인지적 영역에 해당된다면 기초교육은 정의적 영역과 심체적 영역을 포함하여 정서적, 사회적, 신체적 안정과 정상적 발달에 관한 것까지 포함한다고 할 수 있다. 간단히 말하면 기초교육은 인간으로 살아가는 데 필수적으로 요청되는 최소한의 필수 교육이라고 본다.

과거의 기초학력으로 독, 서, 산을 들었는데 문제해결력, 비판적 사고, 기본적 정서 발달, 사회성 발달, 신체 발달, 인간성과 윤리, 도덕성 발달을 위한 교육까지 포함해야 한다.

이 기초교육은 무엇보다 먼저 시간적으로 다음 단계의 발달을 위한 선행 조건이 되기 때문에 중요하다. 기초적 발달, 기초적 교육이 안 되면 다음 단계의 발달, 다음 단계의 학습을 할 수 없게 된다. 예를 들면, 읽기와 듣기의 기초교육이 안 되면 근본적으로 지식을 획득할 수 있는 길이 막힌다. 정서 발달에서 기본적 신뢰가 형성되지 못하면 정서 불안을 갖게 되고 마침내 통합적 인간으로 성장, 발달하기 어렵게 된다. 올바른 자아 개념이 형성되지 못하면 인간 관계성 발달에 지대한 나쁜 영향을 주게 될 것이다.

기초교육은 기초를 넘어선 보다 높은 수준의 교육에 영향을 준다. 덧셈의 기초가 안 되어 있는데 곱셈이나 나눗셈을 가르치거나 배울 수는 없는 것이다. ① 학습에 대한 긍정적인 태도와 인지를 하지 않는데 ② 지식을 획득하거나 통합하려고 하기는 어렵다. 기본적인 지식을 획득해야 ③ 이를 확장하거나 정제하려고 할 것이다. 다음에야 ④ 지식을 의미 있게 활용하고, 마침내 ⑤ 생산적인 사고 습관을 갖게 되는 것이다(Marzano, Pickering & McTighe, 1993). 이를 그림으로 나타내면 [그림 3 - 1]과 같다.

기초교육은 선수 학습적 기능과 함께 도구적, 수단적 기능을 하게 된다. 예를 들어 독, 서, 산은 과학, 사회, 예능 과목을 위해서도 필요한 기초교육에 해당된다. 도덕적 기초가 안 되어 있는 사람이 과학이나 첨단 기술을 많이 가지고 있어도 의미가 없고, 오히려 위험하다. 결국 기초교육이 안 되면 아무리 노력해도 인간 삶의 모든 면에서 실패하기 쉽기 때문에 기초교육은 아주 중요하다고 할 수 있다.

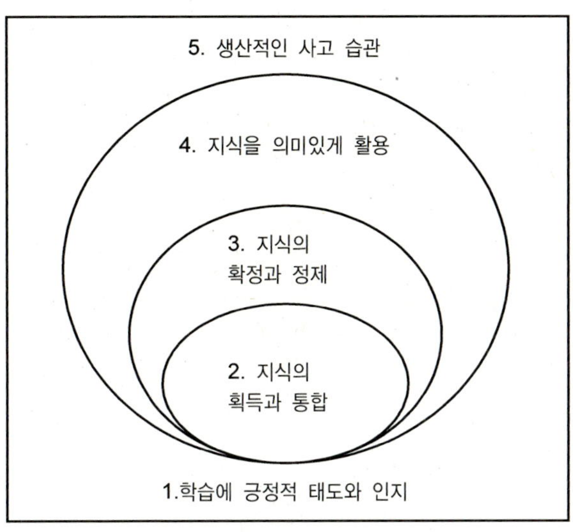

[그림 3-1] 학습의 차원

　기초교육은 최근에 강조되는 평생학습의 측면에서도 중요하다. 평생학습을 하고 싶어도 기초가 없으면 어렵거나 불가능하기 때문이다. 평생학습을 기초부터, 출발점부터 새로이 시작하기는 어려울 것으로 본다. 최소한 평생학습을 하고자 하는 기본적, 기초적 태도나 동기라도 되어 있어야 한다고 본다. 조기교육에서는 말할 것도 없이 기초에 충실해야 한다. "우리가 살아가는 데 있어서 정말 필요한 것은 유치원에서 다 배웠다."고 하지 않는가?

　기초교육은 변화의 시대일수록 더욱 필요하고 중요하다. 변화의 시대는 튼튼한 기초를 잘 응용하고 활용할 줄 아는 사람에게 유리하다. 세상이 변했을 때 기왕에 받는 튼튼한 기초교육 위에다 새로운 재교육만 얹어 놓으면 되는 것이다. 오늘날과 같은 대전환기일수록 기초교육을 철저하게, 그리고 튼튼히 해야 한다. 소질과 적성, 창의성도 튼튼한 기초교육 위에서 나올 수 있고 또 살릴 수 있는 것이다. 기초교육조차 없는 영에서부터 창의성이나 소질, 흥미, 적성이 출발하기는 어렵다.

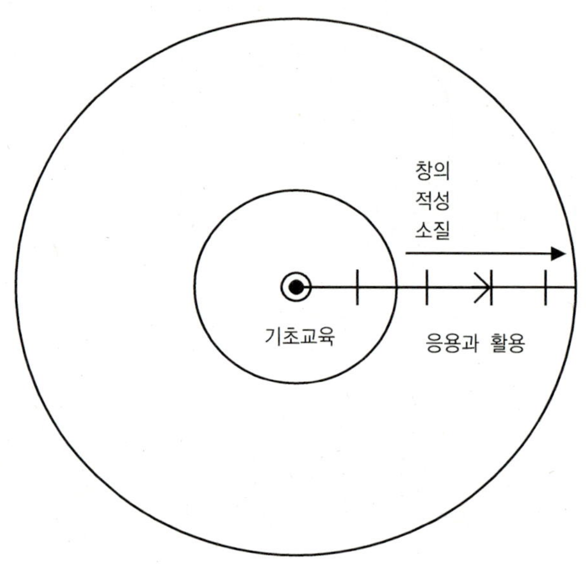

[그림 3-2] 기초교육으로부터의 출발

70년대에 'Back - to - Basis' 운동을 벌이기 시작한 미국은 이 운동을 현재까지도 실시하고 있다. 우리나라의 교육이 기초를 튼튼히 하지 못하여 이 고생을 하면서도 아직도 정신을 차리지 못하고 응용과 첨단에만 매달리고, 허공에 뜬 창의성만 외쳐 대고 있으니 안타깝기만 하다. 첨단 기술과 학문도 기초 학문이 뒷받침해 주지 못하면 그 생명은 결코 길지 못하다. 응용의 꽃과 열매는 튼튼한 기초의 뿌리와 줄기로부터 얻어질 수 있는 것이다.

다. 기초교육의 내용

그러면 이렇게 중요한 기초교육을 무엇으로 보고, 또 어디까지로 잡을 것인가? 학교 수준에서는 'Element', 'Primary'에 해당하는 유치원에서 초등학교까지를 확실한 기초교육 기간으로 잡을 수 있다. 그러나 대부분의 선진국에서는 고등학교까지를 의무교육 기간으로 삼고, 또 공통교육 기간으로 삼고 있기 때문에 보통교육 기간인 고등학교까지로 봐야 할 것이다. 고등학교까지를 국민으로서 생활하는 데 최소 필요 기간으로 보고 있는 것이다. 분야에 따라서는 대학까지도 부분적으로 기초교육으로 보게 될 것이다. 7차 교육과정에서 1학년에서 10학년까지를 국민 공통과정이라고 한다면 최소한 여기까지를 국민 기초교육 기간으로 봐야 할 것이다.

그러면 국민 기본교육 중 내용 면에서 더 기초교육에 해당하는 것을 무엇으로, 어떤 것으로 잡아야 할 것인가?

기초교육의 내용으로는 전통적으로 3Rs의 읽기, 쓰기, 셈하기를 들었었다. 최근에는 읽기, 쓰기, 말하기, 듣기, 계산하기, 문제 해결하기, 인간관계 맺기를 들기도 한다(주삼환 외, 1999). 읽기와 쓰기, 말하기, 듣기를 묶어 '의사소통 능력'으로 보면, 결국 의사소통과 문제해결, 인간관계를 인간 교육의 기초능력으로 보게 된다.

의사소통은 인간으로 살아가는 데 있어서 기초이면서 필수이다. 지식을 받아들이고 표현하는 기초이고, 인간관계와 사회성의 기초이기도 하다. 교육의 수단과 방법도 의사소통을 통해서만 가능하다. 의사소통이 안 되면 교육도 할 수 없다. 지식정보사회에서 지식과 정보의 의사소통은 아주 중요하다.

문제해결력도 우리가 삶을 살아가는 데 있어서 필수적이다. 삶 자체가 문제의 연속인데 문제해결력이 없으면 제대로 삶을 살아갈 수 없다. 사회적 문제해결력, 과학적 문제해결력, 창의적 문제해결력 모두가 문제해결이다. 혼자서도 문제해결을 해야 하지만 협동적으로 문제해결을 하는 것도 바람직하다.

인간관계 기술도 인간은 인간 속에서 관계를 맺으며 살아가야 하기 때문에 중요하다. 특히 산업사회에서보다도 지식정보사회에서 관계성이 더 중시된다. 산업사회에서는 분업을 했지만 지식정보사회에서는 통합을 하는 관계성의 시대가 되었기 때문에 더욱 중요시되는 것이다. 옛날에 우리나라에서 삶의 기준이 되다시피 했던 삼강오륜은 모두 인간관계의 질서였는데, 내용은 달라졌을지 모르지만 오늘날은 옛날보다 더 인간관계가 중요시된다.

기초교육의 내용을 문해의 측면에서 찾아볼 수 있다. 전통적으로 문해와 문맹은 언어와 관련된 것이었다. 읽고 이해하면 문맹에서 벗어나 문해라고 했다. 그러나 무엇을 읽고 이해하느냐에는 논란이 있을 수 있다. 어떤 나라에서는 자기 나라 대중신문을 읽고 이해하지 못하면 문맹으로 보기도 한다. 어쨌든 읽기, 쓰기, 말하기, 듣기의 언어적 문해교육은 기초교육에 해당된다.

최근에는 수학적, 계량적 문해, 즉 수의 문해를 제시하기도 한다(Steen, 1999). 정보의 시대는 숫자의 시대이기 때문에 학교 수준에 따라 정도의 차이는 있지만 양적 문해라야 한다는 것이다. 산술, 백분율, 비율, 단순 대수, 측정, 추리, 논리, 자료 분석, 기하학적 사고 등 기초수학은 숫자 문해에 포함된다.

과학적 문해(Nelson, 1999)도 새로운 접근이라고 할 수 있다. 과학 문해의 내용은 중요한 과학적 사실과 개념, 이론에 대한 지식, 과학적 습관의 생활화, 과학적 성격에 대한 이해와 수학과 기술 공학과의 연결에 대한 이해라고 하고 있다. 그래서 미국에서는 'Project 2061'을 시행하고 있고, 또 'Science for All Americans'를 추진하여 세계 수학, 과학올림피아드에서 상위 성적을 차지하고 성인 과학 문해를 달성하겠다는 것이 목표이다.

기술 공학 시대를 맞아 기술 문해란 말도 대두하였다. 그래서 종합적이긴 하지만 ① 상징 체제의 사용 ② 지식의 적용 ③ 전략적 사고 ④ 정보의 관리 ⑤ 학습과 사고와 창조 활동을 함께 하기의 능력을 기르기 위한 노력을 하고 있다.

정보 시대를 맞아 문해의 개념이 확대되고 있다. 그래서 Tyner(1998)는 이를 ① 전통적인 교과서적 문해 ② 표현적 문해 ③ 도구적 문해로 나누고 있다. 교과서적 문해도 해설적, 설명적 문해와 증명 제시적 문해로 나눈다.

해설적 내용은 읽고 이해하는 능력, 차트나 그래프, 지도와 같은 시각 자료를 읽고 이해하는 능력으로 정보 시대에 중요한 문해의 대상이 된다.

정보를 효과적으로 찾아내고, 평가하고, 사용하여 의미를 만들어내는 능력이 표현적 문해에 속한다. 컴퓨터와 네트워크, 다른 공학 기술을 사용하는 방법을 아는 것이 도구적 문해에 속한다. 결국 지식정보사회에서는 학습의 문해 또는 학습 방법의 문해가 기본 기술 문해가 된다(Rafferty, 1999).

우선 문해가 되어야 다음 단계의 교육으로 넘어갈 수 있기 때문에 최소한의 문해는 기초교육이라고 할 수 있다. 그런데 이 문해의 개념이 지식정보사회를 맞아 자꾸 확대된다는 점이 우리에게 많은 시사점을 준다. 이제 교육목표의 측면에서 기초교육의 내용을 찾아보고자 한다. 미국은 공식적으로 통일된 교육목표가 없다. 모두 어떤 단체나 위원회에서 제시하는 교육목표이며, 시대에 따라 변해 왔다. 기본적, 전통적인 교육목표는 ① 자아실현 ② 인간관계 ③ 경제적 효율성 ④ 시민적 책임으로 나뉜다.

좀 더 자세히 나누면 ① 가정생활 ② 건강 ③ 의사소통 ④ 심미성 ⑤ 과학 ⑥ 여가 활용 ⑦ 직업 능력 ⑧ 현명한 소비 생활 ⑨ 시민적 이해 ⑩ 인간관계라고 할 수 있는데(Rebore, 1982) 이 각 범주에서 기초에 해당하는 것을 생각해야 할 것이다.

Goodlad(1994)는 미국의 여러 주에서 교육목표나 '기초교육'이란 이름으로 1970년대 후반부터 제시된 것을 12개 목표로 <표 3-1>과 같이 요약 정리해 놓고 있다.

<표 3-1> 미국 학교교육의 목표

1. 기본 기능 또는 기초 과정의 완성 　① 읽기와 듣기를 통해 아이디어를 획득하는 능력 개발 　② 쓰기와 말하기를 통해 아이디어를 교환하는 능력 개발
2. 진로교육 - 직업교육 　① 자신의 기능과 흥미에 맞는 직업을 선택하는 능력 개발 　② 경제적으로 독립하기 위하여 준비하는 데 알맞은 기능과(전문화된) 지식 개발
3. 지성적 발달 　① 합리적으로 사고하는 능력 개발 　② 지식을 활용하고 평가하는 능력 개발
4. 문화화 　① 구성원이 될 문명의 가치와 성격에 대해 통찰력 개발 　② 문화적, 역사적 유산(과거의 문학적, 심미적, 과학적 전통)에 대한 의식과 인간에 영감을 주고 영향을 주는 아이디어에 대한 친밀감을 개발하기
5. 대인 관계 　① 반대되는 가치 체제와 개인과 사회에 대한 이 체제의 영향에 대한 지식 개발 　② 여러 다른 가족 형태에서 가족의 구성원으로 어떻게 기능을 하는지에 대한 이해력 개발

6. 자율성
   ① 학습에 대한 긍정적 태도 개발
   ② 개인적 학습 목표를 선정하는 기능 개발
7. 시민 의식
   ① 역사적 전망 의식 개발
   ② 정부가 하는 기본적인 일에 대한 지식 개발
8. 창의성과 심미적 지각
   ① 자신의 동기를 유발시키고 창의적 방법으로 새로운 문제를 다루는 능력 개발
   ② 문제점에 민감하고 새로운 아이디어에 관대해질 수 있는 능력 개발
9. 자아 개념
   ① 자신의 활동에서 의미를 찾는 능력 개발
   ② 자신을 위하여 대처하는 데 필요한 자신감 개발
10. 정서적, 신체적 안정
   ① 새로운 인상을 자진해서 받아들이고 정의적 민감성을 확장하기
   ② 계속적 적응과 정서적 안정성을 위한 자질 능력과 기능 개발
11. 도덕적 윤리적 인격
   ① 선 또는 악으로 사건과 현상을 평가하기 위한 판단력 발달
   ② 진리와 가치를 옹호하기 위한 헌신성 개발
12. 자아실현

* '미국 학교교육의 목표' 세부 항목은 지면상 2개씩만 수록하였음.

2000년에 미국 공립학교의 교육목적에 대한 여론조사를 실시하였다. 그 결과 교육목적은 ① 책임 있는 시민이 되도록 준비하는 것 ② 경제적으로 자조할 수 있도록 돕는 것 ③ 학교에 기본적 질을 보장하는 것 ④ 모든 미국인의 문화적 단일성을 증진시키는 것 ⑤ 사람의 사회적 조건을 향상시키는 것 ⑥ 사람의 행복을 증진시키고 삶을 기름지게 하는 것 ⑦ 일정 학교 간, 집단 간 교육의 불평등을 제거하는 것의 순서로 되어 있다(Rose & Gallup, 2000).

과거에 우리나라에서는 교육목표를 교육법에 정해 놓았으나 초·중등 교육법으로 따로 정해지면서 교육이념만 교육기본법에 정해 놓고, 각 급 학교의 교육목적은 교육과정에서 제시하고 있다. 교육기본법에서 우리나라 교육은 홍익인간의 이념 아래 모든 국민

으로 하여금 ① 인격을 도야하고 ② 자주적 생활 능력과 ③ 민주시민으로서 필요한 자질을 갖추게 하여 인간다운 삶을 영위하게 하고, 민주국가의 발전과 인류 공영의 이상을 실현하는 데 이바지하게 함을 목적으로 한다.

이러한 교육이념과 교육목적에서 보면 우리나라의 기초교육은 최소한 혹은 최대한 우선 ① 남(개인, 사회, 국가, 인류)에게 이로운 사람이 되게 하는 교육을 해야 하고 ② 인격을 갖추는 교육을 해야 하고 ③ 자주적 생활(경제) 능력을 기르는 교육을 해야 하고 ④ 민주시민적 자질을 갖추기 위한 교육을 해야 한다. 그래서 ⑤ 인간다운 삶을 살게 하고 ⑥ 민주국가의 발전에 이바지하고 ⑦ 인류 공영에 이바지하게 해야 한다. 이것은 우리나라 교육의 기초교육에 해당되면서, 동시에 최종적 궁극적 목적이 되기도 한다. 이를 그림으로 나타내면 [그림 3-3]과 같다.

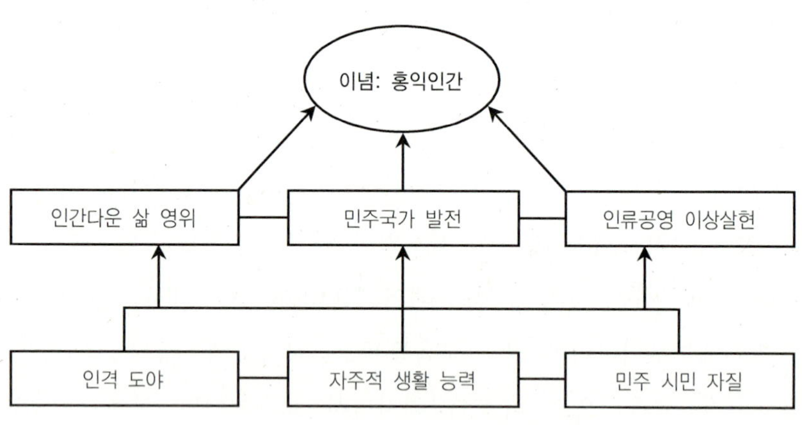

[그림 3-3] 우리나라 교육이념과 목적

현행 교육과정이 추구하는 인간상은 ① 전인적 성장의 기반 위에 개성을 추구하는 사람 ② 기초능력을 토대로 창의적인 능력을 발휘하는 사람 ③ 폭넓은 교양을 바탕으로 진로를 개척하는 사람 ④ 우리 문화에 대한 이해의 토대 위에 새로운 가치를 창조하는 사람 ⑤ 민주시민의식을 기초로 공동체의 발전에 공헌하는 사람으로 하고 있다.

이러한 인간이 되게 하는 교육이 기초교육인 동시에 완성교육이라고 할 수 있다. 이 다섯 인간상은 다섯 종류의 사람이 아니라 하나로 통합된 사람이어야 할 것이다. 사실은 이 다섯이 서로 연결되어 있기 때문에 이들 중에 하나만이라도 철저하게 그린 인간상이 이루어진다면 나머지 넷에도 큰 손색이 없는 인간이 될 것으로 믿는다. 하나에만 편중된 인간이 될 것으로는 보지 않는다. 그런 면에서 기초교육은 철저하고 튼튼해야 하는 것을 특징으로 한다.

초등학교 교육목표는 '학생의 학습과 일상생활에 필요한 기초능력 배양과 기본 생활 습관을 형성하는 데' 있다.

이를 위해서 몸과 마음이 균형 있게 자랄 수 있는 다양한 경험을 갖고, 일상생활의 문제를 인식하고 해결하는 기초능력을 기른다. 또한 자신의 생각과 느낌을 다양하게 표현하는 경험을 갖고, 일상생활의 문제를 인식하고 해결하는 기초능력을 기른다. 또한 자신의 생각과 느낌을 다양하게 표현하는 경험을 갖고, 다양한 일의 세계를 이해할 수 있는 폭넓은 학습 경험을 갖게 한다. 우리의 전통과 문화를 이해하고 애호하는 태도를 갖고, 일상생활에 필요한 기본 생활 습관을 기르고, 이웃과 나라를 사랑하는 마음씨를 갖게 한다는 것이다.

중학교 교육목표는 '학생의 학습과 일상생활에 필요한 기본 능력과 민주시민으로서의 자질을 함양하는 데' 있다.

이를 위해서 심신의 조화로운 발달을 추구하고, 자기 발견의 기회를 갖고, 학습과 생활에 필요한 기본 능력과 문제해결력을 기르게 한다. 또한 자신의 생각과 느낌을 창의적으로 표현하는 경험을 갖고, 다양한 분야의 지식과 기능을 익혀 적극적으로 진로를 탐색하는 경험을 갖도록 한다. 우리의 전통과 문화에 대한 자긍심을 지니고, 이를 발전시키려는 태도를 갖고, 자유민주주의의 기본적 가치와 원리를 이해하고, 민주적인 생활 방식을 익히게 한다는 것이다.

고등학교 교육목표는 '학생의 적성과 소질에 맞는 진로 개척 능력과 세계시민으로서의 자질을 함양하는 데' 두고 있다. 이를 위해서 심신이 건강한 조화로운 인격을 형성하고, 성숙한 자아의식을 갖게 한다. 또한 학문과 생활에 필요한 논리적, 비판적, 창의적 사고력과 태도를 익히고, 다양한 분야의 지식과 기능을 익혀, 적성과 소질에 맞게 진로를 개척하는 능력을 기르게 한다. 그리고 우리의 전통과 문화를 세계 속에서 발전시키려는 태도를 갖고, 국가 공동체의 형성과 발전을 위해 노력하며, 세계시민으로서의 의식과 태도를 갖게 한다는 것이다.

여기 교육과정에 나타난 각급 학교별 구체적 목표를 달성하고, 각급 학교의 일반 목적을 달성하여 앞에 제시한 다섯 인간상에 이르게 한다. 그러면 마침내 교육기본법이 우리나라 교육목적과 교육이념을 실현시키고자 하는 체제가 되고, 우리나라 교육목표 체제를 구성하게 되는 것이다.

이렇게 교육목표 측면에서 기초교육을 생각해 보면 모든 교육, 모든 과목, 모든 학교교육에 공통되는 기초교육이 있고, 각급 학교 수준별, 각 교과별로 기초교육이 있을 수 있다는 것을 알 수 있다.

본고에서는 학교 수준별 교과별로 요구되는 구체적인 기초교육 내용까지는 언급해 보지도 못하고, 모든 교육에 공통적인 기초교육에 대해서만 살펴본 셈이다. 그런데도 기초교육이 이런 것이라고 명백하게 그려 놓지는 못했다.

라. 기초교육과 기초학력 확보

최근 우리나라에서 기초학력의 부진에 대한 우려의 목소리가 높아지고 있다. 심지어 우리나라 최고 일류 대학에 합격한 신입생들조차 기초학력이 모자란다고 한다. 그래서 최소한 대학 1, 2학기는 기초학력을 보충하게 하고, 그다음에야 대학 교육과정에 들어가기로 한다는 것이다.

또 초등학교를 마치고 중학교에 들어갔는데도 책을 읽지 못하는 학생들이 있다고 한다. 기초학력이 확보되지 않으면 그다음에 아무리 열심히 공부해도 헛수고에 그치게 되고, 학교 공부에 재미를 잃어 문제를 일으키거나 탈선하는 학생이 생기게 된다. 우리나라에서의 기초학력은 주로 인지적 영역만을 강조한다. 읽기, 쓰기, 듣기, 말하기의 의사소통 능력과 계산하기, 문제 해결하기 등 주로 학습에 기초적으로 요구되는 학습 능력을 기초학력이라고 한다.

"기초학력 부진아는 일차적으로 지능 발달 정도는 정상이나 읽기, 쓰기, 듣기, 말하기, 계산하기, 문제 해결하기 등 학습에 기초적으로 요구되는 학습의 정도에 도달하지 못한 사람으로서 기본적인 학습 능력의 부족으로 각 교과가 요구하는 최소한의 학업 성취

수준에 미달되는 사람까지를 포함한다."(주삼환 외, 1999).

우리나라의 교육은 아직도 산업사회 모델에서 벗어나지 못한 대량 교육을 하고 있다. 그래서 학생 개개인의 욕구와 수준에 맞는 개별화 교육을 하지 못하고, 이는 기초학력 부진아가 많이 생겨나게 한다.

기초학력 부진아 지도를 위해서는 먼저 교육과정에 의하여 표준화된 절대 기준을 정하고, 이에 의하여 학습 부진아를 판별해 내야 한다. 즉 학교 급별, 학년별, 교과별로 기초학력의 기준을 먼저 정해야 한다.

다음에는 학습 부진의 이유와 원인이 무엇인지 밝혀야 한다. 기초학력 부진의 원인으로는 대개 학습자 개인적 특성(신체적 요인, 정서적 결함, 성격적 결함, 과거의 학습사), 가정, 사회적 환경, 학교의 교수, 학습 환경 등이 있을 수 있는데 원인에 따라 처방이 달라져야 할 것이다. 기초학력 부진의 원인 중에서 가장 큰 것이 우리 교육에서 학생을 개인적으로 배려하지 못하는 점이라고 본다.

학습 부진아를 특별히 지도하려고 해도 많은 문제가 있다. 우선 학생과 학부모가 기초학력 부진아로 분류되는 것 자체를 싫어하고, 또 특별 지도를 받기조차 싫어한다는 것이다. 그래서 이들을 설득하고 동기 유발시키는 일이 가장 중요하고, 선행되어야 할 일이다.

실제 이들을 지도하려고 해도 정규 학습 집단 내에서 개별지도를 통해서 할 것인가, 아니면 특별 학습 집단을 만들어 특별 지도를 할 것인가의 문제가 따른다. 현실적으로 지도 시간을 확보하기가 쉽지 않을 뿐더러 두 방법 모두 문제가 있다. 어떤 방법을 택하든 지도 자료, 교재 등이 마련되어 있지 않다. 이를 모두 교사가 준비해야 하는데 많은 시간과 노력이 따르는 문제가 또 있다. 학습

지도와 함께 평가와 확인을 통하여 진전 상황을 점검해서 가능한 한 빨리 정상 코스에 진입할 수 있도록 하는 것이 기초학력 지도에서 최대의 성공이다. 그 이후에도 추수 지도는 계속되어야 한다.

기초학력 부진아 지도를 위해서는 학부모와 가정의 협조가 절대적이다. 부모와 가정의 도움 없이는 기초학력 부진아 지도가 성공하기 어렵다. 학부모와의 연계지도를 모색해야 하며, 교육청, 교육부의 행정적 지원과 기초학력 확보를 위한 국가정책, 재정적 지원이 병행되어야 한다.

무엇보다 교육 제도의 유연성으로 기초교육과 기초학력 확보와 동시에 우수성 확보를 위하여 학생 개인에 학습을 맞출 수 있게 되어야 한다. 국가와 학교는 최소한 기초학력만큼은 모든 개별 학생에게 책임지고 확보해 줘야 한다. 기초학력 책임 확보제, 책임 지도제를 시행해야 한다. 기초학력도 확보해 주지 못하면서 의무교육 기간을 연장하면 무슨 소용이 있는가? 우리나라가 이 정도 살게 되었으니 이제 지식정보사회에 대응하려면 학생 개개인에게 맞추려는 국가적 노력이 요구된다.

마. 기초교육과 관련 문제

기초교육이 필요하고 중요하다는 것을 알면서도 아직도 그 개념과 내용이 명확하지 못하며, 이 외에도 많은 문제점과 이슈들이 있을 수 있다. 먼저 기초교육의 넓이와 깊이의 문제가 있을 수 있다. 집을 지을 때도 기초는 건물 지을 지면보다 넓어야 한다. 그리고 깊

을수록 튼튼하다. 기초가 넓고 깊어야 튼튼한 건물을 지을 수 있다.

그런데 기초를 넓고 얕게 하다 보면 튼튼하고 철저하게 교육하기 어려운 점이 있다. 그렇다고 좁고 깊게 파다 보면 기초교육으로서의 역할을 다 못하게 되고, 또 높은 수준, 높은 단계의 특수교육이나 전문교육으로 나아갈 시간을 가질 수 없게 된다. 그러나 기초교육이 인간으로 삶을 살아가는 데 있어서 최소 필수 요소가 되는 교육이라고 본다면, 그 범위를 최소로 잡고 그 대신 철저한 교육을 해야 할 것이다. 기초교육을 통과하지 못한 사람은 의무교육의 단계에서라도 유급을 시키고 보충 교육으로 처방해야 할 것이다.

기초교육의 범위를 정하는 데는 많은 사람들의 합의가 이루어져야 한다. 범위와 목표가 분명해야 실현 가능성이 높아지고 유급을 시켜도 보충수업을 시켜도 동의할 수 있게 된다.

기초교육을 어떻게 시키느냐도 문제이다. 철저한 교육을 위해서는 반복 훈련, 연습, 확인, 평가를 해야 한다. 그래서 마침내 몸에 배고 내면화되어야 한다. 필요하다면 주입식 교육이라도 해야 한다. 암기할 것은 철저히 암기해야 한다고 본다. 기초능력에 해당되는 내용의 목록을 만들어 놓고, 이에 근거하여 교육하고 확인, 평가하는 능력 근거교육(competence-based education)도 좋은 방법이 될 것이다. 기초교육의 강점과 힘은 그 응용력에 있다. 살아 있는 기초교육이 되기 위해서는 응용 방법에도 주의를 기울여야 한다. 응용력 없는 기초교육은 죽은 교육이 되고 만다.

기초교육을 튼튼히 하기 위해서는 교사 양성 교육에서부터 기초교육에 집중 노력하지 않으면 안 된다. 21세기 지식정보사회에서 철저한 기초교육으로 우리 교육의 전환적 계기를 마련해 놓고, 그

위에서 지상 최고의 질을 자랑하는 한국교육의 우수성을 확보하게 되기를 기대한다.(교육진흥, 2001 봄)

참고문헌

주삼환·배호순·이윤식·이석열(1999), 교과별·교사별 기초학력 책임 지도제 시행 방안, 미출판의 교육부 정책연구과제 보고서.

Goodlad, John Ⅰ.(1994). *What schools are for*. 2nd. Phi Delta Kappa Educational Foundation.

Marzano, Robert, Debra Pickering and Jay McTighe.(1993). *Assessing Student Outcomes*. Alexandria, VA: ASCD.

Nelson George D.(1999). 'Science Literacy for All in the 21st Century.' *Educational Leadership* 57 − 2. Oct. 1999. Alexandria, VA: ASCD.

Refferty, Cathleen D.(1999). 'Literacy in the Information Age' *Educational Leadership* 57 − 2. Oct. 1999. Alexandria, VA: ASCD.

Rebore, Ronald W.(1982). *Personnel Administration in Education*. Englewood Cliffs, NJ: Prentice − Hall.

Rose, Lowell and Gallup, Alec M.(2000). 'The 32nd Annual Phi Delta Kappa/Gallup Poll of Public's Attittudes Toward the Public Schools' *Phi Delta Kappan*. Sept. 2000.

Steen, Lynn Arthur(1999). 'Numeracy: the New Literacy for a Data Drenched Society' *Educational Leadership*. 57 − 2. Oct. 1999. Alexandria. VA: ASCD.

Tyner, K.(1998). *Literacy in a Digital World: Teaching and Learning in the Age of Information*. Mahwah. NJ: Erlbaum.

21세기에는 21세기에 필요한 교육을 해야 한다.

(1) 21세기의 핵심과목으로 ①국어, 독서, 언어기술, ②세계언어,

③예술, ④수학, ⑤경제, ⑥과학, ⑦지리, ⑧역사, ⑨정부와 시민성, 범교과적 주제로 ①글로벌 문해, ②재정, 경제 사업과 기업문해, ③시민성 문해, ④건강 문해, ⑤문화 문해

(2) 학습과 혁신 기능으로 ①창의성과 혁신성, ②비판적 사고와 문제해결력, ③의사소통과 협동성

(3) 정보·매체·공학 기능으로 ①정보 문해, ②매체 문해, ③ICT문해

(4) 삶과 경력 기능으로 ①융통성과 적응성, ②주도성과 자기주도성, ③사회, 범문화 기능, ④생상성과 책무성, ⑤리더십과 책임성

(5) 문화예술기능으로 ①감성, ②열정, ③상상력(이야기), ④기능을 들고 있다(www. 21stcenturyskills. org에 필자가 보완).

가. 지식정보사회로의 전환

보리밥, 호밀죽으로로라도 제발 허기라도 채울 수 있다면 얼마나 좋을까라고 하면서 허기 채우기를 소원하던 때도 있었다. 더운 건 벗고 살더라도 제발 춥지만 않았으면 하고 바라던 때도 있었다. 추위만 막아 주고 몸만 가릴 수 있는 두꺼운 옷만 있어도 좋다고 생각했던 시절이 있었다. 그때 우리는 고요한 아침의 나라에 살고 있었다. 전쟁의 폐허 속에서 우리나라는 아마도 지구상 최빈국이었을 것이다.

그러던 나라에 어느 날부터 건설의 망치 소리가 들리기 시작하고, 침침한 구석방에서 옷을 꿰매는 재봉틀 소리가 요란해지고, 공장 굴뚝에 검은 연기가 피어오르기 시작했다. 1960년대 초 1인당 국민소득 78달러 하던 나라가 1990년대 어느 날 갑자기 1만 달러의 부자나라가 되었다는 것이다. 세계올림픽을 개최하는 나라, 그것도 세계 역사상 제일 멋있게 개최하는 나라가 되고 드디어 세계 선진국 그룹인 OECD 그룹에 끼게 되었다는 것이다. 세계 사람들이 다 놀라고 우리 자신도 스스로 놀랐다. 이것을 세상 사람들은

‘한강의 기적’이라고 했다. 한국은행 달러가 넘친다고 제발 밖에 나가서 쓰라고까지 했었다. 사정사정하면서 구소련에 돈을 꿔 주기도 했다. 지구의 구석구석에 어글리 코리안 졸부들의 대행진이 이어졌다. 남의 나라에 돈을 펑펑 써 주고도 욕은 욕대로 바가지로 얻어먹으며 지구를 누비고 다녔다. 무슨 가든 갈빗집에, 사우나에, 향락산업이란 것이 번창하다고 했다.

이렇게 잘나가고, 흥청망청하던 나라가 어느 날 갑자기 나라가 망하게 되었다는 것이다. 생전 들어 보지도 못하던 IMF가 찾아왔다는 것이다. 한국은행 금고에 넘치던 달러 대신 빚 문서로 가득 채워졌다는 것이다. IMF라면 세 살짜리 어린애도 떨었다. 잘나가던 멀쩡한 회사가 문을 닫고 실직자·노숙자가 거리와 공원과 등산로를 메웠다. 가정이 콩가루가 되고 한국 역사에 또 다른 종류의 새로운 이산가족을 만들어 냈다.

성수대교가 끊어지고, 삼풍백화점이 무너지고, 대구와 서울 아현동에서 가스가 폭발하고, 서해 위도에서 여객선이 가라앉고, 여기저기서 비행기와 기차가 곤두박질쳤다. 유치원 애들이 컨테이너에서 타 죽고, 중·고등학생들이 호프집에서 타 죽었다.

이제는 우리의 희망이었던 교실이 무너지고, 학교와 교육이 크게 무너져 붕괴된다는 것이다. 무너지는 것에 질린 사람들은 아예 교육 이민으로 내뺀다는 것이다.

도대체 우리나라가 어디까지 무너져야 더 이상 무너질 것이 없게 될까? 이렇게 온통 무너지는 속에서 용케도 살아남아 이 자리에 이렇게 앉아 있는 여러분들 자신이 신기하지도 않은가?

잘나가던 나라가 왜 이렇게 갑자기 무너져 내렸을까? 우리의 사고와 구조·틀이 변화하는 시대와 사회에 맞추지 못했기 때문이다. 시대와 사회는 산업(공업) 시대와 사회에서 지식정보시대와 사회로 바뀌었는데 우리의 사고와 구조는 산업시대와 사회의 것으로 그대로 계속해서 나가려고 하니 쓰러지고 무너지지 않을 수 없었던 것이다. 우리가 산업화에 한참 열을 올리고 승승장구 잘나간다고 할 때 우리를 앞서 달려가던 선진국들은 이미 지식정보사회로 방향을 틀고 서서히 그 방향으로 나아가고 있었던 것이다. 어쩌면 우리는 그것도 모르고 지구를 누비며 까불고 다녔으니 그들이 보기에 우리가 얼마나 가소로웠겠는가?

선진국들도 한때 어려웠던 때가 있었다. 그런데 그들은 산업사회에서 지식정보사회로 넘어가는 구조와 틀을 성공적으로 바꾸고, 지금은 안정적으로 발전의 가속 페달을 밟고 있는 것이다. 지금 우리가 이제서 구조 조정, 구조 조정 하는 것은 근본적으로는 산업사회의 구조를 지식정보사회의 구조로 전환해야 지식정보사회에서 살아남을 수 있기 때문이다.

이 구조 조정을 한다는 것은 피눈물과 살을 도려내는 아픔을 요구하는 것이다. 말로만 구조 조정을 하는 체해서는 시련의 기간만 길게 늘려 놓게 되거나 아니면 앞으로 더 무섭고 아픈 고통을 불러들이는 결과를 낳게 될 것이다. 영국, 네덜란드 멕시코는 여러 차례 IMF를 당했고, 특히 멕시코는 6년 정권교체기마다 세 번씩 IMF를 당했다. 근본적인 사고의 전환, 구조 개혁이 아니면 지식정보사회에서 살아남을 수 없다.

나. 새로운 학력관으로의 전환

산업사회 구조로부터 지식정보사회 구조로 바뀌는 구조 개혁은 국가 사회의 모든 분야에서 이루어져야 한다. 교육과 학교도 예외가 아니다. 오히려 학교와 교육에서 먼저 구조 개혁이 이루어졌어야 한다. 그 이유는 지식과 정보는 바로 무엇보다도 교육과 직결되고 물질보다도 정신과 더 밀접하게 관련되어 있기 때문이다. 사회나 조직의 구조보다도 먼저 우리의 생각과 사고의 틀을 바꿔야 한다.

교육에서도 근본적인 구조 개혁이 이루어져야 한다. 이러한 교육의 구조 개혁을 위해서는 학부모의 학생에 대한 학력관에도 구조적 변화가 있어야 한다.

첫째, 지식정보사회는 지식이 자원이 되고 힘이 되는 사회인데 많은 지식보다 유용한 지식을 갖는 것이 중요하다. 산업시대에서는 대량생산이었기 때문에 지식에서도 양이 중요했으나 지식정보시대는 적은 분량이라도 꼭 필요한 지식, 질적으로 유용한 지식을 갖고 있어야 하며, 그래서 지식을 통합하고, 조직하고, 활용하여 더욱 유용하게 만들 수 있는 능력이 중요시된다. 지식정보시대는 쓸데없는 지식과 정보를 많이 가지고 있어 봐야 쓰레기가 되고 오히려 소음과 공해만 일으키게 된다. 사실적인 지식을 많이 암기하고 있는 것보다는 방법적 지식, 정보적 지식, 비판적 지식이 더 필요하다. 그리고 학생들이 유용한 지식을 배울 때 공부가 재미있고 학교가 즐겁고, 인생이 보람차게 되는 것이다. 남이 공부해 놓은 지식을 많이 알고 있는 것보다 공부하는 방법을 아는 것이 더 중요하다.

둘째, 쪼개진 지식보다는 통합된 지식과 지식을 통합하는 능력

(지식의 통합력)이 더 중요하다. 산업시대는 분업이었기 때문에 교육에서도 지식을 쪼개서 가르친 결과 쪼개진 인간이 많이 나오게 되었다. 그러나 지식정보시대에는 통합된 지식, 통합된 인간 전인이 요구되는 것이다. 가지고 있는 쪼개진 지식이라도 이리저리 합치고 종합하여 새로운 지식을 만들어 내고 활용하는 일이 중요하게 된다. 객관적 지식, 사실적 지식 못지않게 주관적 지식도 중요하다. 느낌이 있어야 하고 정서가 풍부해야 한다. 찬 머리도 중요하지만 따뜻한 가슴이 더 중요하다.

셋째, 지식정보사회는 변화가 심하고 또 지식의 양도 폭발하기 때문에 기초지식, 기초학력이 중요하다. 기초가 튼튼해야 변화에 알맞게 기초지식을 응용해서 써먹을 수 있게 된다. 모든 면에서 기초는 튼튼할수록 좋다. 지난날 우리가 갑자기 총체적으로 무너지게 된 근본 원인도 기초를 허술하게 했기 때문이다. 인간됨됨이의 인간바탕이 튼튼하고 좋아야 한다. 기초가 있어야 지식정보사회에서 요구되는 창의성, 문제해결력도 나오게 된다. 과학의 기초, 예체능의 기초, 윤리 도덕의 기초를 갖춰야 한다.

넷째, 통합의 지식정보사회에서는 분업의 산업사회에서보다도 더 인간관계 능력이 요구된다. 산업사회에서도 인간관계가 중요했지만 그때는 그래도 분업의 시대, 기계의 시대, 물질의 시대였기 때문에 자기 할 일만 따로따로 했으면 됐지만 지식정보사회에서는 다른 사람들과 팀으로 일해야 하기 때문에 인간관계, 협동심, 팀워크가 더 중시되는 것이다. 따라서 인간성, 인간미, 인성이 더 중시된다. 남과 더불어 사는 사람이 지식정보사회에서 잘 사는 것이다.

다섯째, 앞으로의 사회로 갈수록 문화 예술, 심미적 지식이 더 강조될 것이다. 인간답게 살고, 질적으로 높은 삶을 살려고 하기 때문이다. 청소년들이 열광하고 흥분하는 것을 보라. 아름답게 살고자 하는 욕구와 욕망이 더 강하게 부풀어 오르게 될 것이다.

여섯째, 자기만의 색깔을 갖고자 할 것이다. 산업시대는 모든 것을 하나의 틀에다 구워 내어 경비를 절약하여 싸구려 물건을 가지고 승부를 하려 했으나 지식정보사회에서는 지구상에 하나밖에 없는 것이 비싸게 나가는 것이다. 획일화, 표준화, 평균 가지고는 승부가 안 된다. 독특성, 특이성, 독립성을 인정해 줘야 한다. 각각의 독특성이 모여 서로 조화를 이루고 다양성의 아름다운 사회를 만드는 데 기여해야 할 것이다. 그러려면 자율성을 값비싸게 사야 할 것이다. 스스로 하려고 하고 자기가 좋아하는 것을 하면서 살 수 있도록 해 줘야 할 것이다. 자기 좋아하는 것에 대한 강한 열망의 불꽃을 붙여 주는 역할을 옆에서 해 줘야 할 것이다.

이렇게 몇 가지 변화하는 지식, 변화해야 할 학력관을 몇 가지 강조했다.

다. 그럼에도 불구하고 현실은 현실이다.

지금 제가 지식정보사회에서 중시되는 지식과 능력, 학력에 대하여 몇 가지 강조했으나 지금 당장 대학 입시를 앞두고 있는 학부모에게는 먼 꿈나라 얘기처럼 들릴 것이다.

시험문제를 출제하는 교사나 교수들도 ① 유용한 지식, ② 통합된 지식 또는 지식의 통(종)합력, ③ 기초지식, ④ 인간관계 능력,

⑤ 문화예술, 심미적 지식(감), ⑥ 개성이나 자아정체감, ⑦ 창의력과 문제해결력 등을 알아볼 수 있는 문제를 출제하려고 노력을 많이 하지만 현재로는 이런 분명한 문제를 출제하기가 매우 어려운 실정이다. 그래서 심층면접이나 논술 등 다른 방법을 동원해서 지식정보사회에 필요한 능력을 재려고 하지만 그것도 그리 쉬운 문제는 아니다. 그렇기 때문에 대학 입시가 코앞에 닥친 절박한 사람들은 현 체제에 맞춰 시험 준비를 해서 일단 원하는 전공학과, 원하는 대학에 합격을 하고 봐야 한다. 그러나 중학생 정도의 나이만 돼도 제가 여기서 제시한 방향으로 우리의 교육과 입시가 많이 바뀌어 갈 것으로 믿는다.

여기서 대학 입시와 관련하여 하나만 강조하고 싶은 것은 장기적 전망을 하고 전공학과를 먼저 잘 선택하라는 점이다. 지금까지 잘나가던 학과도 어느 날 갑자기 인기 없는 학과로 바뀔 수도 있기 때문이다. 그리고 학생이 좋아하는 일을 하면서 살아갈 수 있도록 해야 할 것이다. 그리고는 취업 가능한 학과를 먼저 정하고 나서 다음에 수준에 맞는 대학을 정하라는 권고를 하고 싶다. 4년제 좋은 대학을 졸업하고도 취업이 안 되어 취업 가능한 전문대학 입시에 재도전하는 불행한 경우도 많이 보게 된다.

마지막으로 중요한 한 가지는 대학 입시에 합격하여 대학에 입학하고 나서도 대학 입시에 재수하는 그 이상으로 공부해야 한다는 점이다. 대학에 입학했다고 마음을 풀어 놓으면 4~5년 후 졸업할 때 취업을 못해 또다시 취업 시험에서 후회하고 실패하게 된다. 인생의 고비 고비가 다 시험이다. 이것을 다 부모님이 해결해 주려고 하다 보면 부모님의 인생은 없어지고 부모님은 자식 인생에 끌려 다니는 신세가 되고 만다. 부모님은 분명히 선을 그어 줘야 할 것이다. '네 인생 네가 선택해서 살라'고 말이다.

부모가 마치 자식을 위해서 이 세상에 태어난 것처럼 매일 자식에 매달려 자식 치다꺼리나 할 생각을 해서는 끝도 없다. 대학 입시 치다꺼리를 한 부모는 금방 또 취업 걱정하고, 군대 걱정하고, 결혼 걱정하고, 집 사 줄 생각을 하고, 손자 봐 줄 걱정을 하게 되는 것이다. 자식을 좀 강하게 키우고, 사나운 사자 새끼로 키워야 부모보다, 스승보다 더 사나운 또 하나의 맹수의 왕으로 성장하게 되는 것이다.

시대가 변했으니 여러분의 학력관, 자녀관도 획기적으로 변화시키고 여러분의 머릿속 생각의 틀, 사고의 구조를 바꾸는 계기가 되었으면 좋겠다. 감사합니다.(대전교육청 중등학부모 연수, 2001. 5. 29. – 30.)

시대는 유목사회, 농경사회, 산업사회를 거쳐 지식정보사회를 넘어 선진국은 문화창조사회로 접어들었다고 한다. 그 동안 우리는 IMF구조 금융의 혹독한 시련을 극복하였다고 한숨을 돌리려 하자 10년 주기로 2008년에 미국이 진원지가 된 세계금융위기를 또 맞고 있다. 그래도 우리나라는 10년 전에 IMF위기를 겪은 경험이 어느 정도 내성을 길러줬다고 한다. 이런 위기가 와도 끄떡 없게 하는 힘은 교육으로 길러야 하는 것이다. 이래저래 교육과 도덕성이 중요시 된다.

교육난세

　최근 몇 년 내내 촌지 교사, 체벌 교사로 언론을 도배질하고 수요자 중심, 소비자 중심 교육으로 교육개혁을 한다고 떠들어 댔다. 올 들어 더욱 극성을 부렸다.

　수요자 중심 교육도 조용하게 착실히 했어야 하는데 떠들어 대기만 했으니 얼치기 교육이 된 것이다.

　얼치기 수요자 중심 교육의 결과인지 얼마 전에 학생이 교사를 경찰에 신고하고 또 경찰은 교장의 허락도 없이 수업 중인 교사를 파출소로 연행해 갔다는 것이다. 부모도, 스승도 맘에 안 들고 화가 나면 고발하는 세상이 된 것이다. 교육난세이다.

　교원 정년을 60세로 낮춰(나중에 62세로 확정) 3년에 3만 1천여 명을 내쫓고 교장의 88.2%를 퇴출시킨다고 발표했었다. 무슨 이유로 왜 쫓아내야 하는지 뚜렷한 논리와 설득도 듣지 못한 채 원로 교원은 단지 원로라는 이유만으로 퇴출의 대상으로 지목받고 있는 것이다.

　더욱 처량한 신세는 교원의 목숨이 몇몇 국회의원과 3당의 손에 달려 있다는 것이다. 60세안, 61세안, 62세안, 63세안, 65세안 교수, 교원 목숨이 남의 칼날에 의하여 이렇게 붙었다, 떨어졌다 하는 사형수의 신세가 된 셈이니 도대체 교원이 사형을 받아야 할 무슨 죄를 졌단 말인가. 자신 있게 사형시킬 분명한 이유가 있다면 즉시 목을 칠 일이지 이렇게 남의 목을 놓고 노리갯감, 장난감으로 삼아도 된단 말인가. 고양이가 쥐를 잡아 놓고 장난치는 것 같다. 너무나 잔인한 처지다.

　60, 61, 62, 63, 65세의 각각에 대한 논리와 이유, 원칙, 연구된 근거가 있어야 할 것 아닌가. 당의 방침과 다른 교육위원은 바꿔쳐 가며 힘으로 밀어붙인다는 것이다. 여기서 어떤 결정이 나와도 순리와 원칙에 의한 것이라고 국민과 교원이 수긍하기는 어렵게 되어 있다. 국가정책이 몇 사람의 기분에 의하여, 힘의 논리에 의하여 결정된다는 비난을 면키 어렵다. 떠나보내더라도 명예롭게 떠날 수 있도록 해야지 노리갯감의 신세로, 파리 목숨의 신세로 떠나게 해서는 안 된다. 교육난세에 달려 있는 교원의 목숨이 불쌍할 뿐이다.

　교사가 학생한테 구타당하고, 학부모에게 폭행당하는 것은 얼치기 수요자 중심 교육 탓인가, 비뚤어진 민주교육 덕분인가, 아니면 교사 체벌의 업보인가. 교사선택제, 담임선택제, 차등성과급제로 교육 운영이 정상적으로 되지 않고 변칙이 통용되고 있다.

　학교폭력, 왕따로 맑아야 할 청소년들이 불안에 떨고 자살에까지 이르고 있다. 낮에는 학교에 출석하고, 밤에는 가발을 쓰고 업소로 출근하는 학생도 많고, 아예 가출하여 유흥업소 생활을 하는 청소년도 많다는 것이다. 퇴학당했던 학생들을 재입학시켜 지금 교실은 교실이 아니라고도 한다. 거기다 자신 없는 열린 교육 흉내 낸다고 하다가 수업이 아니라 난장판도 많다고 한다. 그래서 요즈음 이판사판, 8판이란 말로 교육난세를 풍자한 지 오래되었다.

　콩나물 교실. 입시 지옥이란 말을 교육에서 스스럼없이 쓰더니 시험 없이, 경쟁 없이 학생을 선발한다는 것인가. 입시 방법, 전형 방법이 다양해질 뿐이다. 비전 2002도 너무 복잡하여 비전이 아니라 환상이 되기 쉽다. 국민을 헛갈리게 하고 있다.
　지금까지 교육개혁이란 이름으로 교육을 난세로 몰고 왔다는 비난을 받게 되었다. 이렇게 혼란하고 시끄러운 때일수록 모두가 제자리로 돌아가고 원칙과 본질을 찾아야겠다.
　먼저 중앙의 교육부가 중심을 잡아야겠다. 교육에 관한 한 교육부가 중심을 잡아야지 당이나 기획예산위원회가 정년단축안도 내놓고, 국립대 구조 조정도 하고, 지방 교육예산을 교육단체가 아닌 지방자치단체에 이관하는 안을 검토하고, 학부모로 하여금 초·중등 교원을 평가하게 하는 제도를 추진하고, 일반인이 교장직을 맡게 해야 한다는 보도가 나오게 하고 있다. 그리고 당사자들과 상관없는 노사정위원회가 교원노조 합법화를 선언하게 하고 나서 교육부는 힘에 밀려 뒤치다꺼리나 하게 된다면 나라 전체가 흔들리고 그 결과 교육은 자꾸 난세로만 치닫게 된다.
　교육에 관한 한 교육부가 전문 부서가 아닌가. 그리고 교육에 관한 한 교육부에서 한목소리를 내야지 다른 부처에서, 당에서 불쑥불쑥 무책임하게 메가톤급 정책을 내던져 놓으면 혼란만 가져오고 되는 일은 없게 된다.
　대통직인수위가 5대 과제를 던져 놓고는 사라져 버리고, 기획예산위원회가 교육을 뒤흔들어 놓고, 새 교육공동체위원회 따로 놀고, 교육부는 또 별도로 폭탄 발표를 해 놓으면 각 교육청과 학교, 교원은 이를 어떻게 감당할 수 있겠는가.
　교육 난세를 하루빨리 극복해야 한다. 난세를 조장하기보다는 차라리 교육개혁을 안 하는 편이 낫다. 교육개혁은 난세 없이 조용히 착실하게 해야 한다. 지식정보사회를 위한 교육개혁은 교육의 본질, 교육의 질 향상에 초점을 맞춰야 한다. 교육과정 내용을 줄이고 대신 철저를 기하면서 개성 존중으로 창의성, 윤리, 도덕성을 신장하는 교육 내용과 교육 방법에 교육개혁은 집중 노력해야 한다.
　주변적인 것을 개혁한다고 하다가 교육 난세를 조장해서는 안 된다. 혼란스러운 때일수록 원칙을 지키고 한목소리를 내야 한다. 교육부가 먼저 방향과 중심을 잘 잡아야 할 것이다.

〈한국교육신문, 98. 12. 21. 한국교총〉

II

교육위기 탈출, 교원

가. 지식정보화와 교원의 사기

지난 20세기(우리나라의 경우 1960~80년대)에 산업의 발달로 우리는 많은 물질도 얻고 경제도 얻을 수 있었다. 인간에게 필요한 모든 것을 공장에서 모두 만들어 내어 행복할 수 있을 것이라 믿었었다. 그러나 우리는 물질과 경제만으로는 더 이상 행복할 수 없다는 것을 깨닫게 되었다.

그래서 21세기에는 정신적으로 풍요롭게, 인간적으로, 질적으로 풍요롭게 살고자 한다. 그런데 우리는 20세기 산업화에 열을 올리는 동안 물질을 많이 얻었지만 대신 정신을 많이 잃어버리고 정신적, 심리적으로 파탄의 지경에 이르기도 하였다. 한국인의 정신, 윤리·도덕의 정신세계도 사라지고 깨어지게 되었다.

지식정보라는 것도 결국은 우리 인간이 인간답게, 정신적으로 풍요롭게 살고자 하는 데서 나오게 된 것이다. 기계와 물질, 돈만으로는 더 이상 행복할 수 없다는 점을 우리는 먼저 이해해야 한다. 지식정보사회라고 하면 막연히 컴퓨터만 생각해서는 안 된다. 컴퓨터도 인간답게 살기 위한 컴퓨터라는 것을 잊어서는 안 된다.

그러면 지식과 정보는 어디서 만들어 내는 것인가? 산업시대처럼 지식과 정보도 공장에서 만들어 낼 수 있는 것인가? 결론을 먼저 이야기하자면, 그렇지 않다. 지식과 정보를 공장에서 물건 만들어 내듯이 만들어 낼 수 있다면 차라리 쉽고 좋을지도 모른다. 지식정보사회에서 지식과 정보는 '교육'에서 만들어 내야 한다. 지식정보사회에서는 교육이 그 어느 시대에서보다도 중요하다. 그래서 미국 대통령이나 영국 총리도 21세기 문턱에서 '교육, 교육, 교육'을 외쳤던 것이다. 부시 미국 대통령도 대통령이 되어 첫 서명을 교육 법안에 했던 것이다.

지식과 정보를 교육에서 만들어 낸다면 두말할 필요도 없이 지식정보사회에서 제일 중요한 사람은 교육을 담당하는 교원이고 학교인 것이다. 그런데 하필이면 교육과 교원이 이렇게 중요한 때 우리나라에서 교육이 무너지고 교육의 주역인 교원의 사기가 날개 없이 추락하는 것은 우리 국가와 민족을 위해 아주 불행한 일이라 하지 않을 수 없다. 지식정보사회에서 교육이 붕괴되고 교원의 사기가 저하되는 현상은 전투에서 무기고와 화약고가 점령당하고 돌격해야 할 고지 앞에서 소총수들이 총을 버리고 주저앉은 격이다.

물론 산업시대도 교육이 중요했고 또 우리나라에서 교육이 뒷받침이 되어 '한강의 기적'이라 할 정도로 짧은 시간 내에 산업화를 이룩할 수 있었으나 그 당시 너무 산업화에 도취되어 산업화를 뒷받침해 주었던 교육을 무시하고 업신여긴 결과 지금은 경제마저 성장을 지속하지 못하고 지식정보의 기초도 세우지 못하고, 또 물질은 다소 남아 있을지라도 인간답게 살 수 있는 한국 사회를 만드는 데 실패하고 있다. 싸구려 교육으로는 더 이상 지식정보사회를 뒷받침해 줄 수 없다.

어쨌든 지식정보사회에서 지식정보의 창출, 조직, 활용은 교육과 연구의 몫이고 이의 주역을 맡은 교원의 사기는 아주 중요하다는 말로 서론을 정리하고자 한다.

우리가 지식강국이 되려면 이제부터라도 빨리 교육과 교원을 귀하게 여기고 이에 정신적·물질적 투자를 하지 않으면 안 된다는 경각심을 갖고 본론으로 넘어가기로 한다.

나. 사기의 개념과 구성 요인

사기란 말은 군대나 운동 팀에서 생명과 같이 중요시하고 있다. 이들 집단에 능력과 기술이 있어도 사기가 떨어지면 이들이 가지고 있는 능력과 기술도 발휘하지 못하고 비참하게 패하기 때문이다.

1) 사기의 개념

그러면 사기(士氣)란 무엇인가? 글자 풀이식으로 말하면 선비(士)들의 기개(氣槪)로 '정의를 주장하는 선비들의 기개'라고 할 수 있다. 또 사기를 중시하는 군대의 입장에서 풀이하면 '싸움에 대한 병사(兵士)의 기세(氣勢)'라고 할 수 있다. 이 둘을 합치면 선비나 병사의 기개와 기세인데, 말을 뒤집으면 기개나 기세가 동등해야 할 사람은 선비나 병사들이라고 할 수 있다. 사기는 곧 병사의 '기(氣)'인데 사람에게는 '기(氣)'가 살아 있어야 한다는 의미가 내포되어 있다.

좀 더 학술적으로 사기의 개념을 정의하면 '조직의 목표 달성과 이익을 위한 조직구성원 개인과 집단의 정신적 자세 또는 태도'라고 할 수 있다. 또 다른 말로 바꾸어 표현하면 '고도의 정신적·정서적 성장을 띤 조직 참여자들의 직무 수행 의욕'이라고 할 수 있는데 이 두 정의의 앞에 있는 수식어들을 빼 버린다면 '직원 개인(indivadual)과 집단(group)의 정신 자세 또는 정신 태도', '직원의 직무 수행 의욕', '직원의 근무 의욕'이라고 줄여 말할 수 있다. 그러므로 교원의 사기 저하라고 한다면 '교원의 정신 자세, 근무 의욕 상실'이라고 표현할 수 있다. 이러한 사기의 개념 정의에 내포하고 있는 성격을 좀 더 자세히 뜯어보면 먼저 첫째, 조직 목표이나 조직의 이익을 추구한다는 점을 생각할 수 있다. 사기는 조직의 목표 달성, 생산성, 효과성의 주요 변인이 된다. 그래서 사기를 중요시한다는 것이다. 둘째, 개인의 측면과 조직의 측면 양쪽이 다 사기에 속한다는 점이다. 사기는 조직 목표를 위해서뿐만 아니라 조직구성원 개인의 행복을 위해서도 대단히 중요하다. 사기에 관한 접근을 처음에는 개인적 측면에서 했으나 인간 관계론이 대두되면서 집단적 측면과 나아가서 사회적 측면까지 확대되어 강조되고 있다. ① 개인적 성격으로는 개인의 자발성, 자주성, 주체성, 지속성의 특징을 가진 개인의 근무 의욕으로 보는 것이고, ② 집단적 성격으로는 조직 내 인간관계성, 신뢰감, 근무 집단의 규모 등에 의하여 조직의 공동목표 달성에 기여하려는 집단적 노력을 사기로 보는 것이다. 이런 의미에서 사기는 집단의 공동목표 의식(a sense of common purpose with repect to a group), 즉 '집단정신(Esprit De Corps)'이라고 할 수 있는데, 흔히 사기라고 하면 이를 의미한다. 그리고 사기의 ③ 사회적 성격은 자신의 직무에 대한 사회적 자부심에 기초한 사회적 가치 실현에의 의욕이라고 할 수 있다. 지금 우리나라에서 교원의 사기가 급격히 저하되기 시작한 근본 원인은 교원들로 하여금 사회적 자부심을 갖지 못하게 하는 데 있으며, 이것이 집단정신과 개인정신에까지 영향을 미쳐 지금 교원들의 사기는 고사하고 고도의 무력감(powerlessness)에 빠져 있는 것이다.

위의 개념 정의에서 생각해야 할 세 번째 성격은 사기에 정신적(mental), 정서적(emotional condition) 두 측면이 포함되고 이 두 측면이 강조된다는 것이다. 사기는 다분히 심리적이고, 특히 사회심리학적 측면이란 걸 알아야 한다. 지금 교원의 사기가 저하되었다면 정신적·정서적 측면에서 원인을 찾아야 하고 또 사기앙양책을 강구하려면 먼저 정신적·정서적 측면을 고려해야 한다는 시사를 여기서 찾을 수 있을 것이다. 정부가 비물질적인 정신적·정서적 측면에서 교원의 사기를 떨어뜨려 놓고 사기 진작을 시킨다고 보잘것없는 알량한 물질을 가지고 침통을 흔든다면 모순이라 아니할 수 없다. 사기는 열정, 자부심과 자신감, 충성심 같은 정서적 측면을 다분히 내포하고 있다. 또 사기를 목표의식과 미래에 대한 신뢰에 바탕을 둔 심리적 행복감의 정도(the level of individual psychological well-being based on such factors as a sense of purpose and confidence in the future)라고 할 수 있기 때문에 사기는 심리적 요소와 심리적 측면이 강조된다. 나중에 사기 진작이나 앙양책을 찾고자 할 때도 정신적·정서적·심리적 측면이 고려되어야 한다는 암시를 이 개념 정의에서 받을 수 있다.

이 외에 네 번째, 사기는 상대적이고 가변적이라는 것이다. 상대적으로 높고, 낮고 또 시간적, 공간적으로 변할 수 있다는 것이다. 우리는 사기가 가변적이라고 믿기 때문에 교원의 사기 저하 원인을 찾고 또 앙양책을 강구하고자 하는 것이다.

2) 사기의 구성 요인

사기의 개념 정의에서 이미 많이 언급되었지만 사기를 구성하고 있는 요인에 대하여 좀 더 자세히 살펴볼 필요가 있다.

사기의 구성 요인이 무엇이냐에 대해서는 학자마다 약간씩 다르게 분류하거나 다르게 제시하고 있으나 심리에 기초하여 인간의 욕구와 동기요인을 들고 있다. 예를 들면, Yoder(1962)는 ① 경제적 안정, ② 개인적 인정, ③ 참여, ④ 자기표현, ⑤ 자기 발전, ⑥ 자아존중의 여섯 욕구를 들고, Seberhagen(1970)은 ① 직무성취도, ② 동료, ③ 직무 자체, ④ 인정감, ⑤ 책임감, ⑥ 안정감, ⑦ 인간관계, ⑧ 감독, ⑨ 작업환경, ⑩ 정책, ⑥ 발전성의 11요인을 들고 이 11요인을 사기 조사의 요인(항목)으로 삼았다.

우리가 많이 알고 있는 Maslow의 5욕구와 Herzberg의 동기·위생 2요인을 사기의 요인으로 설명해도 무리가 없을 것이다. 즉 Maslow의 ① 물질적 보수, 휴양 등과 관련된 생리적 요인, ② 신분안정, 연금 등과 관련된 안전과 안정의 요인, ③ 인간관계, 상담 등과 관련되는 사회적 요인, ④ 참여, 보상 등과 관련되는 존경(자존) 요인, ⑤ 승진, 발전 등과 연결되는 자아실현 요인의 다섯으로 사기 요인을 일반화시켜도 좋을 것이다.

또 Herzberg는 동기 요인으로 ① 일 자체, ② 성취감, ③ 인정감, ④ 책임감, ⑤ 성장과 발전의 다섯과 위생 요인으로 ① 정책과 방침, ② 감독, ③ 보수, ④ 근무 환경, ⑤ 신분안정의 다섯을 들고 있는데 이들을 모두 사기의 요인으로 볼 수 있다.

뒤에 가서 교원의 사기 저하의 요인과 원인을 밝히는 데서 좀 더 자세히 살펴보게 되겠지만 최근에 우리나라에서 교원의 사기가 갑자기 그리고 급격히 저하되게 된 요인과 원인은 무엇일까? 이런 여러 요인들이 모두 복합적으로 관련되었을 것으로 본다. 그리고 낮은 단계에서 높은 단계에 이르기까지 모두 관련되었을 것으로 볼 수 있다. 특히 정년단축으로 인한 안전과 안정감의 위협, 교원을 교육개혁의 대상으로 삼고, 촌지·체벌 교사로 몰아붙이고 교원을 무시하여 자존심에 상처를 준 것이 주요 원인과 요인이라고 봐야 할 것이다. 무엇보다도 교원을 보는 인간관, 교직을 보는 교직관이 교원 사기의 주요 요인이 될 수 있다. 인간을 ① 합리적·경제적 인간으로만 보는 고전적 인간관, ② 사회적 인간으로 보는 인간 관계론적 인간관, ③ 자아실현적 인간으로 보는 성장이론 인간관, ④ 단순하게 보지 않는 복합적 인간관이 있을 수 있는데 최근 정부와 관료들이 교원을 경제적, 물질적으로만 보고, 또 다루려고 했다는 데 교원들의 사기가 저하된 점이 있을 것이다. 교육개혁을 한다고 교육에도 경제 논리, 정치 논리만 적용하여 정년 단축을 하면서도, 명퇴를 시키면서도, 성과급을 도입하려는데도, 소규모 학교를 통폐합하면서도, 교원 연수, 교직발전종합방안이란 걸 내놓으면서도 모두 교원과 학생을 돈으로만 환산함으로써 교원을 보는 인간관이 가장 고전적인 돈 중심, 경제 중심이었다는 데 문제가 되었다.

교원들이 몸담고 있는 조직과 일을 무엇으로 보느냐도 사기의 주요 요인이 될 수 있다. 즉 교직에 대한 사회적 가치, 사회적 평가는 교원의 정년 연령을 노동자 연령인 60세로 단축하려 하고, 또 다른 공무원들은 인정하지 않으면서 교원노조를 합법화시킴으로써 일부에서는 사기가 올라갔을지 모르겠지만 대체로 교원 사기 저하에 공헌을 했을 것으로 본다.

어쨌든 인간의 욕구와 동기, 인간관, 직업관(직업에 대한 사회적 평가)은 사기 구성의 주요 요인이 된다. 이러한 사기 요인은 물질적인 것과 비물질적인 것, 조직 외적인 것과 내적인 것으로 나누어 볼 수 있는데 물질적인 것, 외적인 것에서 시작하여 비물질적인 것과 내적인 것으로 옮겨 갈 수 있고 또 그런 경향도 있을 수 있다.

다. 교육 붕괴와 교원의 사기 저하

교원의 사기 저하는 교육 붕괴와 분리해서 생각하기 어렵다. 교육 붕괴와 교원의 사기 저하의 근본적인 원인은 첫째, 산업화와 산업화에 대한 미숙한 대처에서 찾을 수 있다. 교육의 나라, 우리나라의 교육이 급진적으로 걷잡을 수 없이 무너져 내리고 있다. 따라서 교육을 담당하고 있는 교원의 위치도 같이 추락하고 있다. 교육과 교원이 무너진다는 것은 곧 우리의 정신세계가 무너진다는 의미가 된다. 지식정보사회에서 정신세계가 무너진다는 것은 산업사회에서 물질과 경제가 무너지는 것보다 훨씬 더 위험하다.

교육이 무너지는 것은 60~80년대 갑작스러운 산업화로 우리가 물질을 얻는 동안 정신을 잃어버렸기 때문이다. 우리가 어려운 가운데서도 교육에 열심이었기 때문에 늦게나마 짧은 기간 내에 산업화를 이룩할 수 있었다는 교육의 공로를 잊어버리고 교육을 배신했었기 때문이다. 우리가 물질적으로 잘나간다고 생각했을 때 우리가 제대로 된 나라였다면 왜 잘나가게 되었는지를 생각하고 그 잘나가게 된 원동력이었던 교육을 외면하지 말았어야 한다. 산업화에 의하여 조금이라도 돈을 벌어들이기 시작하자마자 더 발전하기 위해서는 교육에 재투자했어야 한다. 향락산업으로 빠져나가는 돈의 몇 십분의 일이라도 그 돈을 우리 민족의 장래가 걸려 있는 어린이들이 있는 교실에 밀어 넣었어야 한다.

그 당시 교육과 정신 분야에 투자하기는 고사하고 오히려 황금만능에 젖어 교육과 교원을 무시하기에 이르렀다. 윤리와 도덕이 무너지고 소위 졸부들의 행진에 우리나라 안에서뿐만 아니라 지구를 누비고 다니며 세계인의 비난까지 받기에 이르렀다.

산업화로 한참 경기가 좋을 때 교원 중에 많은 사람들이 대우가 좋은 기업체로 빠져나가기도 하였다. 돈 못 버는 교직과 교원은 더 이상 존경의 대상이 될 수 없게 된 것이다.

둘째, 역대 정권과 지도자들이 교육과 교직을 무시했다는 데 원인이 있다. 그래도 교육을 잘 모른다고 생각한 군사정권하에서는 이렇게까지는 교육을 무너뜨리지는 않았었다고 생각된다. 교육을 존중하거나 일으켜 세울 생각은 못했을지라도 속으로는 교육을 두려워하거나 최소한 무너뜨리려고까지는 생각하지 않았을지 모른다.

교육이 급격히 무너지기 시작한 것은 오히려 투쟁하던 사람들이 정권을 잡은 후부터라고 본다. 문민정부에서부터 교육과 교육행정을 가볍게 다루기 시작한 측면이 있다. 우선 이들은 교육과 교원을 얕잡아 보고 투쟁하던 사람 아무나 교육부장관에 앉혀 놓고 교육에 투쟁 논리를 적용하기 시작하였다. 그래도 문민정부는 교육재정 확충의 공로라도 인정받을 수 있다.

셋째, 좀 더 깊이 들어가 보면 교원을 교육개혁의 객체로 다루면서 교원이 더 무너지게 되었다. 교육개혁을 한다고, 그것도 종합적으로 한다고 교육의 전 분야를 뒤흔들어 놓고는 하나도 안정적으로 개혁을 시키지도 못했다. 특히 개혁의 주역이 될 교원을 개혁의 대상으로 삼아 교육에서 교원을 구경꾼으로 내몰아 붙였다. 그 결과 교원들은 '정치꾼과 교육 관료들 너희들이 교육개혁 다 잘해 보라'고 하며 방관적·냉소적 태도를 갖게 되었다. 교장·교감·장학사를 타도의 대상으로 삼았던 교사들마저도 마침내 개혁과 타도의 대상이 되자 교육에는 지도력이 먹혀들 수 없게 되고 학생들에게 교육력이 통하지 못하게 되는 상황에 이르렀다.

넷째, 교원을 촌지, 체벌 교사로 몰아붙인 데서 교원의 위치가 흔들리지 않을 수 없었다. 교육방송의 부정 사건으로 언론이 들끓게 되자 일반직들이 화살을 피하기 위해 어느 여교사의 콤팩트와 손수건 몇 장을 들춰내 그때부터 이 나라 모든 교원은 촌지 교사·체벌 교사의 죄인 취급을 받게 되었다. 교원의 사기는 고사하고 교원들은 쥐구멍을 찾아야 할 신세가 된 것이다. 교원이 된 것이 평생의 한이 되고 60~80년대 경기가 좋을 때 교직을 떠나지 않은 것이 천추의 후회로 남게 된 것이다. 교원들이 이때처럼 비참하게 된 적이 우리나라 역사상 없었다. 또 학생과 학부모 보고 불법과외를 하는 교사를 신고하라고 신고센터까지 마련했었다. 자기 선생을 고발하라고 하는 나라가 우리나라 말고 지구상에 또 어느 나라가 있겠는가? 이때에 교원의 사기는 이미 만신창이 되었다.

다섯째, 교직을 노동직으로 보고 교원 정년을 노동자 연령으로 단축하면서 교원의 사기가 급격히 추락하게 되었다. 교육을 무너뜨리고 교원의 사기를 바닥으로 떨어뜨린 훈장감은 뭐니 뭐니 해도 국가가 교원을 배신하고 교원 정년 연령을 단축시킨 것이다. 정부가 65세까지 정년을 보장해 줄 것을 믿고 교원들은 교직에 들어왔고 또 산업시대 대우가 좋은 기업체로 빠져나가지도 않고 있었는데 어느 날 갑자기 고령 교사, 무능 교사의 딱지를 붙여 개 쫓듯 쫓겨나는 신세가 되었으니 교육이 붕괴되고 교원의 사기가 떨어지지 않을 수 없었다. 교원을 쫓아내더라도 형식적으로라도 정중하게 설득하는 체라도 했어야 하는데 정부가 너무나 급했거나 너무나 교원을 무시한 탓에 그런 체면도 차려 주지 못하고 고령 교사 1명 대신 젊은 피 2.59배를 수혈한다고 국민과 교원에게 사기를 쳤으니 정부와 관료들의 사기 등등한 세력 앞에 교원들의 사기는 고꾸라지게 된 것이다. 교육과 교원 인적자원을 이렇게 헌신짝처럼 취급하는 나라가 '교육인적자원부'를 만들었으니 이것도 일종의 사기 행각에 해당된다. 관리들 자리 늘리고 승진시켜 관리의 사기를 높이는 사기에 해당된다. 이제 교원들도 거짓말하는 관리들에게 신물이 날 만큼 났다는 것을 알아야 한다.

고령 교사를 쫓아냈으면 이로 인하여 덕을 보게 된 젊은 교사의 사기가 올라가고 교장·교감으로 승진하게 된 행운아들의 사기라도 올라갔어야 하는데 모두가 주저앉았다는 것도 문제이다.

여섯째, 교육 관리들이 교원들을 계속 실망시키고 있다. 교원을 초라하게 만드는 주역의 또 하나는 교육 관리들이다. 몇몇 엘리트 의식에 젖어 있는 관리들이 겁도 없이 온 나라의 교육을 흔들어 놓고 있다. 이들이 언제부터 '교육개혁'을 전공으로 공부하고 '고등교육행정'을 전공했는지 대학도 평가하고 교육청 평가, 학교 평가를 하여 재정을 차등 지원한다고 국민의 세금을 가지고 횡포를 부리고 또 장난을 치고 있는 것이다. 이들은 자기의 스승들은 안중에도 없고 자기들 머리가 좋아서 젊은 나이에 출세한 것으로 알고 있다. 교육 관리가 '열린 교육'을 알면 얼마나 안다고 일반직 관리가 '열린 교육'으로 온 나라를 이렇게 황폐시켜 놔도 되는 것인가? 원로 교원이나 학자가 보기에는 가소롭기 그지없는 일이다. 교육 관료와 교원 사이가 갈라지고, 교장, 교감과 교사 사이에 틈이 벌어지고, 교사들 사이에서도 다시 분열하는 현상은 교원 사기 저하의 원인도 되고 그 증거도 된다.

일곱째, 일부 학부모 단체에도 문제가 있다. 몇몇 잘난 학부모 단체 대표라는 사람들이 우리 교원들을 실망시키고 있다. 제대로 학부모를 대표하는 단체도 아니고 제대로 된 대표도 아니면서 우리나라 전 학부모를 대표하는 것처럼 여론몰이를 하는 것을 보며 우리 교원들은 살맛을 잃고 있는 것이다. 여론에 의하면 학부모들이 젊은 교사를 좋아한다는 것이다. 그러면 여론에 의해서 아이들을 교육시킬 것인가? 30~40대까지만 교사를 하고 다 쫓겨나야 한다면 누가 교직에 올 것인가?

여덟째, 교육을 소비자·공급자의 논리로 몰고 간 교육 관료와 일부 학자들도 교원의 사기를 떨어뜨리는 데 큰 공헌을 했다. 교원은 결코 교육의 공급자일 수 없다. 교육의 공급자는 정부이고 지방자치단체이며 궁극적으로는 주민이고 국민인 것이다. 민주주의 국가, 특히 지방 교육자치제를 하는 나라에서는 주민과 국민은 교육의 공급자인 동시에 소비자에 해당되는 것이다. 거기서 교원은 국민의 머슴에 불과한 것이다. 우리나라에서 교원은 마음대로 교육을 공급해 줄 수 있는 공급자의 입장이 될 수 없는 것이다. 교육 관리들은 교육행정 공급은 제대로 못하면서 괜히 교사들 때려잡기 위해 되지도 않는 교육 공급과 소비의 논리로 교원의 사기만 떨어뜨려 놓은 것이다.

이렇게 정권, 교육 관리, 일부 학부모가 교육과 교원을 우습게 보게 되니 학생들까지 스승을 우습게 보고 마침내 스승에게 대들게까지 만들어 놓은 것이다. 끝장까지 오게 된 것이다.

아홉째, 교육정책은 내놓는 것마다 교원을 실망시켜 왔다. 이 지경에 이르렀는데 '교직발전종합방안', '교원사기진작방안' 그것도 시안이란 것을 가지고 교원의 사기가 충천하게 올라가리라 믿겠는가? 차라리 그런 시시한 방안은 안 내놓는 게 나을지도 모른다. 무슨 방안이란 걸 내놓으면 교원들은 또 한 번 실망하고 사기당하는 것으로 알게 될 것이다. 그리고 일반직이란 사람들이 교원의 심정을 그렇게 알뜰살뜰 살펴서 교원사기진작방안을 내놓을 것이라 기대할 것인가? '교직발전종합방안'이란 걸 가지고 2년 이상 시간을 끌고 있는 뜻을 교원들은 이미 잘 알고 있다. 교원들도 그동안 너무 많이 사기를 당하여 이제는 웬만한 사기에는 잘 안 넘어갈 것이다.

결국 교육 붕괴와 교원 사기 저하의 세력은 주로 외부에서 왔으며, 교원의 자존심에 상처를 준 것이 가장 중요한 원인이라고 할 수 있다.

라. 교육위기 탈출과 교원의 사기 진작의 길

이대로는 우리 국가와 민족에게 미래가 없다. 정치인, 경제인, 금융인들이 우리 국민을 실망시키더라도 우리 교육이 계속 어린이와 젊은이를 정직하게 키울 수 있다면 1백 년 후에라도 희망을 가질 수 있을 것인데 이렇게 교육을 포기하게 해 놓고는 우리나라의 미래를 보장할 수 없다. 교육은 국가를 지키는 최후의 보루이다.

미래를 생각하여 교육을 살리려면 첫째, 지금부터라도 교육과 교원을 소중하게 생각하는 '마음'부터 가져야 한다. 이런 마음 없이 아무리 많은 교직발전방안과 교원사기진작방안을 내놔도 아무 소용이 없다.

군은 사기를 먹고 산다고 하는데 교원이야말로 자존심과 명예를 먹고 산다. 자존심과 명예가 곧 교원의 사기이다. 자존심과 명예 때문에 상처받은 교원들을 자질구레한 '사기진작방안'으로 치유한다는 것은 어불성설이다. 교사들은 의사나 약사들보다도 더 체면을 생각하는 집단일지 모른다. 교사들에게 자존심, 명예, 체면이 없으면 아이들을 가르쳐 먹을 수도 없다. 교사들의 상한 마음을 치유하려면 우선 대통령과 관리들이 교원들에게 정중히 사과하고 우선 정년과 명예를 회복시켜 줘야 한다. 그렇지 않으면 최소한 이 정권 내에서는 교원들이 돌아서기 어렵게 될 것으로 본다.

자질구레하고 지저분한 사기진작방안으로는 사기 진작 노력이 빛을 보기 어려울 것으로 본다. 그래서 둘째, 한 가지라도 획기적인 조치를 취해야 조금이라도 교원의 관심과 시선을 끌고 또 돌리게 할 것이다. 돈도 여기저기 찢어발기지 말고 한곳에 몰아줄 때

빛을 볼 수 있다. 한 도교육청 수준이나 학교 수준에서 사기진작방안을 내놓고 치유하기는 어려운 지경에 빠져 있다. 그래도 전국 수준에서 무엇인가 하려 한다면 한 가지라도 확실한 것을 해야 한다.

근본적으로 교육을 위기에서 구하는 길은 첫째로 획기적인 투자방법밖에 확실한 방법이 없다. 경제가 발전하는 동안 우리는 교육에는 너무나 투자를 안 했다. 국민의 교육에 대한 욕구와 기대는 더욱 높아지고 커졌는데 정부는 싸구려 교육으로 일관하여 왔으니 국민들이 우리의 공교육에 등 돌리지 않을 수 없게 된 것이다. 국민들은 공교육에서 채우지 못한 교육 욕구를 '사교육'과 '해외 교육'에서 채우고자 하기에까지 이른 것이다.

교육을 위기에서 구할 수 있는 사람은 결국 최종적으로는 학생들과 직접 접하는 교원들이다. 대통령도, 장관도, 관료도 큰 방향만 제시하고 지원만 해 줄 뿐이지 직접 구해 낼 수는 없다. 어차피 교육에서는 교원의 손을 빌리지 않고는 교육을 구해 낼 수는 없다는 것을 알아야 한다. 교육위기 탈출의 두 번째 길은 정부와 국민이 교원에게 해 줄 수 있는 최고의 존경과 대우를 해 주고 대신 교원에게 무서운 책임을 묻는 수밖에 없다고 본다. 선생님이 된 것을 자랑으로 삼을 수 있게 해 줘야 한다. 교원은 존경과 명예라는 이슬을 먹고 산다.

마. 교사의 사기 진작을 위한 교장의 역할

교사의 사기 진작을 위한 교장의 역할은 극히 제한적일 수밖에 없다. 첫째, 정부와 교육 지도자, 교육 관료가 교원의 사기를 저하시켜 놓은 것을 한 학교의 교장이 교사의 사기를 진작시킨다는 것은 극히 어려운 일이다.

둘째, 교장 자신들의 사기 자체가 교사들의 사기 못지않게 떨어져 있는데 다른 사람의 사기를 진작시킨다는 말 자체를 꺼내기 어려운 실정이다. 교장임기제로 잘하는 교장까지 교육행정 전문성을 발휘하지 못하게 하고, 심지어는 교장선출제까지 들고 나오고, 교장을 타도의 대상으로 삼기까지 하여 이래저래 교장의 지도력을 무력화시켜 놓은 상태이기 때문에 교사보다도 교장의 사기가 더 저하된 상황에서 교장이 교사의 사기를 진작시키기는 어렵다.

셋째, 학교 외부에서 엄청난 힘을 가지고 교원의 사기를 저하시켜 놓은 것을 학교 내부에서 교장이 교사의 사기를 진작시킬 힘을 발휘하기는 어렵다. 학교 내부에 교장에게 주어진 것이 없다. 인사권, 재정권, 교육과정 결정권, 뭐 하나 교장에게 제대로 주어진 것이 없기 때문이다.

그렇다고 교육을 포기하지 않는 한 교육이 무너지고 교사들의 사기가 계속 추락하고 있는 이 상황을 교장으로서 구경만 하고 있을 수는 없는 노릇이다. 정부나 관료들을 위해서가 아니라 우리 민족의 장래와 우리 교원들 자신의 인생이란 삶을 위해서도 교장은 교사의 사기 진작을 위해서 역할을 수행해야 한다. 의욕을 가지고 열심히 일할 때 우리 자신의 인생이 행복하기 때문이다.

교장은 학생 교육과 학교 경영의 최고 책임자로서 교무를 통할하고, 소속직원을 지도·감독하고, 학생을 교육해야 한다. 여기서 교사의 사기 문제는 '소속직원의 지도·감독'과 밀접하게 관련된다. 소속직원을 사기충천하게 만들어야 학생 교육과 학교교육의 목표를 달성할 수 있기 때문에 교사의 사기는 무엇보다 중요하다. 교사들이 원래 능력을 가지고 있지 못한 것은 어쩔 수 없다고 하더라도 사기가 저하되어 교사들이 가지고 있는 능력마저도 써먹지 못한다면 교사 본인을 위해서도, 학생이나 국가를 위해서도 아주 불행한 일이라 하지 않을 수 없다. 교사 각자가 가지고 있는 능력을 최대한 발휘할 수 있도록 교장은 노력해야 할 것이다. 교사 인적자원을 최대한 개발하는 일은 교장의 중요한 역할이다.

Blumberg와 Greenfield(1980)는 교장의 역할을 행정가, 조직자, 가치판단자, 진정한 조력자, 중개자, 인간주의자, 카타르시스 해소자, 합리주의자, 정치가라고 하고 있는데 이 모든 교장의 역할을 복합적으로 다 동원하여 교원의 사기를 진작시켜야 한다.

일반적으로 직원의 사기앙양 방법으로 ① 연수, ② 상담과 고충처리, ③ 단체 활동 ④ 인간관계 관리 개선, ⑤ 보수의 적정화를 들고 있는데 이 중에서 교장으로서 학교에서 할 수 있는 것을 다 시도해야 할 것이다.

여기서 한 가지 꼭 신경 써야 할 점은 일부 다른 생각을 가지고 교원노조에 가입하고 활동하는 사람들도 모두 우리 교원이고 우리 직원이라는 생각으로 교장은 모두 다독거리고 포용해야 한다는 점이다. 이들도 신바람 나서 학생들을 사랑하고 지도할 수 있도록 해줘야 한다. 우리 교원들이 서로 분열하고 갈등하지 말고 서로 존경할 수 있게 되어야 한다. 밖에서 교원을 존경해 주지 않는다 하더라도 우리 교원들끼리라도 서로 존경하는 문화를 형성해야 한다.

교장은 학부모, 지역사회 등 외부의 부당한 압력과 바람으로부터 교사를 보호하기 위해 모든 역할과 역량을 발휘해야 한다. 연

약한 교사를 기관장인 교장이 보호해 주지 못하면 교사는 더 이상 의지할 곳을 찾지 못하고 소외감을 느끼게 된다.

각 학교조직 단위에서 해야 할 것을 다음과 같은 교과서적이고 미시적인 접근으로 정리해 보고자 한다.

첫째, 지도자의 올바른 지도력이 요구된다. 지도자가 교사에게 도전목표 설정에 책임을 지게 하고, 비전창조에 참여시키고, 물질적·정신적인 적극적 지원을 해 주고, 목표 달성 정도에 대하여 피드백을 제공해 주는 게 좋다.

둘째, 인간관계 개선에 노력한다. 직무안정감을 증진시키고, 상호 신뢰성을 높이고, 위협성을 줄이고, 개방적 의사소통 채널을 넓히고, 신분적 차별을 줄이고, 민주적 가치를 존중하는 행동을 해야 한다.

셋째, 보상을 증대시켜야 한다. 교사의 책임을 증대시키고, 학생과의 긍정적 상호작용 기회를 늘리고, 교사의 노력과 업적을 인정해 주고, 공정하게 보상을 해 주고, 집단별 보상을 해 주고, 추가 보상 제도를 도입할 수도 있을 것이다.

넷째, 학생의 성취도에서 보람을 찾게 한다. 성취했을 때의 보람은 교원의 사기에 가장 직접적으로 영향을 준다.

다섯째, 적정 직무부담이 되게 하여야 한다. 직무부담을 공정하게 하고, 적정한 휴식시간과 긴장을 풀 수 있는 시간을 제공하고, 교사의 전문성과 특수성을 발휘할 수 있게 해 주는 것도 중요하다.

여섯째, 교육 시설과 교재·교구·자료의 제공과 개선이 요구된다. 지식정보시대에 맞는 교육 환경과 여건 개선은 교원의 사기 진작에 필수 요건이다. 그러나 최신 시설·설비가 교사의 스트레스의 원인이 되지 않도록 해야 할 것이다.

일곱째, 조직 내 통제구조를 개선해야 한다. 교사와 같은 전문가 집단은 가능한 한 자기 통제와 자율이 강조되고 윤리강령에 의하여 행동할 수 있도록 해야 한다. 타율과 외부 통제가 사기 저하의 주원인이 된다.

여덟째, 전문직적 능력 개발의 기회가 주어져야 한다. 계속적 성장·발전의 기회가 주어지고, 능력 개발 프로그램이 기본으로 제공되어야 하고, 공동으로 직원회의 계획을 하게 되면 도움이 될 것이다.

아홉째, 학교 외부 요인을 개선시켜 줘야 한다. 지금은 학부모, 교육 관료 등 외부 요인이 교원의 사기를 진작시키기는 고사하고 오히려 저하시키는 요인이 되고 있다.

열째, 마지막으로 갈등 관리를 현명하게 할 수 있도록 도와줘야 한다. 갈등을 억누르고 숨기기보다는 현명하게 대처하고, 관리하고 처리할 수 있는 능력을 길러 주는 것도 중요하다.

교원의 사기 진작은 교육인적자원부나, 교육청이나 교장이 도와주고 진작시켜 주는 것도 필요하지만 교원 스스로가 노력해야 한다. 군대나 운동 팀에서처럼 스스로 파이팅하고 사기충천하기 위해 스스로 노력할 때 가장 효과적이다. 그래야 교직의 보람과 삶의 의미도 느끼고 찾을 수 있는 것이다. 지식정보사회, 이 중요한 시기에 국가와 민족이 이렇게 간절히 교원이 일어서 주기를 고대하고 있을 때 불평불만으로 처져만 있지 말고 교원 스스로 정신을 차리고 분연히 일어서 주기를 바란다. 이것이 또한 자존심과 명예를 지키는 길이기도 하다. 하늘은 스스로 돕는 자를 돕는다.

(한국교원대 교육개혁토론회, 2001. 1. 25.)

참고문헌

오석홍(1986), 인사행정론, 서울: 박영사.
Andrew, Loyd D., David J. Parks and Lynda A. Nelson(1995). *Administrator's Handbook for Improving Faculty Morale*, Bloomington, Indiana: Phi Delta Kappa.

  학생들은 교사의 칭찬과 격려를 먹고 성장하고 교사는 존경과 명예를 먹고 산다는 것이 45년 교육을 해온 필자의 신념이다. 그런데 학생을 격려해줘야 할 교사들이 국민과 정부로부터 격려를 못 받고 있다. 철밥통이란 비난과 '교원평가'로 위협을 받고 있다. 교원평가로 퇴출될까 봐 두려워 하는 교사가 얼마나 자기 학생을 격려할 것인가?

  무능교사와 부적격 교사를 위협한다고 하다가 다른 유능하고 훌륭한 모든 교사의 사기까지 꺾어 놓아 우리나라 교육 전체를 망치게 되는 것이 문제이다. 정부와 국민은 교사에 대하여 부적접근, 부적정책을 쓰지 말고 긍정적, 적극적 정책을 쓰는 것이 유리하다. 잘 하는 교사를 칭찬하고 격려하는 정책을 써서 교원의 사기를 높혀주는 것이 국민교육에 유리하다는 것을 알아야 한다.

가. 무계획·불안정의 교육정책

지식정보사회에서 교육이 흔들리거나 주저앉는 것은 산업사회에서 기업이 망하고 IMF를 맞는 것보다 더 국가와 민족의 위기이다. 그런데 바로 우리의 교육이 지금 끝도 없이 추락하고 있어서 위기를 맞고 있다. 근본적으로는 산업사회 공장식 학교와 교육을 지식정보사회형 학교와 교육, 이에 맞는 교육 여건으로 전환하지 못한 데 원인이 있지만 이에 덧붙여 정부의 무계획적, 불안정적 교육정책에도 큰 원인이 있다. 여기에 우리 사회의 산업사회적 물질적 가치관과 투쟁 논리의 지배 구조가 교육 추락을 더욱 부추기고 있다.

그동안 우리의 높은 교육열이 우리나라의 산업화에 많은 기여를 해 왔지만 지식정보사회로 바뀐 이 시점에서는 더 이상 대량 싸구려 교육, 집단 획일교육으로는 국민의 높아진 교육적 욕구를 충족시켜 줄 수도 없고 또 변화된 지식정보사회에 대처할 수 없게 된 것이다. 그래서 결국 우리의 공교육이 지금 추락하고 있는 것이다.

그리고 최근 몇 개의 정권에 걸쳐서 '개혁'이라는 기치 아래 무계획적, 불안정적인 교육정책으로 안정을 생명으로 하는 교육 현장을 혼란으로 몰아넣고 교육종사자들을 교육에서 구경꾼의 위치로 내몰아 교원의 사기를 떨어뜨려 놓았다. 소위 '5·31 교육개혁'이란 것으로 교육 전체를 흔들어 놓고 이때부터 교원은 교육의 구경꾼 신세가 되고 촌지 교사·체벌 교사로 내몰리기 시작했다. 그리고 학교운영위원회를 만들어 교육을 정치판으로 만들기 시작했고, 획일된 열린 교육으로 우리의 교육은 방향을 잃게 되었다.

논리와 명분, 준비도 없이 초·중·고 교원의 정년 연령을 3년씩이나 단축하여 ① 많은 훌륭한 헌신적인 교사들까지 내쫓고, ② 명퇴금·퇴직금, 기간제 교사비 등으로 교육청마다 빚까지 지게 만들고, ③ 초등교원의 절대 부족 현상을 초래하고, 이렇게 되자 허겁지겁 기간제 교사, 초빙교원, 중초교사, 임시 초등교원양성소로 땜질하려다 보니 ④ 전문성 무시, 땜질정책으로 더욱더 혼란을 가져오게 되고, ⑤ 교원의 사기를 떨어뜨리고 교원의 불신과 반발을 사게 되고, 무엇보다도 중요한 것은 ⑥ 정부가 신뢰를 잃게 된 것이다.

그리고 최근에도 갑자기 학급당 학생 수를 35명으로 줄인다고 전국 학교에 교실 증축을 하느라고 물의를 일으키고, 또 1년에 1만 1천 명(2002년), 1만 2,600명(2003년)씩 2년 내에 23,600명의 교원을 증원한다는 정책을 발표하여 세상을 어리둥절하고 불안하게 만들고 있다. 그런데 교육인적자원부는 2001년도에 부족 교원의 충원을 위해 1,945명(행자부와 합의)＋3,555명(추가)이 필요하다고 행정자치부에 요구했으나 2,314명(1,945명＋369명)에 그치고 말았는데 1년도 못 된 2002년도에 갑자기 1만 1천 명을 증원한다니 이러한 국가정책과 나라 살림을 계획된, 안정된 것이라고 할 수 있겠는가? 교육정책의 불안정성은 교육을 교육 논리로 다루지 않

고 정치 논리와 경제 논리로만 다루기 때문이다. 무엇보다도 무계
획적 불안정한 교육정책이 우리의 국민교육을 망치고 있는 것이다.

나. 부족한 교원

　부족 교원의 현황을 알아보기 전에 먼저 학생 수를 중심으로 한
초·중·고등학교의 현황을 알아볼 필요가 있다. '2001 교육통계'
에서 뽑은 우리나라 공·사립을 포함한 학생, 학급, 교원, 학교 수
의 현황은 다음과 같다.

〈표 6-1〉 2001 초·중등(공·사립) 교육현황(2001 교육통계에서 추출)

(1) 학교급	초등	중학	일반고	실업고
(2) 학생 수	4,089,429	1,831,152	1,259,975	651,198
(3) 학급 수	115,015	49,120	30,296	651,198
(4) 학급당 평균 학생 수	35.56	37.28	41.59	36.45
(5) 교원 수	142,715	93,385	64,504	39,810
(6) 교원당 평균 학생 수	28.65	19.61	19.53	16.36
(7) 학급당 교원 수	1.24	1.90	2.13	2.23
(8) 학교 수	5,322	2,770	1,210	759
(9) 교당 평균 학생 수	768.4	661.1	1,041.3	857.9
(10) 교당 평균 학생 수	21.6	17.7	25.0	23.5
(11) 학급당 35명 시 증가 학급 수	1,825.8	3,198.6	5,703.3	738.7
(12) 학급당 35명 시 증가 교원 수	2,263	6,077	12,148	1,647

　<표 6-1>에서 학급당 평균 학생 수를 보면 초등 35.56명, 중
학 37.28명, 일반고 41.59명, 실업고 36.45명으로 초·중등 모두

35명을 넘고 있다. 학급당 평균 35명으로 줄일 경우 늘어나야 할 학급 수는 초등 1,825.8학급, 중학 3,198.6학급, 일반고 5,703.3학급, 실업고 738.7학급이 된다.

2001년 현재의 상태로 학급당 교원 수를 보면(<표 6-1>에서 교원 수÷학급 수) 초등 1.24명, 중학 1.9명, 일반고 2.13명, 실업고 2.23명으로 되어 있다. 이런 비율로 학급당 평균 35명으로 할 경우 늘어나는 학급 수에 따라 교원이 증원될 경우는 초등 2,263명, 중학 6,077명, 일반고 12,148명, 실업고 1,647명이 된다. 이렇게 보면 초등 2,263명, 중등 19,872명, 합계 22,135명이 된다. 이 숫자는 교육인적자원부가 2004년까지 23,600명을 증원한다는 숫자와 접근한다.

<표 6-2> 2001 초·중등(공·사립) 학생 수별 학급 수

학교급	총학급수	20명 이하	21-30명	31-40명	41-50명	51-60명	61-70명	71-80명	40명 이상 학급 수
초등	115,015	13,482	7,860	52,783	40,279	608	3		40,890
중학	49,120	1,564	3,525	26,932	17,057	41		1	17,099
일반고	30,296	269	1,266	10,649	16,399	1,696	17		18,112
실업고	17,867	785	2,390	9,285	5,331	76			5,407

<표 6-2>에서 학급당 학생 수가 41명이 넘는 학급 수만 해도 초등 40,890학급, 중학 17,099학급, 일반고 18,112학급, 실업고 5,407학급이 된다. 만일 외국에서처럼 학급정원에서 1명만 넘어도 분반해야 한다는 원칙을 적용한다면 엄청난 수의 학급이 더 늘어나야 하고 이에 따라 많은 수의 교원이 더 증원되어야 할 것이다.

또 한 자료(대한매일신문 2001. 2. 1.)에 의하면 학급당 학생 수

를 35명 이하로 줄이지 않는다 하더라도 법으로 정해 놓은 초등교원 법정 정원은 150,998명인 데 비하여 현재 확보된 초등교원은 139,200명으로 92.2%에 불과하여 11,798명의 초등교원이 부족하다는 것이다. 법정 정원이 현 학생 수와 현 학급 수에 의하여 계산한 것일 텐데 이를 학급당 학생 수를 35명 이하로 줄일 경우는 부족 초등교원 수는 훨씬 더 늘어날 것이다.

현재의 초등교원 법정 정원은 학급당 1명에 3학년 이상 3학급마다 0.75명, 18학급 이상 학교에 양호교사 1인을 배치하게 되어 있다(중학교의 경우는 3학급까지 학급마다 3인(+) 3학급 초과 시 1학급마다 1.5인(+) 3학급마다 1인 이상의 실과교사 배치, 고등학교는 3학급까지 학급마다 3인(+) 3학급 초과 시 1학급 증가에 2인 이상의 비율로 증가(+) 3학급마다 1인 이상의 실과교사 배치로 되어 있음).

법정 정원은 법으로 정한 최소한의 기준이란 개념으로 해석해야 하는데 정부 스스로가 이를 최고 수준으로 생각하고 정부 스스로 법을 어기는 경우가 많다. 교원 법정 정원은 반드시 그 이상으로 교원을 확보해야 하는 최저선 개념이다.

교육인적자원부 업무보고자료(2001. 2.)에 의하면 2001학년도 1학기에 초등교원 필요 인원은 11,778명인데 이를 신규임용 7,040명, 과원교사 1,718명, 기간제 교사 3,020명(필요 인원의 26%)으로 충원한다는 계획이었는데, 이 계획이 불가능해지자 초·중등 5,500명 충원요구를 했다가 2,116명을 받았는데 그중 초등교사는 불과 1.019명밖에 충원하지 못해 교사 부족 현상을 빚었다. 특히 경기, 전남 등에서는 극심한 초등교사 부족 상태로 고충을 겪고 있다.

특히 지방 교육청에서는 정원을 배정받고도 지원자가 없어서 정원을 다 못 채우고 있는 실정이다. 교사 자격증을 소지한 자원이 있어도 벽지·낙도가 있는 도교육청에는 지원하지 않고 오히려 현임교사가 도시 임용을 위해 퇴직하는 비율이 높기 때문에 항상 교사 부족 사태를 빚게 되어 마침내 이런 도에서는 임시 초등교원양성소의 설치를 요구하게 되는 것이다.

정부는 2002～2003년에 23,600명의 교원을 증원하겠다(2001. 7. 20.)면서 2002년에 초등 2,540명, 중학 1,590명, 고교 6,870명, 합계 11,000명을 증원하고, 2003년에 초등 7,250명, 중등 5,350명, 합계 12,600명을 증원한다는 계획이다. 초등교원의 경우 2002학년도에 채용해야 할 교사 수는 4,856명(증원 2,540(＋) 현원유지)인데 교육 대학졸업생 수는 4,705명으로 졸업생 전원이 채용된다 해도 또다시 초등교원 부족 현상이 벌어지고, 2003학년도엔 초등교원 9,975명이 소요되는데 교육대학 졸업생 수는 5,355명에 불과하다는 것이다. 부족한 4,500여 명을 중초교사, 기간제 교사로 땜질하겠다고 2001. 9. 10. 국정감사에 보고하고 있다. 더구나 교육대학 졸업생들이 도시교육청으로 몰릴 경우 낙도·벽지를 가지고 있는 지방 교육청의 초등교사 부족 사태는 더욱 심각하지 않을 수 없다.

그리고 2001년도에 교육인적자원부가 행정자치부에 초·중등교원 5,500명 증원 요청을 했다가 2,116명을 배정받았었는데 1년 만에 2002년도에는 11,000명을 증원하기로 행정자치부와 합의를 보았다니 우리나라의 교육정책이 얼마나 무계획적이고 불안정적인가를 알 수 있을 것이다.

지금까지는 주로 초등교사 부족이 문제 되었으나 앞으로는 중등

교사충원도 문제가 된다. 학급당 학생 수 35명 목표와 중·고등학교에서 더 큰 차이가 나기 때문이다. 앞의 <표 6-1>에서 학급당 학생 수 35명 이하로 줄일 경우 필자의 대강 계산에 의한 증원해야 할 중등교원 수는 최소한 19,872명이 되고, 교육인적자원부가 2003년까지 증원하겠다고 발표한 중등교원 수는 13,810명이 되는데 이는 결코 증원하기에 적은 숫자가 아니다. 더구나 이 숫자는 순수 증원 인원이고 이에 자연 이직·퇴직 인원 충원 숫자까지 합치면 더 많은 예비교원을 필요로 한다. 그런데 초등과 달리 중등의 경우는 교과별 전공교사를 맞춰야 하기 때문에 교사충원이 더 복잡해진다.

갑자기 많은 부족 교원을 충원해야 할 경우 첫째, 그 자원, 예비교사의 부족이 문제가 되는 것은 말할 것도 없고, 둘째, 한꺼번에 미경험 젊은 교사로 충원되기 때문에 문제가 되고(이 연령층이 또다시 한꺼번에 왕창 퇴직하게 된다.) 셋째, 교직 문호가 한꺼번에 많이 열릴 경우 도시에 집중되어 낙도·벽지가 있는 도교육청에서는 여전히 충원을 다 못하게 되고, 넷째, 한꺼번에 많은 교사를 충원할 경우 질 높은 우수교사를 꾸준히 확보하기 어렵게 되는 손실도 가져온다.

다. 교원 부족의 원인과 충원 방안

IMF사태 이후 모든 분야에서 취직자리가 없어 비상사태인 이때에 초·중등교육에서는 교사를 채용할 때도 채용할 인적자원이 없으니 이상한 나라의 현실이 아닐 수 없다. 교사 부족의 원인은 무엇인가? 첫째, 가장 큰 원인은 갑작스러운 교원 정년 연령 단축에 있다. 거기에다 촌지 교사와 체벌 교사로 몰아 교사들을 불명예스럽게 하고 또 교사들로 하여금 연금 불안까지 느끼게 하여 1998년 8,007명(정년 2,886명, 명퇴 5,121명), 1999년 28,904명(정년 10,076, 명퇴 18,828명), 2000년 12,435명(정년 2,306명, 명퇴 10,129명) 3년 사이 합계 49,346명(이 중 초등은 26,817명)이 교직과 정책, 정권을 원망하며 떠났는데 정부는 국민에게 홍보한 대로 2.59배의 젊은 피를 수혈하기는 고사하고 1:1의 숫자마저도 채우지 못해 교사 부족 현상과 불신 현상을 빚어낸 것이다. 이 기간 중에 명퇴 숫자만도 34,078명(전체의 69.1%)이나 된다.

둘째, 무계획적인 교육정책을 교사 부족의 원인으로 돌리지 않을 수 없다. 정년 연령을 단축시킬 충분한 명분과 목적이 있었다면 미리 교사충원계획을 세워 났어야 한다. 더구나 2.59배의 예비 교원을 확보해 났어야 한다. 98년 11월부터 99년 8월까지 퇴직한 초등교원 22,000여 명 중 33.6%인 7,400여 명을 기간제 교사로 다시 교단에 불러들임으로써 재정만 이중으로(명퇴금＋기간제 교사 보수) 낭비하고 정년 연령 단축의 의미가 없다는 것을 증명으로 보여 준 결과가 되었다. 그리고 명퇴자 숫자도 정확하게 예상을 못하여 나중엔 희망자를 다 수용 못하고 억제하는 압력을 넣기도 했다. 또 인적 계획뿐만 아니라 재정계획도 치밀하게 사전계획이 되었어야 한다. 정년 연령 단축의 논리로 고령 교사 1명 내쫓으면 그 봉급으로 신규교사 2.59명의 봉급을 주고 남는 돈으로 교육환경을 개선한다고 했었다. 그런데 여기서 퇴직자의 연금 월 190여만 원이 나가야 한다는 단순계산도 못했던 것이다. 또 나중엔 명

퇴금과 퇴직금을 감당하지도 못하는 결과를 초래하고 말았다(98~
2000까지 약 4조 4,263억의 연기금 고갈, 2000년 현재 2조 1,105
억 원의 시·도교육청 부채의 원인이 됨).

또 정년 연령 단축으로 인한 교사 부족 후유증도 처리하지 못하
는 판에 여기에다 갑자기 학급당 학생 수 35명 이하로 감축한다는
안이 나와 초등은 물론 이제 중등까지 교사 부족 현상을 낳고, 부
실 교사를 채용하게까지 될 것으로 예상된다.

그러면 교사 부족을 어떻게 해결할 것인가? 당장 부족한 초등교
원을 채우기 위해 ① 기간제 교사, ② 중초교사(중등교사 자격자
초등 배치)로 땜질하다가 이제 ① 임시 '초등교원양성소' 설치, ②
임시 보수교육, ③ 교육대학 학사편입, ④ 교육대학 정원 확대의
안이 나오고 있다. 앞의 ①, ②안은 임시 처방일 뿐만 아니라 교원
의 질 저하가 불을 보듯 뻔한 사실이므로 교육 현장과 초등계가
반발하는 것으로 이 둘은 정책안으로서는 제일 먼저 제외되어야
한다. ④안은 좋으나 최소한 4년이란 시간이 요구되므로 당장의
안으로서는 부적합하고, ③안 학사편입 방안이 그래도 가장 현실
적이다. 학사편입도 교대 3, 4학년에 해당하는 70학점을 1년 내에
마치게 하는 방안도 제시되는 모양인데 이것도 졸속이므로 최소한
2년의 과정은 거치게 해야 한다.

그러나 초·중등을 합쳐 근본적이고 종합적인 교원 충원 계획을
세워야 원칙이다. 그러기 위해서는 우선 첫째, 교원 정년 연령을
환원해야 한다. 교원 정년 연령은 부족 교원 확충 방안 때문에 환
원되어야 할 뿐만 아니라 원칙도 논리도 없고 실패한 정책으로 밝
혀졌기 때문에 반드시 환원되어야 한다. 정년 단축은 2.59명 젊은

교사를 충원하지도 못했고, 경제적 효과도 거두지 못했고, 정치적
으로도 지율을 떨어뜨리는 실패한 정책이다. 교원 정년이 정착되고
안정되는 것으로 알고 있는 사람이 있으나 그렇지 않다. 교원들이
의욕을 잃고 사기를 떨어뜨려 놓고 있다는 것을 알아야 한다. 학
부모들이 젊은 교사를 좋아한다는 것도 왜곡시킨 결과일 것이며,
왜곡이 아니라면 학부모를 설득해야 한다. 전문직은 경력을 중시한
다고 말이다. 세계적으로 교원의 정년연령은 늘어나는 경향이지 결
코 줄어드는 경향은 아니다.

둘째, 교원 양성과 수급 책임도 궁극적으로는 시·도교육청의
자치로 돌려야 한다. 국가 전체적으로는 교원 자격의 기본만 정해
주고 나머지는 시·도교육청이 각 지방교원양성기관(대학)에 계
약·주문 교육을 통하여 양성하고 수급하도록 해야 각 지방 교육
청에 맞는 교원을 확보할 수 있게 된다.

셋째, 보다 근본적으로는 우수 교원 확보책을 강구해야 한다. 지
금 당장은 절대 부족 교사들 채우기에 관심을 집중하고 있지만 얼
마나 우수교사를 확보하고 그들을 사기충천하게 하여 계속 발전하
게 하느냐가 국가발전의 관건이 된다. 우수 교원을 확보하지 못한
채 단순한 숫자 채우기, 학급당 학생 수 35명, 컴퓨터 용량과 대수
는 별 의미를 갖지 못한다는 것을 알아야 한다.

당장은 중등교사 예비 자원이 있다고 느긋해하고 중·고등생 중
중등교사 희망자가 많다고 할지 모르지만 앞으로는 초·중등 교직
전체가 우수교사 확보 때문에 문제가 된다. 만일 정년 연령을 62
세로 그냥 놔둔다면 앞으로 누가 교직을 희망하겠는가? 교직에 전
연 유인가가 없기 때문에 교직에 매력을 가질 수 없다. 정년 연령

도 타 직종과 비슷하고, 보수는 뒤처지고, 지금 교원들은 방학이나 여가 시간에도 시달리고 있으며 존경을 받기는 고사하고 비난과 멸시나 받게 된다면 우수한 사람이 누가 교사가 되고자 하겠는가? 취직자리가 없어 마지못해 교사가 되는 사람을 숫자로 채워 가지고는 국민교육에서 성공할 수 없다.

지금도 우수 인력은 교직을 회피하고 있는데 앞으로 경제사정이 좋아지고 경기라도 회복되는 날이면 우수 교원은 고사하고 교사의 숫자 채우기도 정말 어렵게 될 것으로 내다봐야 한다. 그런 의미에서 교원 정년 연령은 환원에 그치는 게 아니라 오히려 더 늘려야 한다. 연령에 의하여 일률적으로 퇴직시키는 것은 일종의 연령 차별로 헌법의 평등 정신에 어긋나는 것이다.

맑은 날에만 비 오는 날을 대비하려 하지 말고 오늘날과 같이 비 오는 날에라도 궂은 날을 대비해야 한다. 교사 부족이 심각한 이때에 우수 교원을 확보하고 그들을 더욱 발전시키기 위한 아예 장기적이고 근본적인 대책을 세우는 게 오히려 더 좋겠다.

지식정보사회는 그 나라의 교육의 질에 의하여 결판나고, 교육의 질은 시설 자원이나 통계 숫자가 아니라 교육을 담당하는 교원 인적자원의 질에 의하여 판가름 난다는 사실을 알고 우수 교원 확보에 근본적인 대책을 세워야 한다.(새교육, 2001. 11.)

핀란드 처럼 나라의 최우수 인적자원이 교사가 되고 그 교사에게 최대의 권위와 자율성을 주고, 신뢰와 존경을 줄 때 우리나라는 교육 경쟁력을 갖게 된다.

가. 전환기의 교육

지금은 시간적으로 20세기에서 21세기로 넘어가는 전환기이다. 21세기가 2000년부터라고 했지만 수학적으로 엄격히 말하면 2001년부터이다. 우리는 공교롭게도 두 천 년대에 걸쳐 살면서 주로 21세기에 활동할 학생들의 교육을 담당하고 있다. 우리는 새로운 시대에 살아갈 주역들을 교육하고 있다는 것을 항상 잊지 말아야겠다.

또 우리는 역사적으로 산업사회에서 지식정보사회로 바뀌는 전환기에서 학생 교육을 담당하고 있다. 육체적·물리적 힘으로 일하는 시대가 아니라 지식과 정보가 힘이 되는 사회이다. 물질과 경제가 지배하는 사회를 넘어 정신과 관계성이 지배하는 사회로 바뀌는 것이다. 21세기는 인간이 어떻게 인간답게 살아가느냐가 가장 중요한 화두가 된다. 인간과 인간이 어떻게 잘, 좋은 관계를 이루며 사느냐와, 인간과 자연, 인간과 물질이 어떻게 잘 조화와 관계를 이루며 사느냐가 중요한 문제와 과제가 되는 것이다.

산업시대의 분리와 분업의 벽을 넘어 통합과 종합, 연결, 협동, 팀 정신이 강조되는 사회로 바뀌었다.

대형화, 대량화의 산업사회 지향에서 소형화, 질 추구 지향의 사회가 되었다.

공장의 틀에다 구워 내는 정형화, 획일화, 표준화, 조직화, 고정화, 중심성으로부터 다양화, 독특성, 다원적 가치, 상대성, 탈중심성과 탈동시성을 인정하고 조장하는 사회가 된 것이다.

관찰·측정·증명, 객관화, 계량화, 가치배제, 논리와 합리성만 강조되는 것이 아니라 해석과 느낌, 주관, 가치와 의미 부여, 윤리·도덕의 중요성이 더 강조되는 철학으로 바뀌는 전환기에 살고 있다.

최근에 우리나라의 모든 면에서 '구조 조정'을 외치고 있는데 근본적으로는 모두 산업사회의 구조를 지식정보사회의 구조로 바꾸자는 것이다. 산업사회의 사상을 지식정보사회의 사상으로 부드럽게 바꾸지 못하여 우리는 지금 모든 면에서 어려움을 겪고 있다.

교육과 학교에서도 산업사회의 사상과 구조를 지식정보사회의 사상과 구조로 바꾸어야 한다. 그러려면 먼저 선생님의 사고 구조가 바뀌어야 한다. 산업사회 공장학교로부터 지식정보사회의 학교로 전환해야 할 점을 요약하면 <표 7-1>과 같다.

이러한 전환기에 우리의 교육적 상황도 많이 바뀌었다. 우리 교사는 전문성을 발휘하여 이러한 상황 변화에 맞게 교육을 하지 않으면 안 된다.

첫째, 교육 현장에 다양한 욕구가 분출되고 있어 어떤 형태로든 이들 요구와 욕구를 수용하거나 처리해야 할 상황이다. 과거에는 학생과 학부모가 각각 다른 요구와 욕구를 가지고 있어도 이를 나타내지 못하거나 억제하고 있었으나 지금은 대부분 수용하거나 처리해 줘야 한다. 장애·영재 등 특별한 요구를 가진 학생도 정규 학교에 온다. 이에 따라 교육프로그램도 다양해져야 하고 행정과 관리 방식과 형태도 다양해져야 한다. 밑으로부터의 요구는 다양한데 재정과 자원, 환경여건은 여전히 제한되어 있을 뿐만 아니라 정부는 교육개혁을 한다고 하면서 오히려 획일과 통제를 강요하고 있다. 밑으로부터의 요구와 위로부터의 요구가 상충하는 데 교사의 고민이 있다.

<표 7-1> 공장제 학교와 지식 정보형 학교

산업사회 공장제 학교	지식정보사회 지식정보형 학교
1. 집단 중심(학교·학급) 획일교육 　(교사는 학급을 가르친다.) 　(교사는 동질 집단을 가르친다.)	1. 개별 중심 다양화·특성화 교육 　(교사는 개별 학생을 가르친다.) 　(다양한 학생을 가르친다.)
2. 시간 중심 일제식 이동(동시성)	2. 개별 중심 탈동시성
3. 분업·조립식 교육 　● 교사의 분업·조립식 교과에 대한 책임 　　(지식부분 책임) 　● 매시간 매번 단기로 로테이션식 조립식 　　교육	3. 통합·협동식 전인교육 　● 교사의 학생 인격 전체에 대한 책임 　　(사람에 대한 책임) 　● 보통 교육기간 전체에 대한 연속·연계 　　교육
4. 교사만의 학생 교육 책임	4. 학부모·지역사회의 공통 책임, 팀워크 　● 학생의 학교·교사 선택과 교사의 학생 　　선택
5. 대량·대형 싸구려 교육	5. 질의 교육

둘째, 머리와 입으로는 지식정보사회를 생각하고 말하는데 손과 발, 행동으로는 여전히 산업사회를 살아야 한다. 산업사회의 틀 속에서 살지 않을 수 없는 입장이고, 교사 자율로 틀을 고칠 수 있는 여건도 안 된다. 교사가 할 수 있는 자율성은 줄어드는데 반대로 책무성은 더욱 증대되고 있는 데 문제가 있다.

셋째, 무엇보다도 최근에 벌어지고 있는 '교실붕괴' 현상이 심화되고 있는데 교육 여건은 점점 더 이를 촉진하는 방향으로 가고

있다. 교사의 교육력이 학생들에게 먹혀들지 않고 있으며 정부의
행정력도 교원들에게 먹혀들지 못하고 있다. 자살, 살인, 절도 따
돌림, 폭력, 파괴, 불등교 등 몇 년 전 선진국의 교육 현장에서 벌
어져 걱정하던 현상들이 바로 우리의 교육 현장에도 몰아닥쳤다.

그런데 엎친 데 덮친 격으로 이를 지도해야 할 교사들은 사기를
잃고 손을 놓고 방관자의 위치로 물러서게 되었다. 이미 유행어가
되었던 것처럼 교육의 장이 교육의 장이 아니라 난장판으로 변하
고 있다. 선진국에서는 이런 현상들이 높은 수준의 학교, 명문 학
교에서는 발을 붙이지 못하고 있는데 우리나라에서는 오히려 평준
화에 의하여 모든 학교로 퍼져 나갈 전망이라는 데 문제의 심각성
이 있다. 더구나 교실붕괴 현상에 대하여 정부가 그 심각성을 인
식하지 못하고 무대책으로 일관하고 있다는 점이 더욱 걱정스럽다.

이런 교실붕괴 현상은 산업사회의 물질적 풍요 뒤에 반드시 나
타나는 현상이기도 하나 교실 밖 나라 전체의 도덕적 해이와 기강
문란으로 더욱 촉진되고 있다. 부모가 자식을 통제하지 못하고, 교
사도 제자를 이끌지 못하고, 교장의 지도력도 작동하지 못하고 있
다. 정부가 내놓은 안이나 정책도 번번이 의심과 불신만 증폭시키
고 있으니 교실붕괴는 끝이 보이지 않고 있다. 교원의 요구에 정
부가 대응하지 못하고 있다.

상황은 급격하게 급진적으로 바뀌는데 이에 대한 대응은 아주
없거나 아주 느리게 나타나고 있으니 교실붕괴도 선진국 수준으로
갈 때까지 무작정 방치할 것인가?

여기서 무엇인가 해 보려는 교사들은 고민하지 않을 수 없다.
그러나 교사가 구경꾼의 위치에 서게 되면 고민할 필요도 없다.

이러한 교육적 상황 변화와 어려움에 대하여 일본에서는 모두 교사와 교장에게 기대를 걸고 대응하고 있다. 국가가 할 수 있는 최고의 대우를 교원에게 해 주고 그 대신 엄격한 책임을 요구하고 있다. 그래서 일본에서 교원의 업무 부담의 과중이 문제되지만 신임 교사 경쟁률은 여전히 20~50:1로 높다는 것이다.

이러한 전환기, 급격한 상황 변화의 격동기, 모든 일이 순조롭지 못한 어려운 시기일수록 교사와 교직의 전문성이 고도화되어야 한다는 것은 당연한 이치이다.

나. 전문적 특성에 비추어 본 교직의 전문직성

먼저 우리가 흔히 말하는 교직의 전문성이라는 말은 엄격하게 말하면 전문직성을 의미한다. 전문성(specialization)과 전문직성(professionalization)은 구별되어야 한다. 한 부분 또 한 분야(special)에 숙달되고 전문가(expertise)가 되는 것은 전문화·전문성의 specialization, specialist가 된다. 관료제, 관료에게도 이런 전문화와 전문성은 있다. 그런데 직업으로서의 전문직화를 의미하는 것은 profession, professionalization이 된다. 의사와 변호사, 성직자와 같은 전문직을 profession이라 하고 이런 직업에 종사하는 사람들을 professional이라 하고 이런 전문직으로 변해 가는 것을 professionalization 이라고 할 수 있다.

그래서 우리가 흔히 말하는 교직의 전문성은 professionalization이 되고 우리말로는 교직의 전문직성이라고 해야 specialization의 전문성과 구별되는 것이다. 그래서 교직은 전문직(profession)이 되어야 하고 교사는 전문직의 전문가(professional)가 되어야 한다. 전문직이 되기 위해 애쓰고 노력하는 것이 전문직주의(professionalism), 전문직화(professionalization)가 되는 것이다. 전문직(profession)이 되려면 전문성(specialization)이 있어야 할 것이므로 전문성은 전문직에 포함된다고 볼 수 있다.

전문직은 저절로 전문직이 되는 것이 아니다. 이에 종사하는 사람들이 부단히 노력하고 또 투쟁도 하여 사회로부터 인정을 받아야 한다. 그래서 전문직의 기준, 특성에 맞아야 한다.

전문직의 기준 또는 특성으로 여러 학자, 여러 단체에서 제시하였으나, 가장 많이 인용되는 것이 리버만(Lieberman)의 것으로 다음과 같다.

(1) 사회적 봉사

(2) 지성적 기술

(3) 전문화된 교육과 훈련

(4) 자율성

(5) 책임성

(6) 자기 이익보다는 봉사(이타성)

(7) 자기 통제(가입자 통제)

(8) 윤리 강령에 의한 행동(노동조합에 의한 행동이 아니라)

이러한 여덟 가지 잣대에 비추어 볼 때 교직은 아직 만족할 만한 수준의 전문직이라고 보기는 어렵다.

〈표 7-2〉 교직과 타 전문직과의 비교[1]

교직	다른 전문직
• 교사는 30명 이상의 고객을 동시에 다룬다. • 관계성은 성인 대 어린 학생이다. • 처치가 30명 이상이 동시에 보고 듣는 교실에서 이루어진다. • 처치가 하루 6시간, 연 180일 이상 계속된다. • 다양한 문제가 계속적·지속적으로 다루어진다. • 처치 결과가 즉각 나타나지 않고 장기간 후 나타난다. • 결과가 태도, 행동에 관한 것이어서 포착하기 어렵다. • 보상이 공금으로부터 나온다. • 고객은 법에 의하여 다뤄질 것으로 요구된다. • 학생의 복지를 위한 법적 책임이 복잡하다. • 고객이 실천자를 선택하기 어렵거나 할 수 없다. • 성인 세계와의 의사소통은 어린이의 마음을 통해서 하게 되어 오해를 불러일으키기도 한다.	• 한 번에 한 명의 고객을 다룬다. • 관계성은 성인 대 성인이다. • 처치가 사적인 사무실에서 이루어진다. • 협의가 약속에 의하여, 대개 짧은 동안 이루어진다. • 고객은 대개 특정 문제점에 관하여 전문가가 협의한다. • 전문가의 조언이 대개 즉각 확인할 수 있는 결과를 가져온다. • 결과가 확인 가능하고 가시적이기까지 하다. • 고객은 전문가에게 직접 지불할 것으로 생각한다. • 고객이 자발적으로 전문가의 봉사를 구한다. • 법적 책임이 성인 대 성인으로 직접적이다. • 고객이 자기의 전문가를 선택하고 또 바꿀 수 있다. • 의사소통은 성인으로부터 성인으로 임의로 하고 중간 개입이 없다.

마이어스(Myers)는 13개의 전문직 특성을 제시하고 이 특성에 비추어 볼 때 초·중등 교직은 아직 반전문직(semi-profession)이라고 보고 있다.

---

1) 출처: Eva Washington, "How Do We Compare?", *California Teachers Association Journal*, LXV(May, 1969).

1. 장래전문직	**2.** 반전문직	**3.** 신전문직	**4.** 기성전문직
(병원, 세일즈, 노동관리자)	(간호사, 약사, 사회사업가)	(회계, 엔지니어, 화학, 자연, 사회과학)	(법조, 의사, 성직자)

(전문직의 기준)

(전문직의 기준)	(교직의 현 상태)
(1) 과학적 이론에 바탕을 둔 지식	그렇지 못하다.
(2) 봉사 지향성	접근
(3) 사회에서 수행하는 독특한 기능(의사의 기능, 교육의 기능)	약간 동의
(4) 교육과 훈련의 표준	약간
(5) 장기간의 성인 사회화 기간(전문가에 의한 가입 통제)	제한적
(6) 면허증	높은 수준 못 됨
(7) 면허 발급 및 허가 기구	자체 발급 못함
(8) 입법화	교직자 영향 적어
(9) 수입, 권한, 명성 순위, 지원 학생	높지 않아
(10) 비전문가 평가와 통제(내부 통제)	벗어나지 못해
(11) 규범	타인, 법에 강제
(12) 전문직에의 가입과 신분 정체성	부직, 떠나 이직
(13) 평생직(소명감)	다시 태어나도?

교직과 다른 전문직을 비교해 보면 교직을 이해하는 데 더 도움이 될 것이다.

전문직은 곧 전문직화의 과정이라고 할 수 있으며 연속성상에 전문직 인정의 정도로 나타낼 수 있다. 전문직의 정도를 다음과 같이 나타낼 수 있다. 화살표 방향을 향하여 자체 노력도 하고 대외적으로 인정받기 위해 투쟁도 하는 것이다.

이러한 구별은 앞에서 언급한 전문직의 특성, 또는 기준에 의한 것인데 완전 전문직과 반전문직의 차이를 보면 참고가 될 것이다.

〈표 7-3〉 완전 전문직과 반전문직의 구별2)

범주	완전 전문직	반전문직
1. 지식	창조와 적용	의사소통(전달)
2. 의사소통 특권	보호	보호받기 어려움
3. 생사 관련	흔히	거의 관련 없음
4. 자율성	대단히 많음	부족함
5. 통제자	내적(자신의) 통제	외부 통제(행정가, 비전문위원회)
6. 실천자 조직	독립적, 덜 관료화	관료적
7. 성별	남성 위주	여성 위주
8. 훈련 연수	5년 이상	5년 이하

이상을 종합해 볼 때 교직은 전문직이어야(What ought to) 하나 현재 의사나 변호사, 성직자와 같은 수준의 전문직이냐(What is)에는 완전 의견 일치를 얻어 내기 어렵다. 지금 미국에서도 아직 반전문직 정도로 보는데 완전 전문직으로 인정받기 위해 끝없는 투쟁의 과정을 거쳐야 하고 또 우리 스스로도 부단한 노력을 해야 한다는 것을 알 수 있다.

여기서 교원노조 문제에 대하여 심각하게 생각할 필요가 있다. 교직을 전문직으로 보면 노동조합을 결성하고 단체행동을 하기는 어렵게 되고 또 교사들이 스스로 노동직으로 인정한다면 다른 직업과 마찬가지로 구조 조정의 대상이 되는 것도 감수해야 할 것이다. 교직을 전문직으로 본다면 전문직 단체를 만들어 완전 전문직으로 인정받기 위해 노력하되 윤리 강령에 의하여 행동해야 하고 또 전문직은 평생직이므로 정년단축을 인정해서도 안 된다. 의사, 변호사, 성직자에게는 아예 정년이라는 자체가 없는 것이다. 세계적으로

---

2) 출처: Anitai Etzioni(ed), The Semi-Professions and Their Organization: Teachers, Nurses, Social Works(New York: The Free Press, 1969).

교원의 정년 연령은 늘어나는 경향이지 줄어들고 있지는 않다. 그리고 연령에 의하여 일률적으로 정년을 시키는 것은 연령차별이라 하여 근본적으로 헌법정신, 인권에 반하는 것으로 보기도 한다.

다. 초등교원의 전문성과 독특성

최근에 초등교사의 수가 부족해지자 중등교사를 단기 또는 임시 연수를 시켜 초등교사 자격을 부여하여 초등교사로 임용하는 임시 처방을 해도 크게 문제될 게 없지 않느냐는 주장 때문에 초등교육계가 크게 반발·저항하고 있다. 초등교육계가 반발하는 것은 너무나 당연하고 또 이런 땜질식 발상을 하는 교육 관리들에게 크게 실망하지 않을 수 없다. 중등교사가 초등교사를 할 수 있다는 생각은 산부인과 의사가 소아과 의사를 할 수 있다는 논리와 같고 음악 교사가 수학 교사를 할 수 있다고 억지를 부리는 것으로 세상에 있을 수 없는 일이다. 산부인과 의사를 2년 훈련시켜 소아과 의사를 만들고, 음악 교사를 2년 훈련시켜 수학 교사를 만들고, 수학 교사를 2년 훈련시켜 음악 교사를 만들겠다는 것도 안 되는 일인데 그보다 더 줄여 단기연수로 초등교사를 만들겠다는 것은 한마디로 무식한 발상이고, 초등교육 전공을 무시하는 처사로 초등교육계로서는 도저히 용납할 수 없는 일이다.

전공을 따지기 전에 먼저 교원 정년 연령을 단축하면서 교육 관리들과 정부는 계속 교원 수급에 차질이 없다고 발표하더니 이 시점에서 왜 초등교원이 부족하다고 하는 것인가? 결국 그동안 관리들과 정부가 발표했던 것은 모두 거짓말이고 국민을 속였던 것이 아닌가?

둘째, 왜 갑자기 초등교원이 모자라게 되었는가? 2001년에 초·중등 교원을 2천여 명 뽑더니 1년 사이에 바뀌어 2002년에 1만 1천 명, 2002년에 1만 2천6백 명씩 증원하겠다니 이 정책이 국가의 정책으로 있을 수 있는 일인가? 교원을 증원하려면 최소한 4년 전에 교육대학, 사범대학생 입학정원을 늘려 놨어야 할 것 아닌가?

초등교육과 중등교육의 전공을 각각 인정하지 않고 뒤섞으려는 생각을 하는 무식한 사람들을 이 짧은 글에서 어떻게 설득할 수 있을지 걱정이다. 초등교직을 일반직으로 생각하는 일반직을 설득하기가 쉬운 일이 아닐 것이다.

우선 어느 나라나 학교제도를 초등, 중등, 고등(대학) 교육의 3층 구조로 하고 있다. 초등은 초등교육의 목적이 있고, 중등교육은 중등교육의 목적이 있고, 고등교육은 고등교육의 목적이 있기 때문에 이렇게 층을 달리하는 것이다. 중등교육의 목적을 달성하기 위해 양성된 교사를 목적을 달리하는 초등교사로 대체하거나 바꾸기 위해서는 충분한 대체 교육이 필요하다는 것을 인정해야 할 것이다.

대학교수라도 초등교사를 잘 해낼 수 있다고 보장할 수 없다. 중등교육 내에서 중학교 교사와 고등학교 교사 간에는 상호 이동이 가능한 것으로 인정되고 있다. 초등, 중등, 고등 교원 사이에 교직이란 의미에서는 공통점이 있지만 교육목적에는 차이가 있고 전공이 다른 것이다.

교직의 전문성에는 가르치는 방법(teaching methods)에서의 전문성과 학문 분야별 (지식)전문성(disciplinary specialities)으로 나누어 생각할 수 있다. 먼저 초등교육과 중등교육, 고등교육 사이에는 가르치는 방법과 학급 관리 기술에 있어서 엄격한 차이가 있고 각급 학교별 교사양성기관에서는 이 가르치는 방법(teaching methods)과 학급(수업)관리 기술(techniques of classroom management)을 교육시킨다. 이런 방법과 기술은 단기간에 습득될 수 없고, 이론이나 말로 글로 되는 일도 아니다.

사실은 같은 초등학교라도 저학년, 중학년, 고학년 사이에도 가르치는 방법과 학급 관리·수업 기술이 달라야 한다. 그래서 미국에서는 초등학교 저학년 교사 자격증과 고학년 교사 자격증을 달리하고 있으며 이를 바꾸려면 상당한 연수를 받아야 가능하게 하는 주가 많다. 필자가 15년 초등교사 경력 중 주로 6학년 담임을 오래 하다가 어느 해 1학년 담임을 하게 되었을 때 한동안 1학년 어린이들에게 무슨 말을 해야 알아들을지 몰라 내 입이 떨어지지 않았던 불행한 기억을 갖고 있다. 1학년 아이들이 알아들을 만한 언어를 찾기가 쉽지 않았다. 중등교사로 길러진 교사가 초등교사가 된다면 교사도 불행해지고, 학생들도 불행해진다. 중등교사 자격증을 가지고 취업 못하는 불행보다 초등교사가 되면 더 큰 불행을 겪게 될 것이다. 아동과 청소년의 발달단계에 맞는 교수 방법과 학급 관리 기술을 동원해야 가르치는 일이 가능해진다.

학문 분야별 전문성(disciplinary specialities)이 또 교직의 중요한 전문성에 해당된다. 쉽게 말해서 교과목별 전문성이라 할 수 있다. 음악전공 교사와 수학전공 교사는 서로 전문성과 독특성이 다르다. 그런데 중등교육과 고등교육에서는 학문 분야별 전공 교사를 목적으로 양성하는 데 비하여 초등교사는 학문 분야별 전공보다는 통합교과적 전공으로 양성된다. 국어, 수학, 사회, 과학 모두를 통합적으로 전공해야 한다. 요즘 초등학교에서 음악, 미술, 실과, 영어를 교과교사가 나누어 가르치는 경향이 있지만 초등학교에서는 국어시간에 음악도 동원해야 하고, 미술과 실과도 동원해야 한다. 영어시간에 음악을 동원해서 가르쳐야 더 효과적일 수 있다. 중등교육, 고등교육이 분야별 전공을 강조한다면 초등교육은 한마디로 종합예술이라고 할 수 있고, 기초와 통합을 강조한다. 교과교사로 양성되어 중등교사 자격증을 소지한 중등교사를 종합예술가 초등교사로 변신시키기는 정말 어려운 일이라는 것을 인정해야 한다.

초등, 중등, 고등 교육의 3층 교육과 학교 간에서는 교육목적, 방법, 교육과정, 교사 양성 목적·방법·내용에 있어서 엄격한 차이가 있기 때문에 전문성과 독특성 없이 일반직 식으로 섞으려는 것은 도저히 용납될 수 없다.

초·중·고등 교육의 학문적 전문성과 방법과 기술의 전문성을 [그림 7-1]과 같이 직육면체로 나타낼 수 있는데 계층 간의 차이가 다른 어떤 차이보다 크다는 것을 알아야 한다.

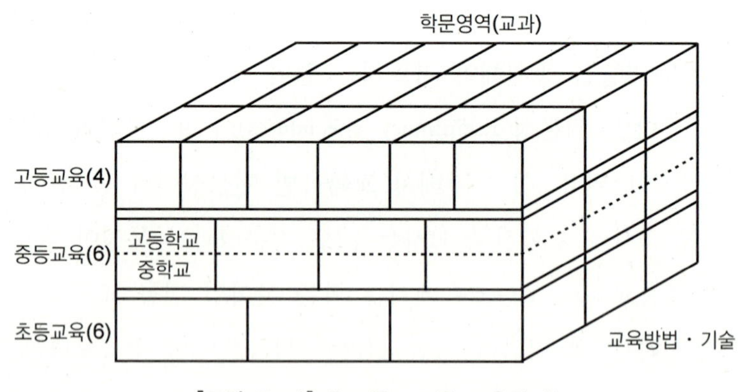

[그림 7-1] 초·중·고등 교육의 차

110

어떤 사람은 시간 수나 학점 수만 채우면 초등전문교사로 길러지는 것으로 알고 그런 주장을 하는 사람이 있는데 이것도 큰 잘못이다. 중등교사 자격증 소지자를 교육대학 3학년에 학사 편입시켜 초등교사로 양성하여 2년을 단축시키고 그만큼 시간을 벌자는 생각을 하기도 한다. 또 교육대학 3, 4학년에서 이수해야 하는 전공에 해당하는 70학점을 1년이나 그 이하로 단기·임시 양성하여 초등교사로 임용하는 방안을 내놓기도 한다. 그런데 여기서 중요한 것은 시간 수 채우기, 학점 수 때우기보다 더 중요한 것이 있다. 그것은 초등교사가 되고자 하는 동기(motivation)와 헌신(commitment)의 문제이다. 고등학교 학생일 때부터, 또는 그 이전부터 어린이와 평생을 살기로 결심하고 초등교사가 되기 위해 교육대학에 진학하여 4년간 그쪽으로 생각하고 노력한 사람과 어떤 교과목이 좋아서 그 교과목을 전공하여 중등교사가 되기 위해 그 길을 택했던 사람을 시간 수와 학점 수로 계산하거나 동등하게 섞어서 보려고 하는 것은 큰 잘못이다.

필자는 초등교사가 되기 위해 교육대학을 졸업하고 15년간 초등교사를 하다가 교육행정을 전공하여 지금 대학교수를 하고 있지만 아직도 초등교육에 대한 향수와 애착을 버리지 못하고 있다. 지금도 대학생보다는 어린아이들을 더 좋아한다. 그래서 초등교사는 시간 수나 학점 수만 맞추면 되는 것이 아니고 장기간의 교육과 초등교사가 되고자 하는 순수한 동기와 뜨거운 헌신과 열정에 의하여 더 훌륭한 교사가 되는 것이다.

그다음에 하나 더 생각할 것이 있다. 초등교사는 중등교사 실패자들이 할 수 있는 일이라고 보는가라는 질문이다. 중등교사 자격

증 소지자는 일단 중등교사직을 원해서 실력 우수자는 일단 중등
교사 임용고시에 합격하여 빠져나가고 나머지 중등교사직을 얻지
못한 중등교사 실패자, 패배자가 교대에 학사편입을 하든, 단기 양
성과정에 편입하게 될 것이다. 그러면 초등교사는 실직자, 실패자
구제소란 말인가? 이런 사람들에게 우리의 어린 자녀를 맡겨도 좋
다는 것인가?

초등교사는 아무나 할 수 없고, 아무 곳에서나 길러 낼 수 없다
고 생각했었기 때문에 전국 11개 목적형 교육대학에서만 양성했던
이유가 있는 것이다. 오히려 중등교사는 교과지식만 갖추면 어느
정도 가능하다고 봤기 때문에 개방형으로 여러 곳에서 교사 자격증
을 부여할 수 있었던 이유가 있는 것이다. 그래서 초등교사에게 교
과지식만 갖추게 하여 중등교사가 되게 하는 방향은 어느 정도 가
능할지 모르나 대학교수나 중등교사를 초등교사가 되게 하는 거꾸
로 가게 하는 방향은 상당한 동기와 기간, 훈련을 요하는 것이다.

결론적으로 초등교원은 초등교육의 전문성과 독특성을 가지고
있다는 것을 인정해야 한다는 점이다. 그래서 초등교원은 단기간에
양성하기 어려운 것이다.

라. 초등교원의 전문성과 우수 교원 확보

지금까지 전환기, 상황 변화에 맞게 교육을 하기 위해서는 교원
의 전문성이 더욱 높아져야 하고, 전문직의 특성에 비추어 볼 때
교직을 완전 전문직으로 인정받지 못하고 있는데 완전 전문직을 지

향하여 더욱 노력해야 하며, 교직 중에서도 초등교원은 중등교원과 또 다른 독특한 전문성이 요구되기 때문에 중등교원을 단기간 연수시켜 초등교원으로 변신시키기 어렵다는 논리를 전개하려고 했다.

이제는 전문성을 갖춘 우수 초등교원을 확보해야 한다는 말로 이 글을 정리하고자 한다. 지식정보사회의 승패는 그 나라 교육의 질에 달려 있고, 한 나라의 교육의 질은 전적으로 교원의 질에 달려 있다. 이 말을 믿는다면 우리나라의 앞날을 위해서는 우수 교원 확보에 국가 역량을 총집중하지 않으면 안 된다. 그런데 우리나라는 지금 교사 숫자 채우기에 급급하고 있으니 우리나라의 앞날을 걱정하지 않을 수 없다.

우수 교사를 확보하는 길은 여러 가지 길이 있겠지만 그 첫째는 교사를 대우해 주는 것이라고 본다. 우리나라가 해 줄 수 있는 최고의 대우를 교사에게 해 주고 대신 무서운 책임을 물어야 한다. 금전적, 경제적 대우 못지않게 정신적, 심리적 대우를 해 줘야 한다. 그중에 하나가 교직을 전문직으로 인정하고 대우해 주는 것이다. 앞에서 살펴본 것처럼 전문직으로서 교직이 부족한 점이 있지만 완전 전문직으로 인정해 준다면 우수 인력이 교직으로 몰려 우리 교육의 질을 한 단계 향상시키는 계기가 될 것으로 본다. 같은 교직에서도 초등교육과 중등교육의 독특한 전문성을 인정해 줘야 우수인력이 초·중등 교육에 각각 유입되어 우리나라 교육발전에 헌신하게 되는 것이다. 임시 땜질식으로 중등교사를 초등교원에 임용하게 되면 일시적으로는 못하던 취직을 하게 되었다고 좋아할지 모르지만 결국 초등교직의 독특성과 전문성이 무시당했다는 것을 깨닫고 장기적 근본적으로는 초등교직에 실망하고 마침내 실패하는 교원 정책이 되고 만다. 초등교원의 독특성과 전문성을 인정하고 초등교원을 소중하고 귀중하게 여겨 줄 때 교원들은 자긍심을 갖고 어린이들과 국가를 위하여 헌신하고 충성하게 되는 것이다. 초등교원의 전문성을 인정하고 대우해 줘야 우수 교원을 확보할 수 있고, 우수 교원을 확보해야 우리나라 교육의 질을 높일 수 있고, 또 지식정보사회에서 승자가 되는 나라가 될 수 있는 것이다.

(서울교육, 2001)

교직을 노동직으로 보고 교사를 노동자로 대우하면 노동조합을 만들어 노동자로 행동할 것이다. 좀 부족하더라도 전문직으로 보고 전문가로 대우 해주면 전문가가 되기 위해 더 노력하게 될 것이다. 세상은 그렇게 쉽게 어떤 집단을 전문직 집단으로 인정해 주지 않는다. 구성원들이 그야말로 전문성을 기르기 위해 피나는 노력을 하고 대외적으로는 전문성을 인정 받기 위해 단결하여 투쟁도 하여야 한다. 그래서 전문직은 부분적으로는 투쟁의 역사라고도 할 수 있다.

가. 교직 20년 후에야

나는 1964년 3월 처음으로 초등교육 교단에 섰다. 그러나 1978년 12월에 현직을 휴직하고 박사학위에 도전하여 태평양을 건넜다가 목적을 이룬 후 다시 초등에 돌아오려 했으나 여의치 않아 지금 봉사하고 있는 충남대학으로 오게 되었다. 충남대학 새 보금자리에서 어느 날 언뜻 뒤돌아보니 교직 경력 20년이 된 것이다. 아마도 1984년 3월이었던 것 같다.

나는 지난 20년 동안 무엇을 했는가? 지난 20년 동안도 오늘처럼 제자들 잘되라고 열심히 열변을 토해 냈을 것이다. 내 입으로 토해 낸 그 많은 말들이 다 어디로 갔나? 아마도 내 입으로 토해 낸 것을 가마니에 다 담을 수 있다면 얼마나 될까? 아마 엄청날 것이다. 그 많은 말들 중에 아주 극히 일부만 내가 가르친 학생들에게 '의미 있게' 전달되어 지금 우리나라 어느 구석에선가 실천되고 있을지 모르지만 아마 대부분이 의미 없이 바람과 함께 허공으로 사라졌을 것임에 틀림없다. 허공으로 사라질 걸 뭣 때문에 그렇게 고래고래 소리 질렀을까? 아마도 나뿐만 아니라 다른 교사들이 학생들을 가르친 것들도 대부분 허공으로 날라 갔음에 틀림없다. 아마 학생들이 선생님의 가르침대로 살아가고, 선생님한테서, 그리고 교과서에서 배운 대로만 살아간다면 지금 우리나라가 이렇게 무질서·무법천지가 되고, 윤리·도덕이 깨지고, 정치·경제·금융까지 무너지지는 않았을 것이다. 교사는 그렇게 많은 말을 할 필요가 없다.

또 다른 하나 교직 20주년에 내가 느끼고 반성한 것은 남(제자)은 열심히 가르치면서 나 자신(교사 자신)을 가르치는 데는 너무나 등한히 했다는 점이다. 나는 참 미련한 놈이고 바보이다. 제자 훌륭한 사람 되라고 그렇게 열심히 고래고래 소리 지르며 때로는 매를 들며 가르친 것을 내가 나를 위해서 실천했더라면 나는 아마 지금의 나보다 훨씬 더 훌륭한 내가 됐을 것이 아닌가? 내가 제자들을 가르치기 위해서 이 세상에 쏟아 놓은 말들의 몇 십분의 일만 내가 몸소 실천했어도 아마 나도 잘되고 제자 교육도 더 잘되었을지 모른다. 일기 쓰는 게 그렇게 좋다고 하면서 나는 지금도 일기를 못 쓰고, 일찍 일어나 운동하는 게 좋다고 하면서도 그것 하나 습관화·내면화시키지 못했다. 조금씩 먹고 운동해야 한다고 하면서도 그걸 못해 이렇게 살이 쪄 몸이 둔하다. 교직 20년 됐을 때 반성했음에도 아직도 내가 나를 바로잡지 못하고 있다. 내가 나를 가르치지도 못하고 실천하지도 못하면서 어떻게 남(제자)을 가르치겠다는 것인가?

사실 나는 결혼식 주례를 할 때가 가장 두렵다. 신랑·신부에게 나처럼 잘 살라고 말하기가 두려운 것이다. 주례의 삶 자체가 주례사가 되고 신랑·신부 삶의 전형(典型), 원형(原型)이 되어야 하기 때문이다. 말로만 하는 주례사는 진정한 의미의 주례사가 못 된다.

물론 교사는 자신은 못하더라도 제자를 위해서는 말로라도 가르치기는 해야 한다. 학생 중에는 교사의 말만 듣고도 실천으로 옮기는 '말 잘 듣는 학생'도 있을 것이기 때문이다. 그러나 제자를 가르치는 가장 확실한 방법은 몸으로 행동으로 가르치는 것이다. 그래서 교사교육을 사범교육(師範敎育)이라고 했고, "학술 및 유도·권투·태권도·바둑 등의 기예를 가르치는 사람을 사범(師範)"이라고 하지 않았던가? 그리고 제자가 훌륭하게 되게 하는 것도 좋지만 나 자신을 잘되게 하는 것도 중요하다. 내가 잘되는 길은 내가 제자 잘되라고 가르치는 것을 내 자신이 먼저 실천·행동으로 옮기는 것이다. 또 그래야 거짓 없는 가르침이 된다.

교사의 말과 행동이 다른 것을 학생들이 알거나 발견하게 된다면 학생들은 잠시 헷갈리다가, 실망하게 되고, 마침내 교사의 행동을 보고 배우고자 할 것이다.

나. 우리 교육, 몸으로 가르치자

충남대 교수로 근무하면서 그동안 썼던 글을 묶어 1995년 교직 30년에 교육수필집을 내면서 그 제목을 뭐라 할까 고민하다가 평소 내가 가장 확실한 교육방법이라고 믿었던 몸으로 하는 교육을 생각하여 『우리의 교육, 몸으로 가르치자』라고 했다. 아마 이걸 보시고 원장님(전북교육연수원)께서도 공감하셨던지 저에게 이런 제목의 강의를 마련해 주신 것 같은데 이에 감사하지 않을 수 없다.

　몸으로 행동으로 하는 교육이 가장 확실한 교육방법이라는 것을 모르거나 아니면 이에 반대할 교사는 아무도 없을 것으로 본다. 그리고 또 이것을 무슨 딱딱한 학문적 이론으로 설명할 필요도 없으리라 생각하기 때문에 오늘은 부담 없이 산책하는 기분으로 이 얘기 저 얘기를 하며 여러분과 대화를 하고자 한다.

　우리나라에는 태교가 있고 태교를 한다는 것을 누구나 알고 있다. 그냥 막연히 그런 게 있다는 정도로 알고 있을 따름이다. 태교가 있다는 것은 태아도 배운다는 의미이다. 태아가 엄마의 목소리와 의사의 목소리를 구별해 낸다는 것이다. 그리고 엄마가 화나고, 안절부절못한 모습을 아마도 느끼기 때문에 엄마의 심리상태가 태아에게 영향을 주는 모양이다. 결국 엄마의 행동이 태아에게 영향을 미쳐 태아에서부터 엄마는 행동으로, 몸으로 가르치는 셈이다.

　그리고 출생 7일, 7주에 엄마가 혀 내미는 것을 유아가 모방한다는 것이다. 어린이와 청소년은 모방 심리가 강하여 모방 학습의 효과가 아주 높다. 좋은 것도 모방하지만 이상한 것, 나쁜 것은 더 잘 모방한다. 선생님과 어른들의 말투, 글씨체, 행동까지도 본받으려고 했던 여러분들 자신의 경험도 많이 쉽게 떠올릴 수 있을 것이다.

　정범모 선생님은 교육의 주요 세력으로 ① 가정, ② 학교, ③ 매스컴, ④ 지도자의 넷을 들고 있는데 이들 넷이 모두 어린이와 청소년을 몸으로, 행동으로 직접적으로 가르치는 영향력이 크기 때문에 이들이 중시되는 것이다. 새벽부터 밤늦게까지 시장에서 일하면서 어렵게 살아가는 한 어머니가 과외공부도 못 시키고 하여 자녀 교육이 걱정이 된다며 한 이웃집 교수를 찾아와 어떻게 했으면 좋겠느냐고 상의한다. 다행히 아이들은 아직까지 비뚤어지지 않았다는 것이다. 새벽에 나가서 밤중에 들어오니 아이들 만날 시간도 없고, 시장바닥에서 장사하다 보니 아이들에게 전화 걸 시간조차도 별로 없고, 친척이나 이웃에서 누가 챙겨줄 수 있는 사람도 없다는 것이다. 여러분 같으면 이런 어머니에게 자녀 교육을 위하여 어떤 조언을 해 주겠습니까? 그 교수의 조언은 오직 한 가지 "부모가 너희들을 위해서 열심히 일하고 있다."는 모습을 지금처럼 자녀들에게 계속 보여 주고 또 그것을 자녀들이 느낄 수 있도록 인식시켜 주라는 것이었다. 그러면 웬만한 애들이라면 어머니의 부지런하고 성실한 모습을 보고 배우게 돼 비뚤어지지는 않을 것이라고 하였다. 아이들을 돈으로 가르치기보다, 말로 가르치기보다 행동으로 가르치는 것이 중요하다는 것을 강조하는 것이다.

요즈음 학교에서 말로만 가르치고 몸으로 가르치지 못하기 때문에 학교교육의 신뢰가 떨어지고 결과적으로 효과가 떨어지고 선생님이 존경을 못 받게 되는 측면이 있다. 그래서 학교교육에 등 돌리는 이유의 일부분이 여기에 있다. 믿고 존경받지 못하면 교사들이 행동으로 가르치기도 어렵다. 마을에서 연탄장수 하다가 다시 교직에 들어와 열심히 가르쳤지만 학생과 학부모의 신뢰를 받기에는 많은 시간이 소요되었던 예가 있다. 일부러라도 교사가 학생들에게 나누어 줄 수 있는 사랑과 실력을 가지고 있다는 것을 학생과 학부모들에게 보여 주고 감사하게 만들 필요가 있다. 교사가 학생들에게 말로 공부하라고 할 필요가 없다. 교사가 먼저 공부하면 학생도 공부하게 되어 있다. 웬만한 학생이라면 공부하는 선생님인지 입만 살아 있는 선생님인지 구분해 낼 수 있다. 교사는 가르칠 생각만 할 게 아니라(생각을 하기 전에) 먼저 자신이 배울 생각을 해야 한다. 교사도 배우고 연구해야 가르칠 수 있다.

수학이나 과학 등 지식교육은 말로 가르치는 것이 부분적으로 먹혀들 수 있으나 특히 윤리, 도덕, 예체능교육과 같은 것은 몸으로 가르쳐야 한다. 지식의 부분을 떼어서 가르치는 부분교육 분인교육은 말로 가르칠 수 있을지 모르지만 전인교육은 인격 대 인격, 몸으로 가르쳐야 한다. 지금까지 인간을 분해해서 말로 가르쳤기 때문에 쪼개진 인간들이 많이 나왔던 것이다. 윤리·도덕을 논리·분석적으로 가르쳤기 때문에 정답 찾기는 잘하지만 올바르게 사는 것이 어떻게 사는 것인지, 어떻게 사는 것이 올바르게 사는 것인지 그 자체도 모르고 사는 인간을 길러 냈던 것이다. 윤리교육이 논리교육도 되지 못한 것이다. 학생들을 전인으로 대접해 줘야 전인으로 성장하는 것이다. 지금까지 학생들을 부분으로 대하고, 학급집단의 한 부분(1/40조각)으로만 보았던 것이다. 태권도를 가르칠 때 기술만 가르쳐서는 태권도가 되지 않는다. 정신과 기술을 통째로 가르쳐야 한다.

모든 것을 계산기로, 컴퓨터로 따져 보고, 그것도 돈으로, 경제로 바꿔 계산하는 세상이니 계산 잘하는 사람들 한번 따져 봤으면 좋겠다. 윤리교육의 경제적 가치를 말이다. 사회적 신뢰는 사회적 자본이고, 윤리·도덕적 자본이다. 우리나라 윤리지수, 도덕지수를 경제적 가치로 따져 보면 얼마나 될까? 그러면 윤리·도덕교육에 대한 투자 가치가 나올 것이다. 교통규칙 하나 지키는 것이 얼마나 경제적 가치가 있는 것인지 밝혀질 것이다. 기술자 장사꾼의 정직성을 돈으로 계산하면 얼마나 될까? 우리는 온몸을 던져 윤리·도덕의 마지막 보루를 지켜야겠다.

지금 학교교육에서 혼이 사라졌다. 건설을 해도 혼을 불어넣는 공사를 한다는데 인간을 교육하는 학교에서 혼이 사라져서야 교육이 되겠는가? 도자기 그릇을 만드는 데도 혼을 불러들이는데 사람을 만드는 도장에서 혼을 내쫓고 객관, 측정, 평가, 분석, 검증만 해 가지고 무엇을 학교에서 건질 수 있겠는가? 모두가 허공으로 날아가고 회의와 실망만 남게 된다. 끈끈한 관계성에 대한 열망, 침묵과 고요에 대한 갈망, 의미와 목적에 대한 갈구, 기쁨과 환희에 대한 굶주림, 창조와 발견에의 충동, 초월과 신비에의 이끌림, 성인으로의 이행 축하 의식(儀式) 등의 정신과 혼이 빠져 버린 폐허가 되고 황폐화된 학교와 교실을 교사들이 쏟아 놓는 말로 다시 일으키고 채워 넣을 수 있겠는가? 학교에서 찬 머리에만 박수를 쳐 줄 게 아니라 뜨거운 가슴과 날랜 손발도 칭찬을 받아야 한다. 땀과 눈물과 정도 있어야 한다. 입이 아니라 온몸을 던져 혼을 불어넣는 교육, 혼을 받아들이는 학습을 해야겠다.

가르치려는 교사들, 어른들이 보여 줄 게 있어야 한다. 보여 주는 것이 수범이고 사범이고, 역할모델이다. 이와 비슷하게 하려는 것이 역할 연기 수업일지 모른다. 배우는 학생들도 보여 줄 게 있어야 한다. 학생들이 보여 줄 수 있는 게 수행평가 자료인 것이다. 그리고 교사들이 보여 주는 수업이 시범이고 시연인 것이다. 인상 깊게 하기 위해 극적 연출 수업도 하고 충격요법도 동원한다. 모의 상황도 연출한다.

보여 주는 것을 보고 배우는 것으로도 부족하여 체험 교육, 체험 학습이 강조된다. 몸으로 가르치고 몸으로 배워야 확실하다고 믿기 때문이다.

정범모 선생님의 세 번째 교육 세력은 매스컴인데 이것도 몸으로, 행동으로 보여 주는 교육이 되어 그 위력은 대단하다. 현대의 매체는 교육적 측면을 환영하는 말보다 비교육적 효과를 우려하는 목소리가 더 높은 것 같다. 어린이와 청소년들이 나쁜 것을 많이 여기서 배우고 있다. 제2세 국민교육을 위해서 매스컴의 프로그램을 교육적으로 개선하지 않으면 안 된다. 이 매스컴은 보여 주는 것을 리얼하게 하고 극적으로 하기 때문에 그 효과와 영향력이 큰 것이다. 최근에는 컴퓨터, 인터넷, 핸드폰까지 가세하여 그 위력은 학교교육에 비길 바가 아니다.

네 번째 교육 세력은 지도자이다. 정치 지도자, 사회 지도자 등 우리나라 지도자들의 어린이와 청소년들에 대한 교육적 영향력은 대단히 높다. 이들이 모두 매스컴과 함께 말로만 가르치는 게 아니라 행동으로 보여 주는 교육을 하기 때문에 교육적 영향이 큰 것이다. 더구나 학교에서 교사와 교과서에서 말로 눈으로 배운 것과 지도자에게서 행동으로 배운 것 사이에 차이가 있거나 모순이 있을 때 후자의 것이 학생들에게 더 절실하게 와 닿게 되는 것이다. 그런데 학생들이 보고 배울 게 있는 지도자와 어른들은 매스컴에 잘 안 나오고 나쁜 지도자의 모습이 자꾸 매스컴에 나타난다는 데 문제의 심각성이 더 있다. 국민의 신뢰를 받지 못하는 사람들이 지도자로 나와 학생들에게 나타나는데 교육상 문제가 있다. 그리고 지도자는 집단 구성원의 행동에 변화를 가져오는 사람이기 때문에 지도자의 몸뚱이 그 자체가 교육이 되는 것이다. 국민의 믿음과 존경의 대상이 되는 지도자가 그리운 것이다. 믿음과 존경을 잃은 지도자들이 "믿어 주세요." 하고 외칠수록 우리나라는 방

향을 잃은 나라가 되고 만다. 이제는 지도자뿐만 아니라 교사와
부모의 말까지도 학생들이 믿으려 하지 않는다. 그래서 교사와 부
모가 무슨 말을 해도 단번에 믿으려 하지 않고 자꾸 '정말'이냐고
몇 번씩 반문을 하고, 다짐을 받고, 확인을 하게 되는 것이다. 그
래서 더군다나 우리는 말이 아니라 몸으로 가르쳐야 하는 것이다.

　가정, 학교, 매스컴, 지도자 이 네 교육 세력 중에서 학교 이외
에 가정, 매스컴, 지도자 이 셋은 학교보다 더 몸으로, 행동으로
학생들을 교육하는데 학교 하나만이 '말'로 책으로 가르쳐 가지고
되겠습니까? 어림도 없는 소리다. 한 어린이를 키우는 데 학교뿐만
아니라 가정, 매스컴, 지도자, '온 동네가 필요한 것이다.' 학교만
이 교육을 떠맡아서 분업식으로 가르칠 수는 없는 것이다.

다. 앎과 삶

　알게 하는 게 교육인가, 살게 하는 게 교육인가? 앎과 삶을 떼어
낼 수 있는가? 아마 그렇게 쉽게 떼어 내기는 어려울 것이다. 그래
서 나는 '삶과 앎'은 하나라고 억지 논리를 폈던 적이 있다. ㅅ→
△→ㅇ으로 변하듯이 '삶→솖→앎'으로 글자 자체가 변해 온 것이
아니냐고 해 보기도 했다. 옛날에는 '삶'에 비중을 두었을 것이다.
그러다가 점점 '앎'에 비중을 두는 쪽으로 'ㅅ'이 'ㅇ'으로 굴러 온
것이 아닌가(인상적으로 표현하기 위해서)? 옛날에는 특별히 앎을
위해서 삶에서 분리시킬 필요가 없었다. 삶 자체가 바빴고, 또 살
아가는 동안 배우고 알게 되었다. 그래서 특별히 앎의 기간, 앎의

시간을 떼어 낼 수도 없고 또 그럴 필요도 없었을 것이다. 살아가면서 생각하고, 알고, 배우고, 터득한 것이 가장 확실하게 아는 것이다. 이것이 오늘날 말하는 체험 학습이다. 체험 학습은 곧 삶의 학습이다. 삶의 학습이 인공이 덜 첨가된 조미료가 덜 섞인 가장 '자연스러운 학습법(natural way of learning)'일 것이다. 이것이 (도를) '깨(우)치는' 학습일 것이다. 인간은 어차피 '생각하는 동물'이기 때문에 생각하고, 고민하게 되어 있다. 생각하고 고민하는 속에서 배우고, 터득하고, 물리가 트고, 깨쳐야 그 앎이 삶으로 합치되는 것이다. 너무나 인공으로 알게 하다 보니 앎이 앎으로 그치고 삶과 연결되거나 합치(일치)되지 못하는 병신 앎이 되고, 공해를 일으키는 앎이 되고 마는 것이다.

사람(살암, 삶앎)이 살아가면서 알았으면 아는 대로 살아(사라)가야 이치에 맞는다. 옛날 사람들은 그래도 자기가 알고 있는 대로 살아가려고 노력했던 것으로 이해된다. 그런데 현대교육을 받은, 조미료투성이 인공 교육을 많이 받은 현대인은 너무 약아서 아는 것(배움) 따로 사는 것 따로 '따로 국밥'이 되고 있다. '따로 국밥'은 그래도 뱃속에 들어가 섞이기라도 하는데 앎과 삶이 기름과 물이 되어 뱃속에 들어가서도 따로 놀고 있는 셈이다. 앎은 정답 맞추는 데만, 서울대 들어갈 때만, 출세하는 데만 써 먹고 삶은 앎과 상관없이 제멋대로, 편리한 대로 살아가려는 사람들이 많다. 그래서 가장 많이 아는 사람이 가장 바르게 살아간다고 하기가 어려운 세상이 되어 버렸다. 지금 우리나라에서 가장 잘 아는 사람, 가장 많이 아는 사람들, 출세한 사람들, 지도자들이 가장 잘(바르게) 살아가는 사람들이라고 할 수 있는가?

삶과 앎이 연결되는 교육(학습), 가능하면 앎과 삶이 일치하는 학습(교육)이 되도록 해야겠다. 그러려면 많이 가르치기보다 조금이라도 철저히 가르쳐야겠다. 기초와 바탕이 튼튼해야겠다. 그래서 나는 1998년 교육비평 책의 제목을 『많이 가르치고도 실패하는 한국교육』이라고 붙이고 우리 교육을 비평한 적이 있다. 말로만 교육해도 된다면 얼마나 좋을까? 말로만 해도 되는 학생만 있다면 교육이 뭐 어렵다고 했겠는가? 말로만 쉽게 교육할 수 있다면 누가 "선생의 똥은 개도 안 먹는다."고 했겠는가? 우리 선생님들이 개도 안 먹을 정도로 얼마나 교육에 똥 타 보았는가? 쉬운 일 하는 사람들이 존경받겠는가?

앎과 삶을 연결시키기 위해서는 말과 입보다 삶과 온몸으로 해야 한다. 온몸을 불사르는 겨레의 스승, 여러분의 '혼불' 교육을 기대한다.(전북교원연수원 강의 원고, 2001)

참고문헌

주삼환(2001), 역사적 전환시대의 한국교육, 서울: 동문사.
주삼환(2005), 우리의 교육, 몸으로 가르치자, 경기: 한국학술정보(주).
주삼환(2009), 많이 가르치고도 실패하는 한국교육, 대전: 대교출판사.

입으로 교육할 수 있다면 얼마나 쉬울 것인가? 몸으로 가르치려니 어려운 것이다. 어려운 일을 해낼 때 남들이 박수를 보내고 자신도 삶의 의미를 찾는 것이다.

가. 몰락한 존경심

마침 이 글을 쓰기 얼마 전에 유니세프 조사에서 청소년들이 '어른 존경심'에서 우리나라가 아시아 태평양 지역 17개국 중 최하위로 조사·보고되었다는 언론 기사로 많은 사람들이 충격을 받고 있다고 한다. 동방예의지국이 왜 이렇게까지 무너지게 되었을까? 어떤 사람들은 청소년이 어른을 존경하지 않는 원인으로 몰개성적 교육 풍토와 급속한 산업화로 인한 가치관의 혼재와 전도를 들기도 한다. 정치인은 말할 것도 없고 심지어는 자신의 부모와 선생님도 청소년들의 존경을 받지 못한다는 것이다. 아주 불행한 일이라 하지 않을 수 없다. 자신을 낳아 주고, 훌륭한 사람이 되게 길러 주고 가르쳐 준 부모와 선생님도 청소년들이 존경하지 않는다고 하니 문제가 아닐 수 없다. 부모와 선생님을 포함한 우리나라의 어른들이 존경을 못 받아서 섭섭하고 불행한 것보다 더 큰 불행은 청소년들 자신과 우리나라의 장래에 있는 것이다. 세상에 자기가 따르고 존경하고 배울 역할모델로 삼을 만한 사람을 하나도 갖지 못했다는 것은 이 세상에서 가장 불행한 사람이기 때문이다. 이들에게는 앞날이 없는 셈이고 이 세상을 살 만한 가치가 있는 것으로 볼 수 없기 때문이다. 또, 이 세상이 청소년을 가르칠 만한 교육력을 이미 상실했기 때문에 우리나라의 장래가 없다고 해도 과언이 아니어서 우리나라의 장래가 불행한 것이다. 전 세대와 사회가 교육력을 가질 때 후세대와 그 나라의 미래에 희망이 있는 것이다. 그래서 우리나라 청소년들이 정말로 어른을 존경하지 않는다면 존경을 못 받는 어른들뿐만 아니라 청소년 자신들과 우리나라를 위해서 더 불행하다고 할 수 있는 것이다.

나. 존경의 의미

존경이란 무엇인가? 받들어 공경하는 것, 우러러 받드는 것이 존경이다. 존경을 뜻하는 영어의 'Respect'는 '다시(re) 본다(spect)'는 말이 합쳐진 것인데 어떤 사람을 '다시 보게' 될 때 그 사람을 존경하게 된다는 의미에서 'Respect'라고 한다는 것이다. 상대방의 고유의 개성에 눈길을 돌려 다시 보게 되는 것이 존경이 된다.

어떤 사람이 모든 사람의 존경을 받기란 불가능한 것이다. 그래서 공자는 좋은 사람, 착한 사람이 좋아하고 존경하고, 착하지 않은 사람이 미워하게 되는 사람이 진정 큰 존경을 받을 사람이라고 했다는 것이다. 모든 사람의 존경을 받기보다는 좋은 사람의 호평과 존경을 받고 악한 사람의 악평을 받는 사람이 진정 존경받을 사람이라는 것이다.

또 존경받는 사람은 서로 어울려 조화를 이루면서도 자기 정체성을 잃지 않는 사람, 두루 사귀면서도 편당으로 치우치지 않는 사람, 말만 번드레하기보다는 묵묵히 행동하는 사람, 강직하고 의 연하면서도 소박하고 말을 아끼는 사람이라고 했다는 것이다. 쉽게 말하면 올바른 인격을 갖춘 사람이라야 존경을 받게 되는 셈이다. 우리나라 사람 한 사람 한 사람을 보면 이런 인격을 갖춘 존경받 을 만한 사람들이 분명히 많이 있을 것임에도 불구하고 대체적인 분위기에 휩쓸려 조사 결과 청소년의 어른 존경심에서 우리나라가 꼴찌로 나왔다는 사실도 불행이고 문제라고 하지 않을 수 없다.

다. 존경받는 선생님

존경받는 선생님도 앞에서 말한 인격을 갖춰야 존경의 대상이 될 수 있다는 것은 일반적인 기본에 해당된다. 그리고 초등학생이 냐, 중학생이냐, 고등학생이냐, 대학생이냐에 따라 선생님을 존경 하게 되는 이유는 달라질 것이다. 그래서 훌륭한 교사, 존경받는 교사, 교사의 자질에 대한 조사나 연구를 보면 조사대상 학교 급 별로 다양한 반응이 나왔다. 이 글에서 이러한 구체적이고 전문적 인 것을 떠나서 주관적으로 일반적인 이야기를 하는 게 더 나을지 도 모른다. 아마도 무엇보다 먼저 인간을 사랑하는 학생과 제자를 사랑하는 인간적인 선생님을 학생들은 존경하게 되고, 또 그런 선 생님은 당연히 존경받게 될 것이다. 사랑이란 말이 너무 포괄적이 고 일반적인 말이지만 선생님이 진정으로 제자를 사랑한다면 학생 들이 어려서는 몰랐더라도 어른이 되어서라도 그 선생님을 존경하게 될 것으로 믿는다. 선생님은 가르치는 기술자이기 이전에 먼저 학생의 인간적인 모델이 되어야 한다. 인간적인 사랑이란 말속에는 인간관계니, 친절, 열성, 성실, 민주, 협동, 편애 금지니 하는 모든 인간적인 면을 여기에 포함시키고 싶다. 선생님은 인간적인 접촉을 통해서 사람을 교육해야 하기 때문에 인간적인 따뜻한 사랑을 가진 선생님을 제자들이 존경하지 않을 수 없을 것이다. 그리고 선생님은 제자들에게 믿음과 신뢰를 줘야 한다. 믿음이 통해야 존경도 따라붙을 수 있다.

두 번째는 가르치는 내용과 방법에 대한 실력이 있어야 학생들이 존경하고 또 학생들의 존경을 받을 것으로 본다. 이것이 바로 교사의 전문성에 해당되는 것이다. 교사는 자기가 가르치는 지식, 내용, 교과에 대하여 전문적으로 잘 알아야 한다. 그래서 교사는 지식과 진리를 사랑해야 한다. 그러려면 자기가 알고 있는 것을 단순히 가르치려고만 하지 말고 계속 새로운 것을 배우려고 해야 한다. 교사도 배워야 가르칠 수 있는 것이다. 결국 학생이나 교사나 사람은 누구나 영원한 학습자이어야 한다. 교사도 배움을 사랑해야 한다. 공부하는 선생님에게서 공부하는 제자가 나올 수 있는 것이다. 교사도 학문을 하고, 연구해야 한다. 단순히 가르치는 교사가 아니라 연구하는 교사이고 연구자, 연구원이 되어야 한다. 오늘날의 교사는 주어진 것(givens), 이미 만들어진 것을 가르치는 것이 아니라, 만들어서(made), 구성해서 가르쳐야 한다. 학생들은 연구하고 공부하고, 책 읽는 선생님을 존경하고 따른다. 나는 학생들이 공부하는 자기 선생님을 자랑하는 것을 보거나 들을 때 나 스스로 행복에 젖는다. 교사는 알아야 가르칠 수 있다. 교사는 가르칠 내용을 알기만 한다고 학생들의 존경을 받는 것은 아니다. 교사들이 알고 있는 것을 몸소 실천으로 행동으로 학생들에게 보여줄 때 그때에야 비로소 학생들은 자기 선생님을 존경하게 되는 것이다. 많이 알기만 하고 말만 많이 하는 선생님을 학생들은 별로 존경하지 않는다. 교사 자신은 알고 있지만 실천하지 못하면서 학생들 보고만 자꾸 실천하라고 하고, 자신은 못하면서 자꾸 학생들만 다그치는 선생님을 존경하기는 고사하고 오히려 경멸하게 된다. 그래서 나는 교사는 학생을 "몸으로 가르쳐야 한다."고 하는 것이다. 많이 알고 있다고 해서 누구나 잘 가르치는 것은 아니다. 가르치는 방법, 기술도 있어야 한다. 쉽게, 재미있게, 오래 남게, 그리고 실천으로 옮길 수 있게 가르쳐야 한다. 가르치는 것도 하나의 예술인 것이다. 정말로 기차게 가르쳐야 하는 것이다. 학생들은 기차게 가르치는 선생님을 따르고 존경하게 된다. 아까도 말했지만 학생을 가르치는 가장 확실한 방법은 '몸으로 가르치는 것'이다.

여러 가지 이유로 학생이 선생님을 존경하고 또 선생님이 존경을 받게 될 것이지만 나는 여기서 인간적인 선생님과 전문적인 선생님이란 두 측면으로 압축하고 강조하였다. 내가 존경하는 선생님은 많지만 그중 한 분은 나를 인정해 주고, 격려해 주고, 용기를 심어 준 선생님이시다. '너는 할 수 있다'고 자신감을 넣어 주고, 또 실제로 나를 심어 주고 키워 주려고 노력하셨던 선생님이시다. 나뿐만 아니라 학급 전체를 항상 1등으로 만드신 선생님이시다. 초등학교 때인데 선생님은 "우리 반은 뭐든지 1등" 하면서 "떠드는 것도 1등"이라고 하시던 말씀이 지금도 생각난다. 선생님은 학생들에게 모든 것을 다 가르쳐 줄 수는 없다. 교사가 학생 대신

밥 먹어 주고, 공부해 줄 수 없다. 학생 스스로가 하게 만들어야 한다. 딱딱한 말로 스스로 하게 '동기 유발'시키기는 매우 어렵다. 나는 좋은 부모님과 선생님을 만나서 오늘날의 내가 된 것이다.

라. 진정한 존경심

나는 지금 '존경받는 선생님'이라는 제목으로 이 글을 쓰고 이런 선생님이 학생들의 존경을 받는다고 말하고 또 글을 쓰면서도 나는 아직 존경받는 선생님이 못 된다고 스스로 생각하여 부끄럽기도 하고 또 죄책감을 느끼기도 한다. 나는 부모님과 은사님들에게서 받은 인간적인 사랑을 내 자식과 제자들에게 되돌려 주지 못하고 있다. 아마도 사랑의 빚을 지고 살다가 가야 할지도 모른다. 또 나는 아직 내 학문적 이론 하나 정립하지 못하고 있다. 지금까지 남의 이론이나 학설을 조금 토를 달아 학생들에게 전달해 주고 있는 정도이다. 내 것, 내 이론, 내 학문을 만들지 못하고 있고, 또 예술적으로 기차게 가르치지도 못하고 있다. 40여 권의 책을 썼다고 하나 대부분이 남의 이야기뿐이다.

여기저기서 강의와 강연 요청을 많이 받고 목청이 터져라 웅변조로 설교조·설득조로 떠들어 대고, 때로는 좋은 강의 들었다는 말도 듣고 있으나 그것이 얼마나 듣는 사람에게 인생의 의미(meaning)를 심어 주고 있는지 모르겠다. 시청각, 멀티미디어 시절에 오로지 청각에만 자극을 주고 있는 셈이다. 40여 권의 책과 수많은 열변이 존경의 대상이 되기보다는 일종의 공해가 되지 않을

까 걱정이 된다. 한 살, 두 살, 나이를 먹으면서 자꾸만 조급해지는 것을 느낀다. 나는 아직 존경을 받을 만한 존재는 못 되지만 나 자신은 행복하다. 나의 사랑을 기다리는 제자가 있고 공부해야 할 학문이 내 곁에 있기 때문이다. 나의 사랑의 대상인 제자와 학문이 나를 기다리고 있는 한 나는 행복할 것이다.

우리 교육자는 불순물이 섞이지 않은 맑은 이슬과 같은 존경을 먹고 산다는 말을 이미 내 입으로 이 세상에 뱉어 놓은 바 있다. 교육자는 존경이란 이슬을 먹고 산다. 존경이라는 이슬을 먹고 살 수 있는 사람은 성공적이고, 행복한 삶을 산 사람이다. 아무리 돈을 많이 벌고, 권력을 많이 쥐어도 존경을 못 받으면 불행한 것이다. 대학 총장을 하고도, 대통령을 하고도 학생과 국민의 존경을 못 받으면 인생을 실패하는 것이다. 존경은 내가 하는 것이 아니라 남이 해 주는 것이다. 선생님이 존경을 받을 때 힘이 실리는 것이다. 교육력이 생기는 것이다.

나는 이미 "교원은 존경과 명예를 먹고 산다."고 하였다. 자식과 제2세 국민교육을 하려면 "교원을 존경해 주는 '체'라도 해 줘야 한다."고 말하기도 했다. 교원이 예뻐서가 아니라 자식과 국민이 예쁘고 귀중하기 때문에 존경하는 '체'라도 해야 한다고 했다. 존경심이 없는 상태에서는 학생들이 배우지도 못한다. 배움은 존경심에 바탕을 둬야 한다.

교사는 존경이란 이슬을 먹고 산다. 왜 하필이면 이슬인가? 불순물이 섞이지 않은 존경이기 때문에 이슬이라고 한 것이다. 교사가 존경을 먹으면 됐지 더 이상 먹을 것이 무엇이 있겠는가? 돈? 권력?

교육위기 탈출의 길

　20여 년 전, 내가 미국에서 박사과정을 마치고 귀국하려 할 때, 동료 교포들이 중학 2학년, 초등 1학년짜리 우리 아이들을 맡아서 교육시켜 줄 테니 제발 떼 놓고 가라고 했다. 교육환경이 여기가 훨씬 낫지 않느냐는 것이었다.

　하지만 그때 나는 이산가족이 되기도 싫고 또 교육학 박사의 자존심도 있어서 아이들을 데리고 들어왔다. 그런데 귀국 후부터 초등생 녀석이 아침마다 학교에 안 가겠다고 몸부림치며 우는 것이었다.

　남의 나라 미국에서는 그렇게 학교 가기를 좋아했는데 자기 나라에 와서는 학교가 싫다니 부모인 나의 가슴은 미어지는 듯했다.

　결국 암기과목에서 실패해 일류대학을 못 들어가고 그 후 미국 명문대학에서 박사학위를 따 가지고 왔으나 지금도 계속 설움을 받고 있다.

　자기 나라 의무교육을 포기하고, 때로는 국민이기를 기권한 채 교육 이민을 떠난다고 하는데도 그리고 교육이 붕괴되고 나라가 무너진다고 하는데도, 우리 지도자들은 위기의식을 못 느끼고 있다. 국민들이 자신감을 느낄 만도 하다. 그리고 지도자에 대한 불신이 교육 불신으로 이어지고 있다.

　교육이 무너지면 우리는 영원히 희망을 가질 수 없다. 교육은 국가를 지키는 마지막 요새이기 때문이다.

　교육에 힘쓴다는 나라가 왜 이 모양이 됐는가? 교육과 교원을 우습게 본 결과다. 산업시대에 벌어들인 돈을 교육에 투자하지 않고 싸구려 교육을 계속했기 때문이다. 산업화로 경제는 그런대로 중진국 수준이지만 교육은 여전히 후진국 수준이며 국민들의 교육에 대한 기대는 어느 나라보다 높다.

　정치 지도자들은 교육에 대한 방향감도 없이 몇 개월마다 교육부 장관을 갈아치우고 즉흥적으로 교육법 제도를 바꿔치기나 하고 있다. 교육 관료들은 교육부에서 세 불리기나 하고 교원과 교육 현장에 이반된 정책이나 내놓고 고령 교사 1명 내쫓으면 청년교사 2.59명을 쓸 수 있다고 서슴없이 거짓을 하고 있으니 교육이 무너지는 것은 당연하다.

　교육개혁을 한답시고 교육공로자를 무능·체벌·촌지 교사로 몰아붙이고 감당도 못할 정년 단축으로 교육 공백을 초래하고 말았다. 여기에 덩달아 학부모·학생까지 돌을 던졌다. 정부는 교직 사회를 계속 갈등구조로 몰고 갔다. 스승은 무슨 스승이냐며 노동이나 해서 성과급이나 타 먹으라고 했다.

　교육 문제를 교육 본질과 교육 논리로 풀지 않고 엉뚱한 정치·경제 논리로 몰아붙인 결과, 교사들은 교육력을 잃고 구경꾼으로 내몰렸다. 장관, 관료, 여권 인사 몇 명이 교육을 주무르고 똑똑한 학부모 단체 대표들이 여론조사나 해서 교육을 좌지우지하고 있는 실정이다. 이러고도 교육이 잘되기를 바라는가?

　이제라도 교육에 투자해야 한다.

　그래서 싸구려 교육이 아니라 질 높은 교육을 해야 한다. 평준화에 만족하지 말고 우수성이 최고를 지향해야 한다. 능률과 효율성 타령만 하지 말고 다양성과 독창성, 선택의 자유, 개별화를 지향해야 한다. 이게 모두 돈 들어가는 일이다.

　기초교육에 철저하고 인간성 기르기에 최우선 순위를 두어야 한다. 기초가 있어야 창의성도 나오고 지식정보도 창출·활용할 줄 알게 된다.

　그리고 교원의 명예를 회복해 주고 자존심을 되찾아 주어야 한다. 교원은 자존심과 명예를 먹고 산다. 물질적 대우와 함께 심리적·정신적 대우를 해 줘야 한다.

　우수한 사람들이 교직에 몰려야 21세기의 승자가 될 수 있다. 지금처럼 교사가 부족해 땜질식으로 이뤄지는 교원 수급으로는 어림도 없다.

　교육은 망가지고 추락하기는 쉬워도 일으켜 세우기는 쉽지 않다. 성수대교, 삼풍백화점이 순간에 무너졌듯이, 우리 교육도 최근 한두 정권 사이에 갑자기 걷잡을 수 없이 무너져 버렸다. 반세기, 일 세기에 걸쳐 다시 일으켜 세워야 할 것이다.

　여기서 가장 중요한 것은 정부와 지도자, 관료들의 신뢰 회복이다. 정부의 신뢰 회복이 교육 신뢰 회복의 길이고 또 교육재건의 열쇠가 된다.

〈한국교육신문, 2001. 4. 2.〉

교육위기 극복, 지도력의 전환

가. 패러다임의 전환

우리 인류는 ① 50만 년 전에 부족집단을 이루어 사냥을 하면서 살다가, ② 약 1만 년 전 종자의 보존과 경작법의 발견에 의한 농업혁명으로 농경사회를 이루어 살게 되었는데 이를 제1의 물결이라 불렀다. 그러다가 ③ 약 500년 전 산업혁명에 의하여 산업사회를 이루어 살게 되었는데 이를 제2의 물결이라 불렀다. 서양에서 산업사회의 발달은 500여 년 전으로 잡지만 우리나라에서 본격적으로 산업화로 들어선 것은 1960년대~1980년대 30년간으로 잡는다. 그전까지만 해도 우리나라는 '고요한 아침의 나라'였다. ④ 선진국에서 산업사회로부터 후기 산업사회 또는 지식정보사회로 방향을 틀기 시작한 것은 1950년대 중반(약 50년 전)으로 보지만 우리나라에서 지식정보사회 이야기가 본격적으로 나오게 된 것은 1990년대 초부터라고 할 수 있다. 지식정보사회를 우리는 제3의 물결이라고 부른다. 다음 사회는 ⑤ 문화창조의 사회라고 한다.

이와 같이 제1, 2, 3의 물결처럼 우리의 사고의 틀, 사회의 틀 자체가 바뀌는 것을 우리는 패러다임의 전환이라고 한다. 이와 같이 패러다임 자체가 바뀌는 전환기에 전환을 제대로 못하면 고난을 겪게 되거나 아니면 생존의 위협을 받고 아주 파멸에 이르게도 된다.

또 세기와 천 년대가 바뀌면서 공교롭게도 많은 변화를 겪게 되는데 이런 때 탈바꿈을 잘못하면 또 많은 고생을 하게 된다. 우리가 19세기에서 20세기로 넘어가는 문턱을 잘못 넘은 결과 지나간 100여 년 동안 갖은 시련을 겪고 또 그 산물로 지금도 남북이 갈린 채 이 고생을 하고 있는 것이다. 또 20세기에서 21세기로 넘어오는 문턱은 우리 민족으로서는 산업사회에서 지식정보사회로 탈바꿈을 해야 할 아주 결정적인 시기였는데 이것을 잘 넘기지 못하여 국가가 총체적으로 위기를 맞고 있는 것이다. 세계는 이미 지식정보사회의 게임체제로 바뀌었는데 우리의 사고와 구조는 아직도 산업사회의 굴뚝에 검은 연기를 내뿜는 공장체제로 되어 있었기 때문에 잘 나가던 우리나라가 하루아침에 갑자기 주저앉게 된 것이다. 지금 우리가 구조 조정을 해야 한다는 것은 결국 산업사회의 사상과 구조를 지식정보사회의 사상과 구조로 바꾸자는 것이다. 그런데 우리는 바꿔야 할 방향을 머리로는 알고 입으로는 외쳐 대는데 행동과 실천으로는 아직도 바꾸지 못하고 있는 것이다. 이러한 근본적인 사고와 구조의 전환은 정치, 경제, 사회, 문화, 교육 등 모든 분야에서 총체적으로 이루어져야 하는 것이다.

우리는 아직도 60~80년대 산업화의 성공으로 잘 나가던 시절에 대한 향수병에 젖어 산업사회의 사상과 구조를 완전히 떨쳐 버리지 못하고 있어서 문제이다. 우리는 아직도 첫째, 산업시대의 대형주의, 대량주의의 늪에서 헤어나지 못하고 있다. 산업시대는 무조건 큰 것을 선호하고 많은 것을 좋아했다. 싸구려 물건이라도 대량생산을 하여 이익을 남길 수 있었다. 그러나 이제는 작은 것이 아름답다고 하고, 작은 정부를 지향한다. 그리고 소량이라도 질을 추구한다. 쓸데없는 지식정보를 많이 가지고 있어야 머리만 복잡하다. 적은 지식과 정보라도 유용한 것을 가지고 있어야 하며 가지고 있는 정보를 조직하고 활용할 수 있는 능력이 중요시된다.

산업시대는 학교도 커야 좋다고 생각하여 소규모 학교는 폐교시키고 공부도 많이 가르쳐야 좋다고 생각했다. 이제는 학교도 작아야 하고 교육도 양이 아니라 질을 가지고 승부해야 한다.

둘째, 산업시대 공장식은 중앙집권제 관료제이고 그러다 보니 하향식, 표준화, 획일화를 지향했었다. 합리적 사고로는 중앙집권, 관료제, 표준화, 획일화가 능률적이고 효율적이라고 생각했었다. 그리고 정말 합리적이기만 하면 효율적, 효과적일 수도 있다.

학교도 교육인적자원부의 지시 명령에 따라 전국 획일화로 똑같은 교육, 똑같은 학교를 만들어 왔다. 평준화, 평균을 지상 최고의 가치로 삼았었다. 그러다 보니 국민의 교육선택의 자유, 학교선택권이 박탈당하고 동시에 학교도, 심지어는 사립학교까지도 학생선택권도 가질 수 없었다. 이제는 교육에서 다양성, 독특성, 개별화, 선택의 자유가 보장되어야 한다.

셋째, 산업시대는 공장에서 물건을 대량생산하고 능률과 효율성을 추구하다 보니 분업과 조립생산체제를 채택했었다. 자동차 한 대를 만드는 데도 2만~3만 개의 부품을 따로따로 만들어 조립하게 된다. 그러다 보니 조립을 하더라도 부분부분 로테이션식으로 일을 하게 된다. 그리고 거의 매일 같은 일을 하다 보니 일이 일상화·상투적(routinization)이 된다.

그런데 지식정보사회에서는 분업과 조립이 아니라 종합과 통합을 강조하게 된다. 그래서 협동과 팀워크 관계성이 강조된다.

산업사회 공장 모델을 따르고 있는 현대 학교도 고도로 분업·분리·칸막이를 하고 있다. 학년·학급으로 아이들을 집단으로 쪼개고, 국어·사회·과학…… 등 교과로 쪼개고, 이를 다시 단원·과 등 교육내용을 지식의 파편 조각으로 나누고, 학년, 학기 월간 계획, 주간 계획, 1일 계획, 교시 등 시간으로 쪼개서 가르쳐야 잘 가르친다고 생각했던 것이다. 이렇게 쪼개서 가르치다 보니 결과적으로 전인교육, 인성교육이 되지 못하고 쪼개진 인간들이 생산되게 되었던 것이다.

넷째, 산업사회 공장은 집단중심(group‒based)이었다. 집단별로 똑같은 생각을 하고 똑같이 행동을 해야 했다. 집단과 다른 생각이나 행동을 인정하지 않았다. 특히 우리나라는 단일 민족을 강조하다 보니 집단 통일성에서 벗어나기 어려웠다. 개성이 무시되고 대푯값, 평균이 개개인을 대신했던 것이다. 개인의 욕구와 사정은 묵살될 수밖에 없었다. 그러나 지식정보사회에서는 개인의 독특성과 창의성, 자율성을 값 비싸게 사는 것이다.

공장 모델의 현대 학교도 앞에서 말한 것처럼 학년, 학급의 학습 집단 중심이었다. 학습 집단이 똑같은 교과서로 똑같은 내용을 공부해야 했다. 그러나 앞으로의 학교는 개인 중심이고 개별화되어야 한다.

다섯째, 산업사회 공장에서는 시간중심(time‒based)이어서 동시성이 강조되었다. 기계가 동시에 핑핑 돌아가기 때문에 시간을 놓치거나 어겨서는 큰 손해를 보게 된다. 한 부분에서만 시간이 어굿나도 전체 기계가 멈춰 서야 했다. 그러나 지식정보사회에서는 반드시 그럴 필요가 없다. 각자가 필요한 시간에 필요한 일을 하면 되기 때문에 탈동시성이 되는 것이다.

공장식 학교에서는 모든 사람이 어깨동무하고 동시에 똑같이 나아가야만 했다(lock－step). 빨리 갈 수도 없고 느리게 갈 수도 없었다. 그러나 앞으로의 사회는 학생 개별의 속도(individual pace)로 나아갈 수 있어야 한다.

여섯째, 산업시대는 논리실증주의 철학에 의하여 관찰, 실험, 측정에 의하여 경험적으로 검증된 것만 확실한 믿을 수 있는 지식이라고 생각했었다. 객관성, 과학성이 판을 치고, 주관성이나 해석, 정서, 열정 등은 믿을 수 없는 지식이라고 격하시켰었다. 그러나 지식정보사회에서는 전자 못지않게 오히려 후자도 점점 더 중시되고 있다.

산업사회 학교에서는 아직도 이런 논리실증주의 사고에서 벗어나지 못하고 있다. 객관성, 과학성 못지않게 개인별 주관성과 정서도 중요시되어야 한다.

일곱째, 산업사회는 제조의 연대이고 물질과 기계, 경제의 시대였다. 인간에게 필요한 모든 것을 공장에서 제조해 낼 수 있다고 생각하고 제조된 물질을 가지고 우리 인간은 행복할 것이라 믿었었다. 그러나 인간은 물질을 가지고 더 이상 행복할 수 없다는 것을 깨달았다. 물질을 생산해 내는 기계를 신봉하는 기계주의가 판을 치고, 기계가 만들어 낸 물질을 가지고 부와 경제를 만들어 낸 물질보다는 교육에서 만들어 내는 지식과 정보가 최고의 자원이 되는 것이다.

우리는 산업사회 학교에서는 물질에 가치를 두었으나 지식정보사회에서는 정신을 많이 강조하게 된다. 우리는 산업시대에 물질을 얻는 동안 우리의 정신을 잃은 것이 안타깝다.

학교에서 혼과 정신이 사라지고 아직도 천박한 물질만이 판을 치고 있다. ① 깊은 관계성, ② 침묵과 정적, ③ 의미와 목적, ④ 기쁨, ⑤ 창의성, ⑥ 초월, ⑦ 성인의식 등이 학교 안에 가득 차야겠다.

이러한 기본적 사상과 사고로 되어 있는 산업사회의 패러다임을 먼저 지식정보사회의 패러다임으로 전환하지 못하면 우리는 지식정보사회의 승자가 되기는 몹시 어렵게 된다.

나. 지식정보형 서당식 학교 제안

우리 교육의 밑바닥에는 ① 서당식 전통적 교육과 학교, ② 일제식민지식 교육과 학교, 그리고 ③ 미국식 교육과 학교의 세 영향이 동시에 흐르고 있을 것이다. 그리고 우리의 학교는 ① 서당식 학교와 ② 근대·현대식 대량교육의 학교를 거쳐 ③ 지식정보형 학교로 전환해야 할 시점에 있다. 그런데 우리가 지향해야 할 지식정보형 학교는 산업시대의 근대·현대 대량 교육을 위한 학교의 형태보다는 우리의 서당식 전통 교육의 학교 형태에 더 가깝다고 할 수 있다. 우리의 서당식 학교는 많은 학생을 대량 교육을 하기에 어렵다는 점 이외에는 산업시대 공장 모형의 근·현대 학교보다 많은 강점을 가지고 있었던 것이다.

근대학교가 학년, 학급이라는 집단중심인 데 비하여 서당식 전통적 학교는 오늘날 요구되는 학생 개별 중심이라고 할 수 있다. 그래서 근대학교가 집단의 일제식(lock – step)으로 또는 계통(인문계, 실업계 등)을 따라 똑같이 이동해 가는 데 비하여 서당식 학교에서는 학생 개별로 자기 속도대로 이동해 간다. 근대학교의 연장 선상에 있는 현대 학교는 시간중심적(time - oriented)이어서 학년제가 엄격하다. 1년마다 한 학년씩 진급하게 된다. 서당식은 학년이나 시간과 상관없이 필요한 교육과정과 내용을 마쳐서 자기 속도대로 다음 단계로 이동할 수 있느냐 없느냐가 중요하다.

현대 학교에서는 교사가 교과목에 대하여 책임을 지지만 서당식 학교에서는 교사가 맡은 학생 사람(어린이)에 대하여 책임을 진다. 현재의 학교의 교사는 학생의 지적 발달의 한 부분만 책임을 지지만 서당식 학교에서는 학생의 인격 전체(whole child)에 대하여 관심을 기울인다. 그래서 인격 교육, 인성 교육, 인간화 교육이 가능했다. 현대 학교는 산업시대의 공장에서처럼 교사들이 분업을 하여 지식을 쪼개서 가르치면 학생들이 이 지식의 조각들을 잘 주워 모아 퍼즐놀이 하듯이 잘 조립할 것이라는 가정에 바탕을 두고 있다. 어린이가 지식의 조각을 잘 조립하는지 챙겨 주는 어른(교사)도 없다. 현대의 공장 모델의 학교로는 근본적으로 전인교육은 불가능하게 되어 있는데 그러면서 자주 전인교육이 안 된다고 한탄하고 있다.

현대 학교에서는 동일 연령의 학년을 가르치지만 서당식 학교에서는 여러 연령층 학생을 한방에서 가르침으로써 많은 이점을 가질 수 있었다. 앞서 간 학생이 뒤에 오는 학생을 도와주기도 하고 학생들끼리 역할 모델을 통해서 배우기도 하였다. 오늘날 좋다고 하는 '열린 교육'의 형태도 서당식 교육에서는 포함될 수 있었다.

서당식 학교에서는 개별 학생을 여러 해 계속해서 지도하게 되니 개별 학생에 대하여 교사가 완전히 파악하고 일관성 있게 지도할 수 있게 된다. 그런데 오늘날 공장식 학교에서는 매시간 또는 매년 로테이션식으로 돌려 가면서 지도하게 된다. 1년이 되어 학생을 좀 알고 이해할 만하면 그 학생을 버리고 로테이션으로 다시 새로운 학생을 맡아야 한다. 심지어는 순환근무제로 교사가 다른 학교로 옮겨 가서 새로운 학생을 맡아야 한다. 교사는 개별 학생을 알지도 못하고 이해하지도 못하니 학생을 돌보거나 보살펴 줄 생각도 못하고 또 학생이나 학부모도 아예 그런 걸 기대도 하지 않는다. 이런 결과 오늘날 청소년의 소외감과 탈선으로 이어지고 있다. 특히 대규모 학교의 비인간화 학교 환경에서 문제 행동은 더욱 조장되고 있다.

우리나라의 전통적 교육에서는 교사와 학부모, 지역사회가 함께 교육에 대하여 책임을 지려고 했는데 현대에서는 이것도 분업이 되다 보니 교육은 무조건 학교가 맡고 교사가 책임을 지는 식이 되었다. 심지어는 과거에 가정과 사회에서 책임을 지던 윤리·도덕교육도 교사에게 주로 맡기다 보니 청소년의 윤리·도덕에 문제가 생기게 되는 것이다.

과학의 발달로 산업화를 이루고 또 산업화로 과학적 지식이 강조되다 보니 현대 교육에서는 눈으로 확인하고 측정하고 만질 수 있는 사실적 지식, 객관적 지식만 가장 확실한 지식이라 믿고 이것만 강조하다 보니 생각하고 느끼고, 감탄하고, 판단하는 주관적 지식을 가볍게 여긴 결과 세상은 점점 더 비인간화되고 메말라지게 된 것이다.

지식정보사회에서는 산업사회 공장 모형의 단점을 극복하면서도 어떻게 하면 늘어난 많은 사람을 교육시킬 수 있느냐에 초점을 맞춰 새로운 학교 체제를 설계해야 한다. 바꾸어 말하면 우리의 서당식 교육을 하면서도 많은 학생을 가르칠 수 있느냐의 문제를 해결하면 좋을 것 같다.

현재의 많은 학생 수의 양을 어떻게 질적으로 높은 수준의 교육을 하느냐가 지식정보형 학교가 해결해야 할 문제의 관건이 된다. 다양한 욕구와 기대를 가진 많은 학생들을 어떻게 다 교육으로 충족시켜 주느냐가 지식정보형 학교 설계의 고민이 된다.

지식정보형 학교는 현재의 학교, 현재의 교육과정, 현재의 입시제도를 생각하면 불가능하다. 오로지 지식정보시대와 사회를 생각하고 거기에 맞는 교육을 어떻게 할 것이냐에만 관심과 초점을 맞춰야 한다.

지식정보사회에서는 분업이나 고립보다는 통합과 관계성을 강조하게 되므로 교사의 팀워크, 교과의 통합, 다양한 연령층의 통합의 정신을 바탕으로 한다. 그래서 전인교육, 인성교육을 가능하게 해야 한다.

지식정보형 학교는 서양식에서처럼 집단중심의 획일성, 평균, 표준화가 아니라 개별 중심의 다양성, 독특성, 그래서 선택의 자유를 보장하는 방향으로 한다.

지식정보사회에서는 ① 교육인적자원부에서 하는 정부의 정책이나, ② 교육감과 교장의 행정, ③ 교사의 교수가 중심이 아니라, ④ 학생의 학습이 중심이 된다. 학생이 주도적으로 학습해 나가도록 하고 교사는 동기 유발과 조언자, 촉진자의 역할을 하고, 행정은 자원지원의 역할에 초점을 맞추고 정책은 교육의 큰 방향만 제시한다.

그러면 우리의 서당식 학교에 바탕을 둔 지식정보사회형 학교를 제안하고 그 모습을 개관해 보기로 한다.

(1) 학교의 수준을 지적, 정서적, 사회적, 신체적 발달 수준에 맞춰 네 수준 정도로 나눈다. 연령이 절대적인 것은 아니나 연령을 기준으

로 볼 때 수준 Ⅰ은 3~5세로 현재의 유아·유치원 정도, 수준 Ⅱ는 6~9세로 현재의 초등 저학년에 해당된다. 수준 Ⅲ은 10~13세로 현재의 초등 4학년~중학 1학년에 해당되고, 수준 Ⅳ는 14~18세로 현재의 중등 2~고 3에 해당된다. 그래서 현재의 K-12 통합학교 형태가 된다. 수준 Ⅰ은 25명, Ⅱ는 35명, Ⅲ은 45명, Ⅳ는 55명으로 전체 160명을 예시로 제시한다. 위 수준으로 옮겨 갈 때는 6개월간의 시험 기간을 둔다. 이는 7차 교육과정과도 일맥상통하는 점이 있다.

(2) 수준 Ⅰ~Ⅳ의 학생들을 교사 4~10명이 팀으로 책임지고 지도한다. 교사 대 학생 비는 1:16~1:40 정도 된다. 교사는 3~5년간 학생들을 계속 지도한다. 한 팀은 현재의 하나의 독립된 학교와 같이 운영되고 팀 리더는 수석교사와 같다. 팀 내에 보조 교사, 자원 봉사 교사를 둔다. 이런 팀은 의사와 변호사의 병원연합과 법률회사를 생각하면 된다.

수준 Ⅰ의 교사는 직접 지도하는 역할을 많이 하지만 수준 Ⅳ의 교사는 주로 상담자(counsellor)의 역할을 많이 하고 여기서는 대신 학생을 학습센터에 많이 보내어 세미나, 프로젝트, 개인지도 학습을 많이 하게 된다.

(3) 학교 내 또는 교육청 내에 여러 개의 '학습센터'를 설치한다. 이 학습센터는 특수 분야에 초점을 맞춰 지도한다. 현재의 생물과 같은 특수 교과나 과학, 사회와 같은 통합교과, 환경, 통일과 같은 문제 중심이나 주제 중심의 학습을 하는 센터의 역할을 한다. 수준 Ⅲ이나 Ⅳ로 올라갈수록 학습센터를 이용하는 기회가 많아지게 된다. 이 센터에는 풍부한 학습 자료와 자원을 갖춰 놓고, 또래(학생) 개인지도, 프로젝트법, 토의집단, 자원봉사자의 지도 등 다양한

지도를 하게 된다. 교사가 학생을 어느 학습센터로 보낼 것인가를 결정한다. 통과한 학생 수에 의하여 학습센터는 학교나 교육청으로부터 재정 지원을 받는다.

(4) 학생과 학부모는 안내 교사와 학습 팀을 선택할 수 있고 교사도 학생을 선택할 수 있다. 학생과 학부모는 제1지망, 제2지망, 제3지망으로 교사를 선택하고 교사는 지도능력 범위 내에서 학생을 선택한다. 교사는 제1지망의 학생 수에 의하여 기본 봉급 외에 부가보수를 받는다. 그래서 팀 간에는 선의의 경쟁이 팀 내에서는 협동의 원리가 적용된다.

이러한 학교는 '학교 안의 학교(schools within school)'의 형태가 되는데 [그림 10-1]과 같이 나타낼 수 있다.

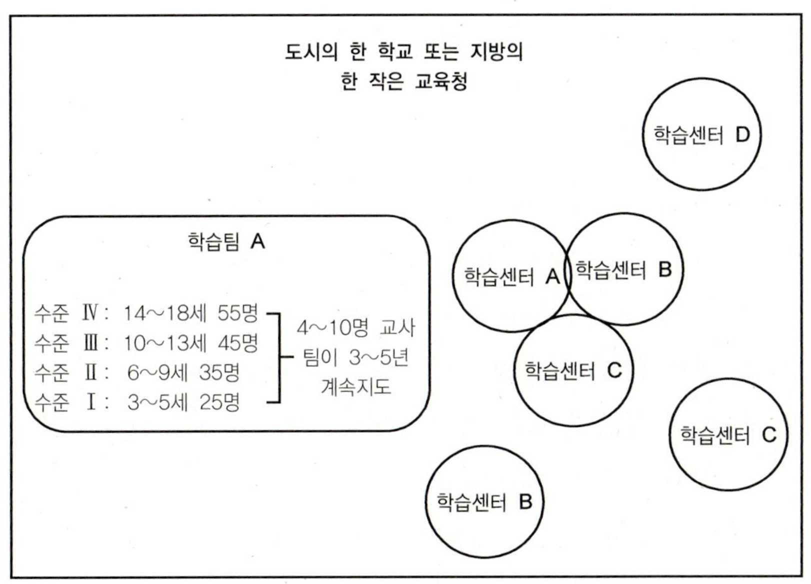

[그림 10-1] 지식정보형 학교의 형태

다. 지식정보형 학교 경영 패러다임

지금까지 ① 산업사회 패러다임을 지식정보사회 패러다임으로 어떻게 전환해야 할 것인가에 대하여 기술하고, ② 지식정보형 서당식 학교를 제안하고 그 모습을 그려 보았다. ③ 이제는 지식정보사회에 맞는 학교 경영의 패러다임을 제시해야 할 차례가 되었다.

우선 지식정보형 학교 경영은 관료제로는 더 이상 버틸 수 없고 팀제, 네트워크제가 되어야 할 것이다. 권한이 최대한 밑으로 내려오고, 교사에의 권한 부여, 학생에의 권한 부여로 이어져 마침내 학생 주도 학습이 되게 하여야 한다. 그래서 학교 경영에서도 협동성, 관계성, 팀워크가 중요하다. 학교 안에서도 학습팀, 학습센터가 독립학교처럼 운영된다. 참여결정제가 보편화되어야 한다. 조직은 최대한 납작한 수평형이 된다.

둘째, 학교 경영에 있어서 동반자 의식(partnership)이 강조된다. 학교만의 교육으로는 교육이 될 수 없다. 한 어린이를 키우기 위해 온 동네가 필요할 것이다. 학부모, 지역사회, 학교가 학습 공동체(learning community), 도덕 공동체(moral community)를 이루어야 한다.

셋째, 학교 경영에서도 학습에 초점이 맞춰져야 한다. 아무리 ① 정책을 잘하고, ② 행정을 잘하고, ③ 교수에 열심이어도, ④ 학생이 학습하지 못하면 모든 게 허사이다. 학습을 위한 지원, 학습팀과 학습센터를 위한 지원에 모든 것을 집중해야 한다. 학습의 인적·물적 자원이 가장 귀중한 자원이 된다. 모든 것이 개별화에 노력해야 한다. 그리고 인적자원 개발이 최대의 과제이다.

넷째, 학교 경영에 있어서 경쟁과 자유 선택, 협동의 논리가 적용되게 되어야 한다. 학부모와 학생의 선택권 부여로 팀 간에 선의의 경쟁 논리가 적용되고, 팀 내에서는 최대의 협동 논리가 작동되어야 한다. 학교 내, 교육청 내에 엉성한 연결에 의한 협동도 요구된다.

다섯째, 학습과 학습 지원을 위해서는 모든 것이 정보화, 전산화 되어야 할 것은 두말할 필요가 없다.

여섯째, 최대한 분권화되고, 참여경영을 하더라도 여전히 지도자와 지도력은 중요하다.(충북교육, 2001 - 1 제136호, 2001. 6.)

참고문헌

Banathy, Bela H.(1991). *Systems Design of Education*. Eglewood Cliffs, NJ: Educational Technology Publications.
Kessler, Rachael(2000). *The Soul of Education*. Alexandria, VA: ASCD.

문화창조의 사회에서도 역시 학교의 틀은 다양화, 개별화 되어야 한다. 학생들의 상상력을 키워 이야기를 만들어 내는 이야기 발전소의 학교가 되어야 한다. 이야기가 문화이고 예술이 되는 것이다. 공장식 학교가 되려면 꿈의 공장이 되어야 한다.

사립학교는 사립학교여야 안다

　집권 민주당은 또 시대에 역행하는 교육관계법 개정안을 내놓았다고 한다. 주요 내용을 보면 다음과 같다.

　첫째, 사립학교 교원임면권을 법인 이사회에서 학교장에게로 넘긴다는 것이다. 사립학교는 국가나 공공지방자치단체가 해야 할 교육을 사립법인에게 믿고 맡김으로써 생겨난 것이다.

　그래서 법인 이사회는 공립의 교육위원회나 교육감을 대신하는 최고의결기관이다. 최고의결기관에 인사권이 없다면 사립의 근본 자체를 부정하는 것이다. 사립 교장에게 교원임면권을 줘야 한다면 공공성과 투명성이 더 높은 공립교장에게는 왜 그와 같은 교원임면권을 안 주는가? 교원임면은 교장의 추천에 의하여 이사회가 최종 결정하는 것이 원칙이다.

　둘째, 사립 비리 관련 임원의 학교 복귀를 제한하여 사실상 금지한다는 것이다. 비리와 불법은 엄격하게 다스려야 하지만 그렇다고 초법적으로 헌법이 보장한 국민의 기본권·공민권까지 제한하거나 금지하는 것은 잘못이다. 비리와 불법자는 사법기관의 판단에 의하여 감옥으로 보낼 일이지 초헌법적으로 2년이다 5년이다 하여 공민권을 제한할 수는 없는 일이다.

　셋째, 사립에 회계전문가 감사 선임을 의무화한다는 것이다. 이런 자질구레한 것까지 국가가 법으로 규제하려 한다면 근본적으로 사립의 존재를 인정하지 않는 발상이다. 세상에 회계감사가 없어서 부정이 존재하는가? 회계 전문 감사만 있으면 모든 것이 깨끗해지리라 믿는가?

　넷째, 사립학교의 학교운영위원회를 자문기구에서 심의기구로 바꾼다는 것이다. 사립학교에 이사회 이외에 따로 운영위원회를 둔다는 자체가 부당한 것인데 이를 심의기구로 한다는 것은 더욱 잘못된 것이다. 더구나 우리나라의 학교운영위원회는 공립이든 사립이든 학교 운영의 '책임'을 지지 못한다는 데 근본적으로 문제가 있다.

　다섯째, 대학의 교수회, 학생회, 직원회를 공식기구화하여 감시기능을 하게 한다는 것이다. 대학은 '감시'를 위해서 이 세상에 존재하는 것이 아니다. 교수와 연구·봉사·학문을 하기 위해서 존재하는 기관이다. 교수회와 학생회, 직원회는 감시가 아니라 이러한 교수·연구·봉사·학문을 하기 위해서 존재하며 그런 기능과 역할 수행이 주 임무이다. 세계의 명문 사립은 감시 때문이 아니라 자율 때문에 명문이 된 것이다.

　지금 세계는 자율화, 다양화, 특성화를 통해서 최고의 질을 추구하는 방향으로 가고 있는데 우리는 규제일변도, 획일화·평준화일변도, 불신·투쟁일변도로 가고 있으니 우리의 지도자들과 집권당을 또 한 번 의심하지 않을 수 없다.

　지금 선진국은 공립까지 사립화 방향으로 가고 있는데 우리는 오히려 사립말살 정책으로 가고 있다. 지식정보사회 앞에서 교육을 이렇게까지 황폐화·붕괴시켜 놓고도 또 얼마나 더 교육을 망쳐 놓겠다는 것인가?

　선진국에서는 학교헌장에 의한 계약학교, 지불보증에 의한 사립학교 선택권 보장, 대안학교, 영리교육회사 인정 등으로 다양성·독특성 보장, 학부모의 교육선택권 보장으로 공립학교까지 사립화, 민영화의 방향으로 가고 있다는 것을 알아야 한다.

　교육과 학교의 독특성과 다양성을 인정하고 사립학교를 사립학교답게 버려둬야 한다.

　사립학교는 이 정부가 내세우는 '시장원리'에 의하여 자유경쟁에서 살아남고 또 발전할 수 있게 제발 그냥 내버려 두기만 해도 지금보다는 더 나을 것이다.

　정부가 사립에 대해서 할 일은 오직 부정·불법만 엄격하게 다스리는 일이다. 자유민주주의국가에서 사립은 어디까지나 사립이어야 한다.

〈대전일보, 2001. 2. 16.〉

가. 전환기에서의 상황 변화

지금은 시간적으로 20세기에서 21세기로 넘어가는 전환기이다. 21세기가 2000년부터라고 했지만 수학적으로 엄격히 말하면 2001년부터이다. 우리는 공교롭게도 두 천 년대에 걸쳐 살면서 주로 21세기에 활동할 학생들의 교육을 담당하고 있다. 우리는 새로운 시대에 살아갈 주역들을 교육하고 있다는 것을 항상 잊지 말아야겠다.

또 우리는 역사적으로 산업사회에서 지식정보사회로 바뀌는 전환기에서 학생 교육을 담당하고 있다. 육체적·물리적 힘으로 일하는 시대가 아니라 지식과 정보가 힘이 되는 사회이다. 물질과 경제가 지배하는 사회를 넘어 정신과 관계성이 지배하는 사회로 바뀌는 것이다. 21세기는 인간이 어떻게 인간답게 살아가느냐가 가장 중요한 화두가 된다. 인간과 인간이 어떻게 잘, 좋은 관계를 이루며 사느냐와, 인간과 자연, 인간과 물질이 어떻게 잘 조화와 관계를 이루며 사느냐가 중요한 문제와 과제가 되는 것이다.

산업시대의 분리와 분업의 벽을 넘어 통합과 종합, 연결, 협동, 팀 정신이 강조되는 사회로 바뀌었다.

대형화, 대량화의 산업사회의 지향에서 소형화, 질 추구 지향의 사회가 되었다.

공장의 틀에다 구워 내는 정형화, 획일화, 표준화, 조직화, 고정화, 중심성으로부터 다양화, 독특성, 다원적 가치, 상대성, 탈중심성과 탈동시성을 인정하고 조장하는 사회가 된 것이다.

관찰·측정·증명, 객관화, 계량화, 가치배제, 논리와 합리성만 강조되는 것이 아니라 해석과 느낌, 주관, 가치와 의미부여, 윤리·도덕의 중요성이 더 강조되는 철학으로 바뀌는 전환기에 살고 있다.

최근에 우리나라의 모든 면에서 '구조 조정'을 외치고 있는데 근본적으로는 모두 산업시대의 구조를 지식정보사회의 구조로 바꾸자는 것이다. 산업사회의 사상을 지식정보사회의 사상으로 부드럽게 바꾸지 못하여 우리는 지금 모든 면에서 어려움을 겪고 있다.

교육과 학교에서도 산업사회의 사상과 구조를 지식정보사회의 사상과 구조로 바꾸어야 한다. 여기서 교장의 강력한 지도력이 요구된다. 그러려면 교장 선생님의 사고구조가 먼저 바뀌어야 한다. 이러한 시간적·역사적 전환기에 우리의 교육적 상황도 많이 바뀌었다.

첫째, 교육 현장에 다양한 욕구가 분출되고 있어 어떤 형태로든 이들 요구와 욕구를 수용하거나 처리해야 할 상황이다. 과거에는 학생과 학부모 교사가 각각 다른 요구와 욕구를 가지고 있어도 이를 나타내지 않거나 억제하고 있었으나 지금은 대부분 수용하거나 처리해 줘야 한다. 장애·영재 등 특별한 요구를 가진 학생도 정규 학교에 온다. 이에 따라 교육프로그램도 다양해져야 하고 행정과 관리 방식과 형태도 다양해져야 한다. 밑으로부터의 요구는 다양한데 재정과 자원은 여전히 제한되어 있을 뿐만 아니라 정부는 교육개혁을 한다고 하면서 오히려 획일과 통제를 강요하고 있다. 밑으로부터의 요구와 위로부터의 요구가 상충하는 데 교장의 고민이 있다.

학생과 학부모, 교사가 교육과 교육행정·학교행정에 참여하고자 하고 또 당연히 참여해야 하는데 이 참여에 대한 책임은 여전히 교장 혼자서 감당해야 한다. 참여자는 많아져야 하는데 책임자는 교장 한 사람뿐이다. 참여에 의하여 공동으로 일하고 공동으로 책임져야 할 입장이 안 된다.

둘째, 머리와 입으로는 지식정보사회를 생각하고 말하는데 손과 발, 행동으로는 여전히 산업사회를 살아야 한다. 산업사회의 틀 속에서 살지 않을 수 없는 입장이고, 교장 자율로 틀을 고칠 수 있는 여건도 안 된다. 교장이 할 수 있는 일은 줄어드는데 반대로 책무성은 더욱 증대되고 있는 데 문제가 있다.

셋째, 무엇보다도 최근에 벌어지고 있는 '교실붕괴' 현상이 심화되고 있는데 교육 여건은 점점 더 이를 촉진하는 방향으로 가고 있다. 교사의 교육력이 학생들에게 먹혀들지 않고 있으며 정부의 행정력도 교원들에게 먹혀들지 못하고 있다. 자살, 살인, 절도, 따돌림, 폭력, 파괴, 불등교 등 몇 년 전 선진국의 교육 현장에서 벌어져 걱정하던 현상들이 바로 교육 현장에도 몰아닥쳤다.

그런데 엎친 데 덮친 격으로 이를 지도해야 할 교사들은 사기를 잃고 손을 놓고 방관자의 위치로 물러서게 되었다. 이미 유행어가 되었던 것처럼 교육의 장이 교육의 장이 아니라 난장판으로 변하고 있다. 선진국에서는 이런 현상들이 높은 수준의 학교, 명문 학교에서는 발을 붙이지 못하고 있는데 우리나라에서는 오히려 평준화에 의하여 모든 학교로 퍼져 나갈 전망이라는 데 문제의 심각성이 있다. 더구나 교실붕괴 현상에 대하여 정부가 그 심각성을 인식하지 못하고 무대책으로 일관하고 있다는 점이 더욱 걱정스럽게 하는 것이다.

이런 교실붕괴 현상은 산업사회의 물질적 풍요 뒤에 반드시 나타나는 현상이기도 하나 교실 밖 나라 전체의 도덕적 해이와 기강 문란으로 더욱 촉진되고 있다. 부모가 자식을 통제하지 못하고, 교사도 제자를 이끌지 못하고, 교장의 지도력도 작동하지 못하고 있다. 정부가 내놓은 안이나 정책도 번번이 의심과 불신만 증폭시키고 있으니 교실붕괴는 끝이 보이지 않고 있다. 교원의 요구에 정부가 대응하지 못하고 있다.

상황은 급격하게 급진적으로 바뀌는데 이에 대한 대응은 아주 없거나 아주 느리게 나타나고 있으니 교실붕괴도 선진국 수준으로 갈 때까지 무작정 방치할 것인가?

여기서 무엇인가 해 보려는 교장은 고민하지 않을 수 없다. 그러나 교장이 구경꾼의 위치에 서게 되면 고민할 필요도 없다. 이러한 교육적 상황 변화와 어려움에 대하여 일본에서는 모두 교사와 교장에게 기대를 걸고 대응하고 있다. 국가가 할 수 있는 최고의 대우를 교원에게 해 주고 그 대신 엄격한 책임을 요구하고 있다. 그래서 일본에서 교원의 업무 부담의 과중이 문제되지만 신임 교사 경쟁률은 여전히 20~50:1로 높다는 것이다.

이러한 전환기의 교육적 상황 변화는 교장의 지도력의 변화와 교장직의 전문성의 강화를 요구하고 있다. 자리만 차지하는 교장, 누구나 돌려가면서 골고루 차지할 수 있는 교장직이 아닌 것이다.

나. 교장의 직무

교장은 단순히 학생과 교과만 가르치기만 하면 되는 교사가 아니다. 옛날에는 학교에서 가르치는 일과 행정하고 관리하는 일이 분화되지 않아 한 사람이 가르치면서 행정도 하고, 행정하면서 가르치기도 했지만 이제는 학교행정을 하는 교장직이 교사직으로부터 분화, 전문화되어 고도의 전문성이 요구되는 교장직으로 분리·독립하게 된 것이다. 그래서 교장에게는 보다 높은 자격 기준이 요구되고 앞에서 언급된 것처럼 급변하는 교육 상황에 대처하기 위한 교장의 강력한 지도력이 요구된다.

그런데 교장의 직무가 무엇이냐에 분명한 금이 그어져 있지 않아서 누구나 교장을 할 수 있는 것으로 오해를 받기도 한다. 그래서 분명하지는 않더라도 교장의 직무를 밝히려는 노력을 할 필요가 있다.

우리나라 초·중등 교육법에 규정된 교장의 직무는 "교무를 통할하고 소속 교직원을 지도·감독하며, 학생을 교육한다."고 하여 교장의 학교행정과 교육의 최고 결정권자이고 책임자임을 밝히고 있다. 최고 의사결정과 관련하여 교육위원회와 교육감 두 상급기관과의 관계가 분명하지 못한 점과 학교운영위원회와의 관계도 아직 선명하지 못하다. 또 소속 교직원의 지도·감독의 범위도 명확지 못하다. 소속 교직원 인사에서 교장의 승인이나 허락 없이 교육감과 교육장에 의하여 마음대로 교직원이 들락날락하고 있는 실정이다. 재정과 시설, 재산도 교장의 의지와 상관없이 관리되고 있는 셈이다. 학생 교육의 책임도 교장에게 있다. 교사는 교장의 지도와 감독을 받아 학생 교육을 하게 되어 있는데 교사들은 교장의 지도와 감독 없이 학생 교육을 할 수 있다고 잘못 알고 있는 사람이 있는 것 같다. 교사가 교육감에 의하여 특정 학교에 배정받아 학교 안에 들어오게 되면 그때부터 교장의 지도·감독하에 들어오게 되는 셈이다. 교사가 교장의 지도·감독 없이 아무 학년이나 아무 반에 들어가 아무 시간에나 가르칠 수는 없는 노릇이다. 교사가 학생을 가르칠 수 있는 권한을 교사가 교육감이나 학부모로부터 직접 받아 오지 못한 것이다. 학생을 가르칠 수 있는 권한을 교사는 교장으로부터 받아 왔다는 것을 알아야 한다.

법에 규정된 ① 교무통할, ② 직원의 지도·감독, ③ 학생 교육의 세 가지 직무 영역이나 권한과 책임으로는 너무나 포괄적이고 막연하기 때문에 교장의 직무 영역이나 기능을 좀 더 나누어 살펴볼 필요가 있다.

학자들이 가장 많이 공통적으로 제시하고 있는 교장의 직무 영역과 기능은 ① 교육과정 개발, ② 수업 개선, ③ 교직원 인사, ④ 학생을 위한 봉사(서비스), ⑤ 지역사회 관계, ⑥ 재정과 시설관리라고 할 수 있다. 학자에 따라 이 여섯 개를 좀 더 세분하기도 하고, 또 좀 더 합치기도 하는 약간의 차이는 있다.

그래서 교장은 첫째, 교육과정 개발자가 되어야 한다. 특히 국가 교육과정의 시대에서 지역 교육과정, 학교 교육과정의 시대로 옮겨 가면서 교장의 교육과정에 대한 전문성이 더욱 강조되고 있다. 더구나 10년의 국민기본공통 과정의 개념이 도입되면서 교장은 각급 학교 수준의 교육과정에 대하여 알아야 하고, 또 전 교과의 교육과정에 대하여도 알아야 한다. 이 교육과정을 이제 구체적인 학교 내 교육프로그램으로 구성해야 할 책임이 교장에게 있다. 물론 여기서 교사와 협동 노력해야 하는 것은 당연하다. 그렇다고 교육과정을 부장교사나 교사에게 전적으로 맡겨 놓는다면 교장은 설 자리를 잃게 되고, 돌려가면서 교장 하자는 주장과 교장 선출 보직제 주장이 나오게 되는 것이다.

둘째, 수업 개선에서 교장은 지도력을 발휘해야 한다. 학교에서 가장 중요한 교육활동은 '수업'이다. 교사의 수업을 간섭하라는 것이 아니라 지도력을 발휘하여 협동하고, 지원하여 수업 개선 노력을 하라는 것이다. 이 활동과 영역도 그동안 교사에게 너무나 맡겨 두고 방기한 결과 교장의 영역으로부터 빠져나가려 들고 마침내는 교장의 존재 이유에까지 도전을 받게 된 것이다. 교장은 새로운 수업 이론과 방법, 기술에 대하여 어느 정도는 알고 있어야 한다.

수업 개선을 위한 장학 활동은 전적으로 교장의 기능과 영역이다. 미국이나 영국에서는 '장학자'라고 하면 교장을 먼저 생각한다. 교육청의 장학사는 교장의 필요에 의하여 교장의 팀으로 장학을 보조해 주는 정도이다.

외국에서 교장은 원래 수업을 제일 잘하는 사람이었던 역사를 갖고 있다. 이것이 교장의 '수석교사(principal teacher)'의 이미지이고 또 오늘날 미국에서 교장을 'Principal(teacher가 떨어져 나가고)'이라고 부르게 된 유래가 되었다. 그래서 필자는 개인적 입장에서는 우리나라의 '수석교사제' 도입은 마음에 내키지 않는다. 한 학교에 교장과 수석교사 두 명의 '수석'이 있을 수 없다고 보기 때문이다.

셋째, 교장은 교사의 인사를 담당해야 한다. 원칙적으로 교장과 학교운영위원회가 학교 단위에서 교사를 모집·선발·임용내신을 할 수 있어야 교장이 학생 교육을 할 수 있고 또 학생 교육에 책임을 질 수 있게 된다. 직원 구성을 교장이 할 수 있어야 한다. 이것이 바로 초빙교사제이다. 거꾸로 사실은 교장도 학교 단위에서 모집·선발·임용 내신할 수 있게 되어야 한다. 이것이 곧 초빙교장제이다.

교장은 교사의 계속적인 성장과 능력 개발을 돕기 위해 노력해야 한다. 교사들도 무한한 가능성과 잠재력을 갖고 있다는 것을 믿고 이를 개발하기 위한 노력을 해야 한다. 학생이나 학교를 위해서 교사의 능력 개발을 도와준다고 생각하지 말고 교사의 자아실현과 행복을 도와주기 위해서 이 일을 해야 한다고 생각해야 한다.

교사의 능력 개발과 장학의 관점에서 교사평가, 직원평가를 해야 한다. 인사의 수단으로보다는 성장과 발전을 돕기 위한 형성평가의 관점에서 교사평가, 직원평가를 해야 하는 것이다. 학생평가가 어렵듯이 교사평가가 지극히 어렵기 때문에 미국 교장의 경우 교사평가에 교장 시간의 아주 많은 비중을 보내게 된다.

넷째, 학생을 위한 특별 서비스도 교장의 중요한 직무 영역이고 기능이다. 특히 학생을 위한 양호와 건강, 안전은 교장의 직접적인 책임 영역에 가깝다. 그래서 미국에서는 양호실이 교장실과 붙어 있는 경우가 많다. 예방 주사, 비상시 후송대책(병원), 건강과 치아에 대한 보험, 학교 버스의 안전 대책, 급식, 식당·운동장 등에서의 안전 등은 교장의 주요 관심과 책임 영역이다.

또 학생에 대한 상담과 심리치료 진로에 관한 것도 교장의 학생에 대한 특별 서비스 영역에 해당된다. 특히 미국에서는 담임교사의 개념이 없기 때문에 이들은 교장의 직접적인 책임 영역에 속한다. 물론 카운슬러와 심리학자가 있지만 교장에게는 가장 중요한 영역이다.

그래서 그런지 일본 고등학교 교장의 경우 교수 봉급보다 높고, 심지어는 노벨상 수상자보다도 교장이 더 높은 보수를 받는다는 말을 최근에 들었다. 일본에서 학생 사고가 많아 교장의 책임이 많이 따르기 때문일 것으로 본다.

다섯째, 지역사회 관계는 전적으로 교장의 몫이라고 봐도 좋다. 과거에는 우리나라에서 학교가 지역사회와 고립되다시피 해서 향토 학교, 지역사회 학교운동을 벌이기도 했었는데 이제 지방자치, 학교운영위원회, 학부모와 지역사회의 학교 참여가 강조되다 보니 교장의 지역사회 관계 영역이 중요해지기 시작하고 있다. 이 영역이 교장의 정치적 능력과도 관련되고, 또 홍보·세일즈와 관련된 경영능력과도 관련되는 영역이다. 교육을 성공적으로 팔고 또 지역사회를 설득하여 지원과 자원을 얻어 내야 한다. 특히 이 분야는 교사의 순수한 가르치는 능력과는 거리가 있는 영역이어서 교육과 연수, 훈련을 필요로 하는 영역이다.

여섯째, 교육 재정과 교육 시설을 관리하는 영역도 교장의 고유 직무에 해당된다. 이것도 교사의 가르치는 영역과는 거리가 있는 것으로 교육과 연수, 훈련이 요구된다. 회계법 등 재정관리도 자꾸 학교수준으로 내려오게 되면 더욱 어렵기도 하고 중요한 교장의 직무가 될 것이다.

이 외에 법을 다루는 문제, 교장 자신의 자기 발전을 위한 노력의 문제 등이 더 있을 수 있다.

교장의 직무 수행과 관련하여 교장이 갖춰야 할 자질 능력(competencies, proficiencies)을 영역이나 범주로 묶어 놓은 것을 보면 교장이 해야 할 일을 좀 더 자세히 알 수 있을 것이다. 미국 교장회들은 교장의 자질 능력의 명료화를 위해서 꾸준히 연구·노력하고 있다.

이들에 의하면 ① 지도성 행동, ② 의사소통 기술, ③ 집단 과정, ④ 교육과정과 수업, ⑤ 평가, ⑥ 조직 관리, ⑦ 재정관리, ⑧ 정치적 관리의 8개 범주로 나누어 74개 자질 능력 항목을 교장은 갖춰야 한다는 것이다.

Bennis(1989)는 교장의 자질 능력으로 ① 가치·아이디어·목표·목적과 관련되는 '주의 집중의 관리', ② 삶을 유용하고 의미 있게, 그리고 가치 있게 하고, 교사와 학부모, 학생을 학교와 연결시키는 '의미의 관리', ③ 신임과 정당성, 정직, 일관성과 관련되는 '신뢰의 관리', ④ 자신이 누구이고, 무엇을 신봉하고, 왜 그 일을 하는지 알게 하는 '자신의 자아관리'의 네 가지를 가장 중요하게 다루고 있다.

〈표 11-1〉 성공적인 고교교장과 무선 표집된 고교교장의
이상적인 시간 배분과 실제 시간 배분의 순위 비교

	성공적인 교장*			무선 표집된 교장**		
	이상적인 계획된 시간 배분	실제 시간 소비	차	이상적인 계획된 시간 배분	실제 시간 소비	차
프로그램 개발(교육과정, 수업지도력)	1	3	2	1	5	4
인사(평가, 지도, 협의, 직원모집)	2	1	1	2	2	0
학교 관리(주간 계획, 사무, 예산, 통신, 메모, 공문 등)	3	2	1	3	1	2
학생활동(회합, 감독, 기획)	4	4	0	4	3	1
지역 교육청(회합, 과제집단, 보고 등)	5	5	0	9	6	3
지역사회(PTA, 자문집단, 학부모 협의회)	6	6	0	8	8	0
기획(연간, 장기)	7	9	2	5	7	2
전문적 개발(독서, 학회 등)	8	8	0	6	9	3
학생 행동(기강, 충성, 회의)	9	7	2	7	4	3
			합계=8			합계=18

*자료: *The Senior High School Principalship Vol.* Ⅱ: *The Effective Principal* by Richard A. Gorton and Kenneth E. McIntyre, 1978. Reston, VA: National Association of Secondary School Principals.

**자료: *The Senior High School Principalship Vol.* Ⅲ: *The Summary Report* by Lloyd E. McCleary and Scott D. Thomson, 1979. Reston, VA: National Association of Secondary School Principals.

또 미국 교장의 이상적인 시간 배분과 실제 시간 배분 순위와 비율을 보면 미국 교장이 어떻게 시간을 보내고 싶어 하고 또 현실적으로 어떻게 실제 시간을 보내고 있는지 짐작할 수 있겠는데 이는 우리에게 좋은 참고가 될 것이다. 또 교장의 역할이 어떻게 변하고 있는지도 미루어 짐작할 수 있다.

교장의 역할이 변하고 있다는 증거가 있다. 1998년 미국 초등교장회(Doud and Keller, 1998: 2) 연구에 의하면 다음 영역에서 55% 이상 책임이 증가하였다고 한다.

〈표 11-2〉 교장 역할의 변화 추이

책임 영역	증가된 백분율
1. 시장성/정치성 등(학교와 교육에 대한 지원도출)	70%
2. 사회복지기관과의 협동 작업	66%
3. 학교 현장 직원연수 계획/실천	65.5%
4. 수업·실제 능력의 개발	63.5%
5. 교육과정 개발	62.4%
6. 학교운영위원회/지역사회와의 협동	61.6%
7. 법적책임 관련 문제	58.1%

〈표 11-3〉 미국 캘리포니아 주 교장의 시간 배분: 현실과 이상

	실제 사용 시간	이상적으로 소비하고자 하는 시간	차
1. 교수학습			
• 수업상 이슈/교육과정	14.5%	25.9%	- 11.4%
• 교내 기획·평가·개혁	11.3%	16.7%	- 5.4%
계	25.8%	42.6%	- 16.8%
2. 예산, 학부모, 행정			
• 예산, 행정, 유지활동	15.4%	7.5%	+ 7.9%
• 학부모 참여/관계성	13.3%	10.3%	+ 3.0%
• 학생 접촉, 기강	18.5%	14.0%	+ 4.5%
계	47.2%	31.8%	+ 15.4%
3. 장학과 지역사회 관계	27.0%	25.6%	+ 1.4%

다. 전환기 교장의 지도성

교장은 그 직무를 수행함에 있어 단순히 '관리자'나 '행정가'의 수준을 뛰어넘어 '지도자'가 되라고 한다. 교장에게 요구되는 중요한 여러 가지 지도력이 있지만 여기서는 ① 수업적 지도력과 ② 학습 공동체 형성을 위한 문화지도력, ③ 도덕 공동체 형성을 위한 도덕적 지도력의 세 가지만을 강조하고자 한다.

첫째, 교장은 수업에서 지도력을 발휘해야 한다. 실제로 수업은 교사가 하지만 교사와 함께 교육과정을 개발하고, 교육 프로그램을 짜고, 수업 목표와 방법을 모색하고, 교과서를 선택하고, 수업에 대한 피드백을 제공하는 일련의 과정에서 교장은 수업적 지도력을 발휘해야 한다. 그래서 ① 수업에서 자원(instructional resources)이 되는 것은 물론 ② 자원 제공자, ③ 의사소통자, ④ 가시자의 역할(Sergiovanni, 2001)과 함께 앞으로의 교장(a look ahead)에게 중요한 역할이다.

새로운 수업 이론과 수업 방법에 대하여 알아야 지도력도 발휘할 수 있고, 또 교사에게 필요한 수업 자원을 제공해 주고 지원해 줄 수도 있는 것이다.

선진국 교장의 경우 학생들의 이름을 거의 다 기억하는 것은 물론이고, 학생들의 성적의 오르내림을 거의 다 파악하는 것은 물론, 그때마다 학부모에게 편지까지 쓰게 된다. 그래야 교장을 명실 공히 학생 교육의 책임자라고 할 수 있는 것이다. 교사와 학생에게 많은 권한 부여(empowerment)를 해야 하는 동시에 교장은 또 강력한 지도력(strong leadership)을 발휘해야 한다.

둘째, 학습 공동체 형성을 위한 문화지도력이 강조되고 있다. 학교는 학습 공동체(learning community)이다. 학교는 학생들만 배우는 장소가 아니라 교사, 교장, 직원, 학부모, 지역사회인 모두가 배우는 곳이다. 학교는 배우는 분위기와 문화로 가득 차야 한다. 문화란 조직 구성원이 공유하는 가치, 신념, 의미, 규범, 언어, 의식 등의 총체이다. 배움으로 충만한 학교 문화를 형성하기 위해 교장은 지도력을 발휘해야 한다.

특히 교실붕괴 현상이 걷잡을 수 없이 퍼지고 있는 우리의 현실에서 한국 교장의 학습 공동체 형성을 위한 교장의 문화지도력은 그 어느 때보다도 중요하다고 할 수 있다.

셋째, 교장의 도덕적 지도력을 강조한다. 도덕적 지도력이라고 하면 부정부패를 않는 소극적 의미로 받아들이기 쉬우나 그것이 아니라 모든 구성원으로 하여금 자기 스스로 자기 자신이 지도자가 되게 하여 교장은 자기 지도자의 지도자(leader of self-leaders)가 되는 상태의 적극적인 지도력을 의미한다. 그래서 Sergiovanni는 '도덕적 지도력(moral leadership)'이라는 책을 쓰면서 부제를 '학교 개선의 심장에 이르는 길'이라고 하고 있다.

교장이라는 지위에서 나오는 관료적 권위(bureaucratic authority)와 교장 개인의 특성에서 나오는 개인적 권위(personal authority)를 넘어 도덕적 권위(moral authority)를 가져야 한다.

교장의 따뜻한 가슴(Heart)에서 나온 따뜻한 마음을 가지고 찬 머리(Head)로 따져서 날랜 손발(Hand)로 행정을 해 나가야 한다는 것이다.

교장은 도덕적 절대절명에 따라야 하고, 기술적 합리성에 그치지 말고 규범적 합리성을 갖고, 앞에서 말한 주의 · 의미, 신뢰 · 자아 관리에 능력을 갖추고, 추종정신을 기르고, 도덕적 관리를 위해 지도력을 발휘하고, 학교를 개성 있게 가꾸고, 민주적 가치 실현에 헌신해야 한다. 이것이 교장의 도덕적 기예라고도 할 수 있다.

교장에게 요구되는 새로운 지도력의 가치를 열거하면 다음과 같다(Sergiovanni, 2001).

(1) 목표의식 제고와 가치의 공유

(2) 추종정신의 형성

(3) 공유된 목표 달성을 위해 자동적으로 기능을 하게 하기

(4) 완성의 힘으로서의 지도성

(5) 동료 의식 제고

(6) 내적 동기의 강조

(7) 질 통제에 대한 이해

(8) 단순성의 강조

(9) 행동에 대한 반성과 반추

(10) 일상을 파괴하는 비도(非道)에 의한 지도성

(11) 다른 사람에게서 비도(非道)를 촉진하게 하기

(12) 지도성 가치에 대한 존중

라. 교장직의 민주성과 전문성

앞에서 교장은 민주적 가치 실현에 헌신해야 한다고 하였다. 이 것이 도덕적 지도성의 한 부분이기도 하다. 민주적 가치란 곧 국

민의 이익, 주민의 이익에 가치를 둬야 한다는 뜻이라고 할 수 있다. 교장은 누구보다도 국민·주민, 학생, 학부모의 이익을 보장해 줘야 한다. 교사의 이익을 대변해 주는 일은 그다음의 일이 되어야 할 것이다. 교사는 교장과 한 팀이 되어야 한다. 그래서 교장은 교사 이익 단체의 전면에 설 수 없다. 교장선출제를 주장하는 사람들이 있는데 만일 교장을 선출한다면 교사가 아닌 국민이나 주민, 학부모가 선출해야 하는 것이다. 직접 민주주의를 하는 스위스에서 마을 사람들이 마을 농부를 교장으로 선출하는 경우가 있는데 이것이 민주주의의 원칙이다.

교장은 항상 국민과 주민, 학생과 학부모의 이익을 먼저 생각하고 대변해야 한다는 것을 한시도 잊어서는 안 된다.

학교의 의사결정에서 많은 사람이 참여해야 한다는 것은 민주행정의 기초이다. 참여도 무조건 참여가 아니라 필요한 때 필요한 사람이 참여해야 한다는 것을 알아야 한다.

그리고 참여에는 반드시 책임이 따른다는 점을 간과해서는 안 된다. 누구나 자기의 결정, 자신의 행동에 설명할 수 있고 대응할 수 있어야 한다. 설명력을 갖는 것이 책무성(accountability)이고 대응력이 곧 책임(responsibility)인 것이다.

앞에서 살펴본 교장의 직무를 수행하고 그 과정에서 지도력을 발휘하려면 자질과 능력이 있어야 하고 이런 자질과 능력을 갖추려면 고도의 교육과 훈련을 받아야 한다. 그래서 교장직은 전문직 중의 전문직인 것이다.

그래서 어느 나라나 교장의 자격 기준을 높이고 전문성을 높이기 위해 노력하고 있는 것이다. 특히 지식정보사회에서 지식과 정

166

보는 산업사회에서처럼 공장에서 만들어 내는 것이 아니라 교육을 통해서 만들어 내는 것이기 때문에 교육 현장의 책임자인 교장의 전문성에 관심을 집중하게 되는 것이다. 어떤 사람들은 세계 선진국들이 모두 교사가 교사 중에서 교장을 선출하는 것처럼 오도하고 있는 것은 무책임한 행동이라고 할 수 있다.

미국의 경우 주에 따라 각각 다르겠지만 대부분의 경우 대학원 교육행정과에 교장 과정을 두고 있고, 미국 교장의 대부분이 교육행정 전공의 박사학위를 가지고 있다.

영국의 경우도 1996년부터 학교 교육행정가 자격인증위원회의 설치로 소정의 과정을 이수한 후 관련 서류를 제출하여 자격증을 발부받을 수 있게 되어 있다(정태범, 2000).

독일의 경우 교장 자리가 비게 되면 채용할 교장직의 자격 기준을 제시하여 초빙교장제처럼 공개 모집하여 선발하고 채용 후 보수교육을 받게 하는 것이 대부분의 주에서 시행하고 있는 제도이다.

프랑스의 경우도 최고의 영예인 아그레가시옹 시험으로 선발한 후 별도의 과정에 의하여 교장을 양성하는 것으로 되어 있다.

태국의 경우도 일정 교직경력자 중에서 국가고시에 의하여 교장을 선발한다. 그래서 필자가 만난 한 태국 교장(초·중등)은 25세부터 교장을 시작했다고 한다.

교장은 고도의 전문성이 요구되는 자리이기 때문에 특별한 경우가 아니고서 당해 학교 노조원에 의하여 선출되는 경우는 있을 수 없다.

그러면 여기서 교장선출 보직제의 부당성을 살펴볼 필요가 있다.

첫째, 교장선출제는 민주주의 정신, 지방 교육자치제 정신에 안 맞는다. 교장은 학교교육과 행정의 책임자이기 때문에 주민이나 주민의 대표기관이 먼저 교장을 임명하고 교장의 추천에 의하여 교사를 나중에 임명하는 것이지, 교사를 먼저 임명해 놓고 그중에서 교사에 의하여 교장을 선출한다는 생각은 민주주의 정신, 지방 교육자치의 정신에 안 맞는다. 교사는 학생 교육권을 학부모나 교육감으로부터 직접 받아 낸 것이 아니라 교장의 지도를 받아야 비로소 학생을 교육할 수 있게 되어 있다는 것을 알아야 한다. 여러 사람의 교사에게 학생 교육과 학교행정의 책임을 줄 수 없게 되어 있다. 교장 초빙 시 학교운영위원회가 교육청 인사 담당, 주민의 대표기관인 교육위원회 교육위원의 합동 면접에 의하여 선출하여 사용주인 교육위원회가 임명하는 경우는 있다. 이때 교사 대표인 운영위원회 교사위원이 면접에 참여하게 되는 셈이다. 만일에 교장을 <주민→교육위원회→교육감→교장>에 의하여 간접적으로 임명하지 않고 직접 선출하고자 한다면 <주민·학부모·학교운영위원회→교장>으로 선출·임명해야 한다.

둘째, 교장직은 교사가 하는 일과 다르고 그 일을 해내기 위해서 고도의 전문성이 요구되기 때문에 교사 중에서 선출하여 교장일을 맡길 수는 없다. 20년 교사경력만을 교장 자격 기준으로 삼는 것은 전문성 강화의 세계적 시대 조류에 맞지 않는다.

교장의 전문성 향상을 위해서는 교장임기제는 아주 없어져야 한다. 교장 직무를 잘하는 사람까지 임기제로 잘라 내거나 정년에 임박해서 교장직에 오르게 하는 것은 교장직의 전문성을 저해하는 것이고, 임기제로 인사적체 문제를 해결하려는 것은 민주성, 전문성의 모든 측면에서 잘못된 것이다. 골고루 나누어 먹는 것이 민주주의가 아니라 교장의 직무 수행을 잘할 수 있는 사람을 교장직에 보임하여 국민과 주민, 학생과 학부모에게 이익이 되고 복되게 양질의 교육 서비스를 제공하는 것이 민주주의이고 민주적인 교장이 되는 것이다.

교장직의 전문성에 비추어 볼 때 교장임기제는 맞지 않아 폐지해야 마땅하다. 임기제가 좋다면 모든 직급에 다 적용해야 할 것이다. 그럴 경우 공무원직의 안정성은 사라지게 될 것이다.

교장을 보직제로 하여 일시적으로 교장을 했다 교사를 했다 왔다 갔다 하게 하는 것은 교장직의 전문성을 인정하지 않는 제도일 뿐만 아니라 교사직 자체의 전문성도 무시한다는 결과가 된다. 지금은 전 세계가 교육경쟁을 하고 있는데 이런 경쟁에서 이기려면 교사와 교장의 전문성을 가지고 경쟁해야 한다. 나눠 먹기식으로는 교육경쟁에서 결코 승자가 될 수 없다. 이와 관련하여 필자는 이미 10여 년 전에 축구 선수들이 투표하여 선수 중에서 감독을 뽑고, 또 감독하다가 선수로 뛰는 한국축구팀이 국제교육올림픽에 나가서 승자가 될 수 있겠느냐는 논리로 이를 반대하는 입장을 폈었다.

교장은 전문직 중의 전문직이기 때문에 'Principalship'이란 학문이 있고 또 교과목과 양성 과정, 훈련 과정까지 있는 것이다.

대학 총장은 교수들이 투표해서 뽑고 또 총장 하다 다시 교수가 되는데 초·중등에서는 왜 이와 같이 될 수 없느냐고 질문하는 사람들이 있다. 원칙적으로 대학에서 교수들의 투표에 의하여 총장을 선출하는 것 자체도 좋은 제도가 아니고 잘못된 것이며 그 폐해도 아주 심각하다. 그리고 학문이 하루가 다르게 발전하고 있는 이 시점에서 총장을 하다가 교수로서 학생을 제대로 가르친다는 것은 불가능하고 양심상 있을 수 없는 일이다. 선진국에서는 총장 전문가로 몇십 년씩 대학에서 대학으로 스카우트당해 옮겨 다니면서 근무하는 경우가 많다. 학문으로 교수·연구하는 교수직과 대학을 행정하고 경영하는 총장직을 뒤섞는 제도는 잘못된 것이고 후퇴한 제도이다. 대학 총장 임기 4년도 너무 짧은 것이다.

셋째, 공무원이 기관장을 선출한다는 것은 불가능하다. 공무원은 국민의 종으로서 공무원 자신을 관리하여 국민에게 봉사해야 할 책임을 지고 있는 기관장을 선출하게 할 수는 없다. 공무원은 기관장의 손발이 되어야 하는데 손발 노릇을 해야 할 공무원이 자신의 수장을 뽑는다는 것은 논리에 안 맞는다. 청와대 직원이 대통령을 뽑고, 시·도 직원이 시장·도지사를 뽑고, 순경들이 투표해서 경찰서장을 뽑고, 사병들이 사단장을 뽑겠다는 주장과 교사들이 교장을 뽑겠다는 주장에 무슨 차이가 있는가? 교사의 자율과 권한 부여는 최대한 보장해 줘야 하지만 불합리한 교장선출제까지 민주주의로 오해해서는 안 된다.

교장선출제가 되려면 우선 학교단위자치제가 성립되어야 한다. 지금 우리나라에서 자치의 단위는 시·도 단위이다. 학교 자치가 아닌데 학교 단위에서, 그리고 학교 내부에서 교장을 선출하기는 어렵다. 따라서 학교 단위 자율책임 경영제가 되려면 교장과 교사를 학교 단위에서 채용할 수 있게 되어야 한다. 외국에서처럼 교장초빙제, 교사초빙제가 되어야 한다. 그리고 교사 이동이 없고, 순환근무제가 아니어서 교사와 교장이 고정적이어야 한다.

다음에는 교육의 주인인 국민과 주민, 학부모 학교운영위원회가 교장 선임권을 교사들에게 위임하거나 최소한 추천해 달라고 요청해야 가능하다. 사립학교의 경우는 법인 이사회가 교사에게 교장

선임권이나 추천권을 줘야 가능해진다. 그러나 노조위원장이나 친목회장, 교사협의회 회장직이 아닌 교장직의 선출권까지 교사에게, 더구나 노조를 하는 교사에게 줄 것으로 기대할 수는 없다.

마. 앞으로의 교장직

앞에서 살펴본 것처럼 전환기의 교육적 상황 변화로 보나, 교장의 직무내용으로 보나, 또 요구되는 교장의 민주적이고 강력한 지도성으로 보나 교장직은 점점 더 고도의 민주성과 전문성이 요구된다.

그래서 앞으로의 교장직은 아득한 옛날로 돌아가 교사직과 뒤섞을 것이 아니라 교사직과 분리하여 더욱 전문화시켜야 한다고 본다.

그러려면 일정 기간의 교사경력(예를 들면, 7년 또는 10년) 소지 후에 교장후보로 선발하여 교장 양성(연수가 아니라) 과정에서 강도 높은 교육과 실습 과정을 거쳐 자격증을 부여하고 한 학교의 교장직에 임용하여 책임지고 학교행정과 교육을 하게 하는 방안을 필자는 여러 번 제안하였다. 30대에서 60대까지 한 학교에서 평생을 바쳐 책임 봉사하게 하는 것이다. 물론 성과를 올리지 못하거나 책임을 다하지 못할 경우는 주기적인 평가에 의하여 그 학교 교장직에서 물러나게 해야 할 것이다.

앞으로 가능한 한 순환근무제는 지양하고 초빙교장제로 하여 책임 경영을 하게 하는 방향으로 가야 할 것이다.

교장직과 교사직을 분리하여 교사직은 교사양성기관에서 양성하고, 교장직은 교장 양성기관에서 양성하여 자격증을 부여하고, 임용은 한 학교로 제한하여 임용하고 주기적 평가에 의하여 계속 여부를 결정하게 되는 방안이다.

교장 인사적체 문제는 모든 교사가 다 교장을 할 수 있다고 생각하는 데서부터 발생한다. 그런데 이렇게 교장을 양성하게 되면 교사가 교장을 하려고 할 때 교장 양성기관에 입학하는 데서 경쟁이 생기고 또 교장 자격을 갖춘 자 중에서 한 학교의 교장으로 임용할 때만 경쟁이 생기게 될 것이다. 가능한 한 교사로 전념할 사람과 교장으로 전념할 사람의 길을 미리 갈라놓게 되는 셈이다. 교사로 전념할 사람 중에서 수석교사를 두든, 부교사를 두든 직급을 두면 될 것이다. 길이나 줄을 바꾸려면 반드시 전문교육(양성·연수)을 받게 해야 전문성이 유지될 수 있다. 인사적체 문제를 해결하려고 임기제를 두어 많은 사람으로 하여금 늘그막에 교장을 거쳐 가게 하는 현행 제도는 민주성·전문성 모든 면에서 맞지 않는다. 인사적체 문제해결이 교육행정의 목적이 될 수는 없다. 어떻게 하면 행정이나 교육을 잘하게 하느냐가 목적이고 인사 문제는 수단에 불과한 것이다.

교직과 같은 전문직에서 교사의 전문적 권위는 보장되어야 한다. 그래서 교사의 교수 권위와 자율권은 보장되고 옹호받아야 마땅하다. 그러기 위해서는 교사에게 최대한 권한이 부여되어야 한다. 이와 마찬가지로 학생의 학습권과 학부모의 자녀 교육권도 교사의 학생 교육권 그 이상으로 보장되어야 한다. 이와 마찬가지로 교장의 전문적 권위도 인정되고 보장되어야 한다. 특히 교장은 국민과 주민, 학생과 학부모의 이익을 최대한 보장해 줘야 할 책임을 지고 있다.

교장직의 권위를 우습게 보거나 타도의 대상으로 삼는 풍조는 심히 우려되는 점이다. 교장의 권위가 인정받지 못하면 자연히 교사의 권위까지 약해진다. 이런 현상이 교실붕괴 현상으로 연결되게 된다.

지식정보사회에서 교사와 교장, 교육자의 권위가 흔들리는 것은 IMF로 경제가 흔들리는 것보다 더 국가의 장래를 위태롭게 한다. 국가의 장래를 위해서라도 전환기에선 교장의 지도력은 강화되고 강조되어야 한다.(인문학연구 제28권 제1호, 충남대, 2001)

참고문헌

정태범(2000), 교장의 양성 체제, 한국교사교육 제17권 3호, 한국교원교육학회.

주삼환(2000), 학교장직의 전문성과 연임제, 초등교육 여름호, 한국초등교장협의회.

Beach, Don M. and Judy Reinhartz(2000). *Supervisory Leadership: Focus on Instruction*, Boston: Allyn and Bacon.

Drake, Thelbert L. and William H. Roe(1999). *The Principalship* 5th ed., Columbus, Ohio: Merrill.

Sergiovanni, Thomas J.(2001). *The Principalship: A Reffective Practice Perspective* 4th ed., Boston: Allyn and Bacon.

Seyfarth, John T.(1999). *The Principal: New Leadership for New Challenges, Columbus*, Ohio: Merrill.

지금 미국과 영국 등 여러 나라에서 교장의 리더십을 표준화 하고 있다. 미국의 경우 ISLLC로 (1)비전, (2)학교문화와 교육프로그램, (3)관리, (4)지역사회, (5)윤리, (6)상황적 맥락 여섯 영역에서 교장에게 필요한 (1)지식, (2)성향, (3)직무수행을 상세화 시켜 놓고 있다.

가. 교육위기를 불러들인 지도력

지금은 여러 면에서 전환기라고 할 수 있다. 시간적으로도 세기와 천 년대가 동시에 바뀌는 전환기이고, 또 사고와 사회적 틀이 산업사회에서 지식정보사회로 바뀌는 전환기이다. 선진국들은 이 전환기에서 이미 안정적으로 전환하여 일단 안정을 이룩하고 이어서 지식정보사회 발전의 가속 페달을 밟고 있는데, 우리는 아직도 방향을 못 잡고 구조 조정을 외치며 혼란에 빠져 있다. 그 결과가 '교육 붕괴', '교육위기' 현상으로 나타나고 있다. 지도력은 언제 어디서나 중요하지만 그래도 사회가 안정적일 때는 지도자의 지도력이 덜 중요하다고 할지 모르나 이러한 전환기, 혼란기, 위기에서는 지도자의 지도력이 절대적으로 더 중요하다.

교육을 중시하던 우리나라에서 교육이 이렇게 무너져 내리게 된 것은 근본적으로 산업사회에서 물질과 경제를 얻는 동안 정신과 교육을 업신여기고, 교육에 투자하지 않았기 때문이다. 사회는 고도의 지식정보사회로 변해야 하는데 교육은 산업사회 수준에도 못 미치고 있으니 교육이 먼저 무너져 내리지 않을 수 없다.

거기다가 국가의 정치 지도자와 관료들이 자기들을 가르쳐 준 교육자들을 우습게 보고 개혁을 한답시고 교원들에게 칼날을 들이댄 결과 교원들이 교육에서 구경꾼, 제삼자로 물러서게 되었기 때문에 교육 붕괴에 가속이 붙게 되었다.

이렇게 되니까 학부모, 학생들까지도 이 나라의 선생님들을 무시하고 심지어는 대들게까지 되었으니 교육력이 먹혀들 수 없게 되었다. 결국 국가지도력의 문제 때문에 교육 지도력에 문제가 생긴 것이다. 대통령, 장관, 교육 관료들이 공문 가지고 지시·명령하여 실컷 교육개혁 잘해 보고, 학부모 여론 조사에서 직접 국민 교육 잘해 보라는 것이다.

교육 지도력 중에서도 단위학교 교육을 책임지고 있는 교장의 교육 지도력이 가장 중요한 것인데 정부는 일부 단체들과 결탁하여 교장임기제, 선출제를 들먹이며 교장의 지도력부터 없애 놓은 것이 실책의 발단이 되었다. 교장의 지도력 부재가 즉각 교사의 교육력 무력화로 연결된 것이다.

그렇다고 우리나라에서 교육을 포기할 수는 없다. 교육을 포기하면 지식정보사회에서 우리 민족은 영원히 망하고 만다. 그렇다고 민족의 운명과 교육 회복을 현 정치 지도자와 교육 관료들에게 전적으로 맡겨 놓고 교육자들이 계속 불구경하고만 있을 수는 없다. 교장의 교육 지도력부터 회복하지 않으면 안 된다.

나. 교장의 주요 직무

교장은 뭐하는 사람이기에 교장직이 그렇게 중요하다고 하며 또 교장의 지도력부터 회복해 줘야 한다고 하는가? 학자들이 가장 많이 공통적으로 제시하고 있는 교장의 직무 영역과 기능은 ① 교육과정 개발, ② 수업 개선, ③ 교직원 인사, ④ 학생을 위한 봉사(서비스), ⑤ 지역사회 관계, ⑥ 재정과 시설·관리라고 할 수 있다. 학자에 따라 이 여섯 개를 좀 더 세분하기도 하고, 또 좀 더 합치기도 하는 약간의 차이는 있다.

첫째, 교장은 교육과정 개발자가 되어야 한다.

특히, 국가 교육과정의 시대에서 지역 교육과정, 학교 교육과정의 시대로 옮겨 가면서 교장의 교육과정에 대한 전문성이 더욱 강조되고 있다. 더구나 10년의 국민기본 공통과정의 개념이 도입되면서 교장은 각급 학교 수준의 교육과정에 대하여 알아야 하고, 또 전 교과의 교육과정에 대하여도 알아야 한다. 이 교육과정을 이에 구체적인 학교 내 교육 프로그램으로 구성해야 할 책임이 교장에게 있다.

물론, 교사와 협동·노력해야 하는 것은 당연하다. 그렇다고 교육과정을 부장교사나 교사에게 전적으로 맡겨 놓는다면 교장은 설 자리를 잃게 되고, 돌려가면서 교장 하자는 주장과 교장 선출 보직제 주장을 정당화시켜 주는 결과가 된다.

둘째, 수업 개선에서 교장은 지도력을 발휘해야 한다.

학교에서 가장 중요한 교육활동은 '수업'이다. 교사의 수업을 간섭하라는 것이 아니라 지도력을 발휘하여 협동하고, 지원하여 수업 개선 노력을 하라는 것이다. 이 활동과 영역도 그동안 교사에게 너무나 맡겨 두고 방기한 결과 교장의 영역으로부터 빠져나가려 들고 마침내는 교장의 존재 이유에까지 도전을 받게 된 것이다. 교장은 새로운 수업 이론과 방법, 기술에 대하여 어느 정도는 알고 있어야 한다. 수업 개선을 위한 장학 활동은 전적으로 교장의 기능과 영역이다. 미국이나 영국에서는 '장학자'라고 하면 교장을 먼저 생각한다. 교육청의 장학사는 교장의 필요에 의하여 교장의 팀으로 장학을 보조해 주는 정도이다. 외국에서 교장은 원래 수업을 제일 잘하는 사람이었던 역사를 갖고 있다. 이것이 교장의 '수석교사(principal teacher)'의 이미지이고 또, 오늘날 미국에서 교장을 'Principal(teacher가 떨어져 나가고)'이라고 부르게 된 유래가 되었다. 그래서 필자는 개인적 입장에서는 우리나라의 '수석교사제' 도입에 마음 내키지 않는다. 한 학교에 교장과 수석교사 두 명의 '수석'이 있을 수 없다고 보기 때문이다.

셋째, 교장은 교사의 인사를 담당해야 한다.

원칙적으로 교장과 학교운영위원회가 학교 단위에서 교사를 모집·선발·임용 내신을 할 수 있어야 교장이 학생 교육을 할 수 있고 또 학생 교육에 책임을 질 수 있게 된다. 직원 구성을 교장이 할 수 있어야 한다. 이것이 바로 초빙교장제이다. 거꾸로 사실은 교장도 학교 단위에서 모집·선발·임용 내신할 수 있게 되어야 한다. 이것이 곧 초빙교장제이다. 교장은 교사의 계속적인 성장과 능력 개발을 돕기 위해 노력해야 한다. 교사들도 무한한 가능성과 잠재력을 갖고 있다는 것을 믿고 이를 개발하기 위한 노력을 해야 한다. 학생이나 학교를 위해서 능력 개발을 도와준다고 생각하지 말고 교사의 자아실현과 행복을 도와주기 위해서 이 일을 해야 한다고 생각해야 한다. 교사의 능력 개발과 장학의 관점에서 교사평가, 직원평가를 해야 한다. 인사의 수단으로보다는 성장과 발전을 돕기 위한 형성평가의 관점에서 교사평가, 직원평가를 해야 하는 것이다. 학생평가가 어렵듯이 교사평가가 지극히 어렵기 때문에 미국 교장의 경우 교사평가에 아주 많은 비중의 교장 시간을 보내게 된다.

넷째, 학생을 위한 특별 서비스도 교장의 중요한 직무 영역이고 기능이다.

특히 학생을 위한 양호와 건강, 안전은 교장의 직접적인 책임 영역에 가깝다. 그래서 미국에서는 양호실이 교장실과 붙어 있는 경우가 많다. 예방 주사, 비상시 후송대책(병원), 건강과 치아에 대한 보험, 학교 버스의 안전 대책, 급식, 식당·운동장 등에서의 안전 등은 교장의 주요 관심 영역이다. 또 학생에 대한 상담과 심리치료, 진로에 관한 것도 교장의 학생에 대한 특별서비스 영역에 해당된다. 특히 미국에서는 담임교사의 개념이 없기 때문에 이들은 교장의 직접적인 책임 영역에 속한다, 물론 카운슬러와 심리학자가 있지만 학생을 위한 특별서비스는 교장에게는 가장 중요한 영역이다. 그래서 그런지 일본 고등학교 교장의 경우 교수 봉급보다 높고, 심지어는 노벨상 수상자보다도 교장이 더 높은 보수를 받는다는 말을 최근에 들었다. 일본에서 학생 사고가 많아 교장의 책임이 많이 높아지기 때문일 것으로 본다.

다섯째, 지역사회관계는 전적으로 교장의 몫이라고 봐도 좋다.

과거에는 우리나라에서 학교가 지역사회와 고립되다시피 해서 향토학교, 지역사회학교 운동을 벌이기도 했었는데 이제 지방자치,

학교운영위원회, 학부모와 지역사회 관계 영역이 중요해지기 시작하고 있다. 이 영역은 교장의 정치적 능력과도 관련되고, 또 홍보·세일즈와 관련된 경영 능력과도 관련되는 영역이다. 교육을 성공적으로 팔고 또 지역사회를 설득하여 지원과 자원을 얻어내야 한다. 특히 이 분야는 교사의 순수한 가르치는 능력과는 거리가 있는 영역이어서 교육과 연수, 훈련을 필요로 하는 영역이다.

여섯째, 교육재정과 교육 시설을 관리하는 영역도 교장의 고유 직무에 해당된다.

이것도 교사의 가르치는 영역과는 거리가 있는 것으로 교육과 연수, 훈련이 요구된다. 회계법 등 재정관리도 자꾸 학교 수준으로 내려오게 되면 더욱 어렵기도 하고 중요한 교장의 직무가 될 것이다. 이 외에 법을 다루는 문제, 교장 자신의 자기 발전을 위한 노력의 문제 등이 더 있을 수 있다.

다. 전환기에서의 교장의 지도성

교장은 그 직무를 수행함에 있어 단순히 '관리자'나 '행정가'의 수준을 뛰어넘어 '지도자'가 되어야 한다. 교장에게 요구되는 중요한 여러 가지 지도력이 있지만 여기서는 ① 수업적 지도력과 ② 학습 공동체 형성을 위한 문화지도력, ③ 도덕 공동체 형성을 위한 도덕적 지도력의 세 가지만을 강조하고자 한다.

첫째, 교장은 수업에서 지도력을 발휘해야 한다.

실제로 수업은 교사가 하지만 교사와 함께 교육과정을 개발하고,

교육 프로그램을 짜고, 수업 목표와 방법을 모색하고, 교과서를 선택하고, 수업에 대한 피드백을 제공하는 일련의 과정에서 교장은 수업적 지도력을 발휘해야 한다. 그래서 ① 수업에서 자원(instructional resources)이 되는 것은 물론 ② 자원 제공자, ③ 의사소통자, ④ 가시자의 역할(Sergiovanni, 2001)과 함께 앞으로의 교장(a look ahead)으로서 중요한 역할이다. 새로운 수업 이론과 수업 방법에 대하여 알아야 지도력도 발휘할 수 있고, 또 교사에게 필요한 수업 자원을 제공해 주고 지원해 줄 수도 있는 것이다.

선진국 교장의 경우 학생들의 이름을 거의 다 기억하는 것은 물론이고, 학생들의 성적의 오르내림을 거의 다 파악하는 것은 물론, 그때마다 학부모에게 편지까지 쓰게 된다. 그래야 교장을 명실 공히 학생 교육의 책임자라고 할 수 있는 것이다. 교사와 학생에게 많은 권한 부여(empowernent)를 해야 하는 동시에 교장은 또 강력한 지도력(strong leadership)을 발휘해야 한다.

둘째, 학습 공동체 형성을 위한 문화적 지도력이 강조되고 있다.

학교는 학습 공동체(learning community)이다. 학교는 학생들만 배우는 장소가 아니라 교사, 교장, 직원, 학부모 지역사회인 모두가 배우는 곳이다. 학교는 배우는 분위기와 문화로 가득 차야 한다. 문화란 조직 구성원이 공유하는 가치, 신념, 의미, 규범, 언어, 의식 등의 총체이다. 배움으로 충만한 학교문화를 형성하기 위해 교장은 지도력을 발휘해야 한다.

특히, 교실붕괴 현상이 걷잡을 수 없이 퍼지고 있는 우리의 현실에서 한국 교장의 학습 공동체 형성을 위한 교장의 문화적 지도력은 그 어느 때보다도 중요하다고 할 수 있다.

셋째, 교장의 도덕적 지도력을 강조한다.

도덕적 지도력이라고 하면 부정부패를 않는 소극적 의미로 받아들이기 쉬우나 그것이 아니다. 모든 구성원으로 하여금 자기 스스로 자기 자신이 지도자가 되게 하여 교장은 자기 지도자의 지도자(leader of self-leaders)가 되는 상태의 적극적인 지도력을 의미한다. 그래서 Sergiovanni는 『도덕적 지도력』(Moral Leadership)이라는 책을 쓰면서 부제를 '학교 개선의 심장에 이르는 길'이라고 하고 있다.

교장이라는 지위에서 나오는 관료적 권위(bureaucratic authority)와 교장 개인의 특성에서 나오는 개인적 권위(personal authority)를 넘어 도덕적 권위(moral authority)를 가져야 한다. 교장의 따뜻한 가슴(Heart)에서 나온 따뜻한 마음을 가지고 찬 머리(Head)로 따져서 날랜 손발(Hand)로 행정을 해 나가야 한다(Heart→Head→Hand)는 것이다.

교장은 도덕적 절대 절명에 따라야 하고, 기술적 합리성에 그치지 말고 규범적 합리성을 갖고, 앞에서 말한 주의·의미, 신뢰·자아 관리를 위해 지도력을 발휘하고, 학교를 개성 있게 가꾸고, 민주적 가치 실현에 헌신해야 한다. 이것이 교장의 도덕적 기예라고도 할 수 있다. 교장에게 요구되는 새로운 지도력의 가치를 열거하면 다음과 같다.(Sergiovanni, 2001)

(1) 목표의식 제고와 가치의 공유
(2) 추종정신의 형성
(3) 공유된 목표 달성을 위해 자동적으로 기능을 하게 하기
(4) 완성의 힘으로서의 지도성

(5) 동료 의식 제고

(6) 내적 동기의 강조

(7) 질 통제에 대한 이해

(8) 단순성의 강조

(9) 행동에 대한 반성과 반추

(10) 일상을 파괴하는 비도(非道)에 대한 지도

(11) 다른 사람에게서 비도(非道)를 촉진하게 하기

(12) 지도성 가치에 대한 존중

라. 부단한 자기 성장의 노력

컴퓨터, 정보통신의 발전 속도와 교육 분야의 발전 속도는 도저히 비교할 수 없는 차이라는 것은 누구나 잘 알 것이다. 교육의 외부는 어느 분야이든 급속히 가속적으로 변하는데 교사는 너무나 뒤떨어지고 있다. 국민과 학부모, 학생의 교육에 대한 욕구와 기대는 교육 외부의 변화 속도와 정도만큼 빠르고 높은데 정부와 교육 분야에서는 이들 욕구와 기대를 채워 주지 못해 이들을 실망시키고 있다. 그래서 국민과 학부모, 학생들은 우리 공교육을 외면하고 사교육과 해외교육으로 눈을 돌리게 되는 것이다. 변화의 속도와 정도에는 젊을수록 강점을 갖게 된다. 나이가 많은 교장은 이런 점을 감안하여 젊은이들보다 더 많은 노력을 해야 이런 변화의 시기에도 지도력을 발휘할 수 있게 된다. 퇴근 후 곧장 컴퓨터학원으로 달려가 밤늦게까지 공부하는 교장도 보게 된다. 이런 자기 성장 노력이 요구된다. 지식정보사회에서 지도력은 주어진 지위에서 나오는 게 아니라 가지고 활용하는 지식과 정보에 달려 있다는 것을 알고 교장은 자신의 교육 지도력 향상과 자기 성장을 위해서 부단한 노력을 해야 한다.(학교 경영, 2001. 6.)

　어느 조직, 어느 기관에서나 리더십이 중요하다. 지금 우리나라에서도 높은 교육 수준으로 국민 전체의 지적, 기술적 수준은 높아졌는데 정치 리더들의 수준이 국민 수준에 못 미치는데 문제가 있다. 리더들의 올바른 방향 제시만 있으면 국민들은 기꺼이 이루어낼 수 있는 준비가 되어 있는 셈이다. 학교에서도 교사의 전문적 수준도 많이 높아졌을 것이다. 앞으로 교장의 행정적 전문성과 리더십 향상을 위한 제도적 장치가 요구되고 있다. 부분적으로라도 전문적 행정가로 양성하는 프로그램이 있으면 좋을 것이다.

교장은 노조위원장이 아니다

　　교장을 교사들이 선출했으면 좋겠다는 일부 교사들의 의견이 있다고 한다. 그렇게 되면 교사들 맘에 드는 교장을 교사들 맘대로 교장직에 앉혔다 맘에 안 들면 바꿔치고 해서 교사들은 좋을지 모른다. 그러나 국민교육은 제대로 안 될 뿐만 아니라 이런 주장은 논리에도 안 맞는다.

　　먼저 교육은 국민의 것이고 주(시)민의 것이지 교사들의 것이 아니라는 것을 알아야 한다. 교육의 통제권은 국민에게 있는 것이지 국민이 고용한 교사에게 있는 것이 아니다. 교육통제권은 국(주)민→교육위원회·교육감→교장→교사로 이어지는 것이지 교사→교장→국(주)민·학생으로 거꾸로 갈 수는 없는 것이다. 교사가 지배하는 사회를 국민들이 원하지는 않는다. 국민이 세금을 내서 교사를 고용하고 고용당한 교사로부터 통제를 받고자 하는 주인이 이 세상 어디에 있겠는가? 교육은 교사 맘대로 하는 '교사자치'가 아니라 '주민자치'인 것이다.

　　그리고 학교는 자치를 할 수 있는 자치의 단위가 아니다. 학교 단위에서 교장을 선출할 수는 없게 되어 있다. 우리나라에서 주민교육자치의 단위는 시·도 단위이다.

　　교사는 (국가) 교육공무원으로 국가에 의하여 고용당한 사람이다. 국가에 의하여 고용당한 머슴이 기관장을 맘대로 선출하라고 허용하는 나라가 어디 있을 수 있겠는가? 고도의 전문성이 요구되는 의사들도 병원장을 선출하지 못한다. 교육청 직원이 모여 교육감을 선출하고, 청와대 직원들이 대통령을 뽑자는 논리와 다를 바 없는 주장을 일부 교사들이 하고 있는 모양이다. 교장은 근본적으로 선출직이 아니고 교장과 교사는 신분과 하는 일이 확연히 다르다. 교장은 지도자이고 지도자 임명은 교육 통치권에 해당된다.

　　만일에 교장을 꼭 선출해야 한다면 교육통치권자인 주민이 해야 한다. 학부모만 참여해서 교장을 선출하는 것도 안 된다. 학교는 국민의 것이고 주민의 것(학부모 아닌 사람까지 포함하여)이기 때문이다. 극단의 경우 마을 이장이 교장이 될 수는 있어도 교사들 보고 교사 중에서 교장을 선출하라고 하는 나라는 없다. 마을 이장이 교장 노릇 하는 경우는 6·25 때 공산치하를 생각나게 할 것이다. 스위스에서 마을 주민에 의하여 마을 농부가 교장으로 선출되는 경우는 있다.

　　미국이나 영국에서 학교운영위원회인 교육청 인사 담당, 교육위원회 인사 담당이 함께 교장초빙위원회를 만들어 교장을 한 학교의 빈자리로 초빙하는 경우는 흔히 있다. 이런 때 교사 대표가 운영위원회의 한 사람으로 면접에 참여할 수가 있다. 이런 경우라도 교장과 교사는 한 학교에서만 고정하여 함께 근무하게 된다. 순환근무제에서는 교장 선출제가 불가능하고 또 의미가 없다.

　　교장직은 교사직과 다른 또 하나의 전문직이다. 교육행정 전문직인 것이다. 가르치는 전문성에 더하여 교육행정과 리더십의 전문성이 요구되는 보다 높은 수준의 전문직인 것이다. 교장을 아무나 할 수 있다고 교사나 일반직이 주장한다면 교사직·일반직마저 초라하게 되고 도전받게 된다. 학생과 학부모가 교사도 선출·선택하고 일반직도 자기들이 좋아하는 마을 사람을 앉혀 놓겠다고 논리를 펴고 주장하게 되면 공무원체계 자체가 무너지게 된다. 교사들이 교장을 선출하겠다는

주장은 국민을 무시하는 처사이고 스스로 교직의 전문성을 무시하는 처사로 모두
가 추락하고 몰락하는 길로 가게 된다.

　교육에서 교사의 자율성과 교권은 절대적이고 또 최대한 존중되고 보장되어야
한다. 그렇다고 교육통치권까지 주민들로부터 우리가 모두 뺏을 수는 없다. 교장
임면권은 국민과 주민의 교육통치권에 해당된다.

　한 학교의 교육은 전적으로 교장에게 달려 있다. 유능하고 민주적인 교장 양성
을 위해서 노력을 해야 한다. 30대에서 교장을 할 수 있는 길을 터야 할 때라고
본다. 그래도 교사가 교장을 선출할 수는 없다. 노조위원장은 노조원들이 선출해
도 좋을 것이다. 교장은 노조위원장이 아니다.〈서울교육신문, 2001. 6. 15.〉

가. 자율화와 민주화의 요구

우리나라 교육과 교육행정에 있어서 자율화와 민주화는 아주 오래전부터 강력하게 요구되어 왔는데 아직도 이 문제는 끝이 나지 않고 계속되고 있다. 오히려 최근으로 오면 올수록 더욱더 자율화와 민주화가 강력하게 요구되고 있다. 아마도 우리 교육과 교육행정은 아직도 자율화와 민주화 요구의 굴레에서 벗어나지 못하고 있는 모양이다. 그런데 선진국들의 교육과 교육행정 관련 도서와 논문에서는 자율화나 민주화의 요구에 관한 제목이나 용어 자체도 찾아보기 어려운 실정이다. 자율화와 민주화는 모든 것의 기본이고, 이 기본은 이미 뛰어넘었기 때문에 이들 나라에서는 이런 제목이나 용어 자체를 다룰 필요가 없는 것이다. 이들에게는 이미 자율과 민주는 기본이어서 관심 밖의 문제가 되었는지도 모른다. 심지어는 요즈음 학습에서까지도 '학생 중심', '학생 주도 학습'이 강조되어 학생의 자율과 민주의 시대임을 실감하게 하는데 어째서 학교 경영에서는 학교와 교장의 자율과 민주, 교사의 자율과 민주란 말이 아직도 주요 이슈가 되어야 하는지 알 수가 없다.

산업사회에서는 중앙집권과 획일화, 통제가 요구되던 시대였기 때문에 자율과 민주가 덜 중요했을지 모르나 21세기 지식정보사회에서는 분권과 다양성, 독특성이 장려되므로 자율과 민주의 문제를 21세기에서 더 이상 끌고 넘어갈 수는 없다. 학교 경영의 자율화는 학교를 경영함에 있어서 교육부나 교육청의 통제나 규제, 획일로부터 학교나 교장이 자유스러워야 한다는 의미이다. 그렇게 되면 학교 경영이 다양하고 독특하게 된다. 그리고 학교 내부에 와서도 조직구성원들이 자기 스스로 교육과 교육행정 활동을 하고 또 자신의 자율행동에는 책임져야 한다는 의미가 된다.

학교 경영의 민주화도 중앙통제에서 벗어나 분권화하고 학교 수준에 내려와서도 조직구성원의 참여에 의하여 학교를 경영하고 책임을 져야 한다는 의미이기 때문에 자율과 민주는 아주 밀접하게 서로 관련되어 있는 말이라고 할 수 있다. 자율 없는 민주 없고, 민주 없는 자율이 있을 수 없다. 그러면 어떻게 자율적이고 민주적으로 학교 경영을 할 것인가? 좀 더 자세히 살펴보기로 한다.

나. 학교 경영의 자율화

자율이란 자기 스스로 정해 놓은 기율과 규율, 규범에 의하여 행동하고 자기의 행동에 대하여 스스로 책임을 지는 행동이라고 할 수 있다. 외부의 권위나 자연적 욕망에 구속되지 않고 실천이성에 의하여 만인이 받아들일 수 있는 보편적 도덕법을 스스로 정하고 이에 따르는 일이라고 할 수 있다. 그래서 자율에서 '이성'이란 말과 '보편적 도덕법'이란 말이 중요하다. 자율은 자기 기율, 자기 규율, 자기 규범, 자기 통제, 자기 통치, 자기 관리, 자기 지시, 자기 주도와도 서로 통하는 말이다. 자율을 하려면 먼저 방종과 욕망을 억제할 수 있는 이성적 힘이 있어야 한다. 그리고 자율에 의한 행동에는 엄중한 책임이 자동적으로 따라붙게 된다. 그래서 자율은 고도로 성숙한 개인이나 조직만이 누릴 수 있는 것이다.

그리고 매슬로우의 욕구단계에서 존경의 욕구와 최상층 수준인 자아실현의 욕구 사이에 자율의 욕구가 놓이게 된다. 어떤 연구에 의하면 교사들은 다른 직업에 비하여 비교적 자율성이 많은 것같이 보이는 데도 불구하고 자율의 단계에서 교사들은 가장 많은 욕구결핍을 느낀다는 것이다. 교사들이 원하는 자율의 욕구수준과 현실적으로 충족되는 자율의 욕구수준 사이에는 큰 차이가 있다는 것이다.

자율은 민주화의 중요한 한 요소인 동시에 전문성, 전문직의 중요한 기준이 되기도 한다. 자율의 반대인 '타율'은 민주화, 민주주의와는 상극이라고 할 수 있다. 스스로 무엇인가 할 수 있을 때 민주주의는 비로소 출발할 수 있다. 자유, 자율, 자치 없는 민주주의는 불가능하다. 그리고 전문직의 가장 중요한 한 기준이 자율성이다. 스스로 행동하고 스스로 책임지지 않거나 못한다면 그 직업은 전문직이라고 할 수 없다. 교직과 교육행정에서는 고도의 전문성이 요구되기 때문에 자율성이 보장되어야 한다. 교육행정의 민주화와 전문화의 양 측면에서 학교 경영의 자율화는 기본으로 우리 사회에서 이미 보장되어 있었어야 한다.

산업사회의 중앙통제, 관료제, 획일화로부터 분권화, 다양화, 특성화를 특징으로 하는 지식정보사회로 사상과 틀이 바뀌면서 학교 경영의 자율화는 더욱 절실해지고 있다. 자율화는 곧 분권화를 의미한다. 중앙과 상급기관이나 조직의 통제로부터 분권화되어야 자율화가 가능하기 때문이다. 학교 경영의 자율화는 곧 교육부와 교육청의 학교 경영에 대한 통제를 줄이고 대신 학교 수준에 권한과 책임을 늘려 주는 방향이라고 할 수 있다.

기업이나 정부 조직도 현장에서 스스로 결정하고 책임져 우선 생존하고 나서 더욱 발전해야 한다는 것이다. 이것이 바로 요즘 많이 떠들어 대는 구조 조정이고 구조 개혁이다.

외국에서 벌어졌던 학교 개혁(reform)과 학교 재구조화(restructuring)는 바로 학교수준으로의 분권화와 자율화라고 할 수 있다. 이제는 학교 경영의 자율화가 단순히 학교 수준에 자율권, 재량권을 주는 것을 뛰어넘어 분권화의사결정(decentralized decision making: DDM), 학교 단위 자율책임경영제(school-based management: SBM), 교사 권한 부여(teacher empowerment) 등으로 학교 경영 과정에 교사들을 더 많이 참여시켜야 한다는 압력을 받고 있다. 또 총체적 질 관리(total quality management: TQM) 운동도 학교 경영 자율화와 교사 권한 부여의 방향과 일치한다고 볼 수 있다. 학교 경영 자율화는 학부모의 학교 운영 참여, 지역사회의 학교 운영 참여의 흐름과도 맥을 같이한다고도 볼 수 있다. 곧 학교운영위원회에 의한 학교 운영의 흐름과 일치한다. 학교는 아직 자치의 단위는 아니지만 자율경영의 단위로는 보고 있다. 학교 단위에서 학교 운영의 책임을 져야 생존과 경쟁이 가능하다는 것이다. 선진국에서 공립학교의 사립화운동이 벌어지고 있는데 이것도 학교 경영의 자율화 방향에서 설명될 수 있다.

헌장(charter)에 의하여 공중, 대중과 약속하고 교육청 관할 밖에서 사립처럼 독립적으로 운영하는 일종의 계약학교가 늘어나고 있는 실정이다. 학교는 지금까지 어느 나라나 비영리(non - profit)법인이거나 조직이었는데 이제 영리(for - profit)의 학교회사(school firm)로 하더라도 질 높게, 경쟁력 있게 학생들만 잘 가르쳐 달라는 쪽으로도 가고 있는 경우도 있다.

이제 더 이상 학교 경영의 자율화는 공허한 외침으로 끝나서는 안 된다. 교육부나 교육청이 학교를 다 경영해 주고 책임져 주고, 국민의 자녀 교육과 사람 만들기를 다 보장해 줄 수 있는 시대는 이미 지나갔다. 그래서 국민들이 자주 공립학교에 등 돌리고 사설학원으로, 사교육으로 눈 돌리고 있는지도 모른다.

그러면 학교 경영의 자율화의 주요 내용은 무엇인가? 학교 경영의 자율화를 위해서는 첫째, 교육 재정의 확보와 운영에 자립, 독립, 자율이 있어야 한다. 학교 수준에 돈이 없거나 돈을 자유롭게 배정하여 쓸 수 없다면 학교의 자율 경영은 불가능하다. 학교 수준에서 확보할 수 있는 재정 출처(기부금 등)가 많이 있어야 하고, 도교육청으로부터 덩어리돈을 받고 학교에서는 자율적으로 배분, 운영할 수 있게 되어야 한다. 다른 나라에서는 계획서에 의하여 돈을 받고 연말 보고서만 제출하면 되게 되어 있다. 이런 정도가 돼야 자율적 재정 경영을 한다고 할 수 있다.

둘째, 학교가 자율적 인사권을 가지고 있어야 학교 경영의 자율화가 가능하다. 학교 수준에서 실질적으로 교직원을 채용하고 교육청에는 형식적인 보고만 하면 되게 되어야 한다. 학교운영위원회와 교장이 실질적으로 교직원 팀을 구성할 수 있어야 책임지고 학생을 가르칠 수 있는 것이다. 교직원을 교육청으로 임용하는 것이 아니라 정해진 한 학교로 임용하는 것이다. 무책임하게 이 학교 저 학교로 이동하는 순환근무제로는 학교 경영을 자율화하기 어렵다. 학교 수준에서의 초빙교장, 초빙교사제가 되는 셈이다.

셋째, 학교 경영의 자율화에서 가장 중요한 하나는 교육과정과 교육 프로그램, 교과서 결정권을 학교 수준에서 갖는 것이다. 학생들에게 어떤 교육 서비스를 어떻게 제공할 것인지를 학교에서 결정하지 못하면 자율화는 고사하고 학교 경영을 한다는 말 자체가 성립될 수 없는 것이다.

넷째, 학교 경영의 자율화가 가능하려면 최고의사결정기구 또는 경영기구가 학교 단위에 있어야 한다. 학교운영위원회가 교육위원회를 대신하는 실질적 최고 의결기구가 되고, 학교 경영의 최고 책임기구가 되어야 한다. 책임질 수 없는 사람들이 학교운영위원이 되어서는 안 된다.

이와 같이 학교 경영의 자율화는 학교가 아주 교육청의 관할로부터 벗어나 분권화하고 또 사립화의 방향으로 가는 경향이 있다. 독립학교의 방향이라고 할 수 있다. 미국에서는 1998년에 434개의 헌장에 의한 계약학교(charter school)가 운영되고 있으며 1999년까지 30개 주와 Washington D.C.에서 계약학교 설치법을 통과시켰다. 이러한 자율경영의 계약학교, 독립학교의 수는 자꾸 늘어나는 경향이다. 자율은 방종이 아니다. 오히려 방종과 자연적 욕구로부터 벗어나고 이를 극복하는 것이다. 앞에서 살펴본 것처럼 자율에는 무거운 책임이 따른다. 학교 경영의 자율화를 다른 말로 바꾸면 책임 있는 학교 경영이라고도 할 수 있다. 자율이란 말에 오해가 있어서는 안 되겠다.

다. 학교 경영의 민주화

학교 경영의 자율화가 학교 외부 통제, 특히 중앙 통제나 상부 통제로부터 학교 경영이 자유로워져야 한다는 데 초점이 맞춰진다면 학교 경영의 민주화는 학교 내부에서의 자유로운 경영에 초점이 맞춰진다고 할 수 있다. 물론 상부, 중앙으로부터의 분권화로 주민 가까이 다가가는 것이 민주화의 중요한 한 방향이라는 것도 너무나 당연한 논리이다.

민주주의나 민주화와 관련하여 몇 가지 오해가 있는 것을 우선 풀어야 할 것 같다. 먼저 민주주의는 골고루 나눠 먹기식이 아니라는 점이다. 그런데 우리 사회에는 모든 사람이 똑같이 나누어 갖는 것이 민주주의와 민주화로 착각하고 있는 경우가 많다. 예를 들면, 교장임기제와 교장선출제를 민주화의 이름으로 주장하는 착각을 일으키고 있다. 왜 유능한 교장까지 임기를 정해서 더 이상 교장을 못하게 해야 하는가? 왜, 하필이면 교장만 임기제인가? 임기제가 좋으면 교사도, 교감도, 일반직도 모두 임기제를 적용해야 할 것이 아닌가? 교장은 아무나 할 수 있는 것인가? 자격 기준과 자격증도 없이 20년 이상의 교사 경력자 중에서 교사들의 인기투표에 의하여 교장을 선출하는 것이 민주주의라면 교사는 누구의 투표에 의하여 선출하는 것이 민주주의란 말인가? 선거와 투표가 민주주의의 만병통치약은 아니다. 학생들이 자기가 다니고 싶은 고등학교를 선택하지 못하고 추첨에 의하여 공평하게 아무 학교나 배정받아 다니는 것이 진정한 민주주의인가? 그것도 고등학교를 하향 평준화시켜 놓고 말이다. 민주주의는 나눠 먹기식도 아니고 무조건 투표만 한다고 되는 것도 아니다.

둘째, 또 교사만 위해 주는 것이 민주주의는 아니다. 학교와 교육에서도 국민과 주민, 학부모, 학생이 민주의 주인이 된다는 것을 알아야 한다. 학교에서 교사민주보다 주민민주가 우선한다는 것을 알아야 한다. 그런 의미에서 학교 경영의 민주화는 먼저 주민과 학부모, 학생을 위하고 이들의 이익을 보호해 주는 학교 경영을 해야 한다는 뜻이 된다. 그래서 학교 경영자는 교사의 이익보다도 주민의 이익, 학부모의 이익, 학생의 이익을 먼저 보호해 줘야 하는 입장에 있다. 주민 이익이 학교 경영 민주화의 최우선 순위에 놓이게 된다. 민주주의 정신에 근거한 지방 교육자치도 주민자치가 최우선이고 교사자치는 그다음 순위에 놓이게 된다.

셋째, 권위를 깔아뭉개는 것이 민주화도 아니다. 지금 우리나라는 총체적으로 권위의 위기를 맞고 있다. 일부 교사와 학부모에 의하여 교장의 권위가 무너지고, 일부 학생과 학부모에 의하여 교사의 권위까지 무너져 마침내 질서정연해야 할 교육 현장이 난장판이 되고 교실붕괴로 이어지고 있다. 진정한 민주주의는 질서정연한 사회에서 가능하다. 학교에서 권위와 질서를 회복하는 길이 학교 경영 민주화의 한 방안도 될 수 있다고 본다.

그러면 학교 경영의 민주화를 위해서 어떻게 해야 할 것인가? 참여는 민주주의의 요체이다. 참여 없는 민주주의는 거짓 그 자체이다. 그래서 참여 민주주의라고 한다. 참여도 이제는 대표자에 의한 간접 참여의 대의민주제가 아니라 전원참여의 직접참여민주제의 방향으로 가고 있는 것이다. 20세기 산업사회에서는 분업에 의하여 계획하고 결정하는 사람 따로 있고 그 계획과 결정을 실천하는 사람이 따로 있어야 일이 잘된다고 생각했었다. 전지전능하고 위대한 한 사람이 결정을 하고 나머지 사람들은 따르기만 하면 된다고 생각했었다. 이것을 '위대한 사람이론(great man theory)'이라고 한다. 그러나 이제는 부족하더라도 집단의 지혜를 모아서 결정하는 것이 보다 나은 결정을 할 수 있다는 이론으로 바뀌었다. 집단지(集團智, group wisdom)를 중시하는 것이다.

의사 결정에 여러 사람이 참여하여 집단 결정, 참여적 결정, 공유적 결정을 하게 되면 양질의 좋은 결정을 할 수 있을 뿐만 아니라 결정에 대한 주인 의식, 내 것이라는 소유 의식, 책임 의식을 갖게 되어 결정에 애착심을 갖게 되므로 일의 성공 가능성이 높아진다. 의사 결정에 여러 사람이 참여하게 되면 협동심을 끌어내어 그 일뿐만 아니라 다른 일을 추진하는 데도 도움이 된다. 조직 내 협동의 문화를 끌어낼 수 있다.

조직구성원이 계획과 결정 – 실천 – 평가의 전 과정에 참여하게 되면 일의 배경과 의도, 목적을 알고 실천하게 되므로 일관성 있게 일을 처리할 수 있게 된다. 일의 일관성, 통합성, 관계성이 이루어져 목적 달성과 성공 가능성이 높아진다. 그래서 학교에서도 교장, 학교운영위원회, 교사, 학생, 학부모 지역사회 등 많은 관련자들이 참여하여 학교 운영을 해 나가는 경향이다. 의사 결정에 조직 구성원이 참여하는 것을 참여자에게 시혜를 베풀거나 참여자를 위한 것으로 오해해서는 안 된다. 오히려 기관장을 도와주고 조직 발전을 위한 것이라는 사실을 알아야 한다.

그런데 조직구성원의 학교 경영 참여가 참여를 위한 참여, 형식적인 참여, 들러리식 참여가 아니라 진정으로 실질적인 참여가 되어야 한다. 조직구성원이라고 해서 모든 문제에 무조건적으로 참여하는 것은 참여의 낭비이며, 참여 공해라는 것을 알아야 한다. 학교 경영과 의사 결정에 참여하는 데는 참여 기준이 있어야 한다. 참여 기준에 따라 참여 정도, 시기, 방식 등이 결정되어야 효과적인 참여가 되는 것이다. 우선 참여자는 결정하려고 하는 문제와 관련하여 ① 이해관계가 있는 사람, ② 전문성(지식과 능력, 기술)이 있는 사람, ③ 자원과 지원을 제공한 사람, ④ 그 일을 해야 할 사람이어야 한다. 불필요한 사람의 참여는 오히려 의사 결정과 학교 경영에 방해가 된다. 과도한 참여는 오히려 부작용을 일으킨다. 학교 경영과 의사 결정에 많은 관련자가 참여하게 되면 공평성, 투명성은 자연스럽게 보장되어 학교 경영의 민주화도 앞당겨질 것으로 본다.

학교 경영의 민주화의 바탕이 되는 것은 신뢰관계이다. 상대방을 믿고 자신을 믿을 때 자율도, 참여도, 민주화도 생각할 수 있는 것이다. 믿지 못하면 모든 것이 불가능하다. 그런데 학교에도 불신이 팽배하여 교육력, 지도력의 약화와 붕괴로 이어지고 있다. 도덕적 해이가 우리 사회 전체를 붕괴시키고 있다. 학교에 신뢰문화를 형성하여 도덕적 공동체를 구축하는 일이 무엇보다 중요하다. 학교 경영의 자율화와 민주화도 신뢰회복과 도덕적 공동체 형성이 전제되어야 가능하다.

참여 방식에도 여러 가지가 있을 수 있다. 직접 참여, 위원회를 통한 참여, 자문과 협의에 의한 간접 참여 등 다양한 참여 방식이 있을 수 있다. 그리고 불필요한 참여와 과도한 참여도 참여 결핍과 똑같이 해악이 될 수도 있다는 것을 알아야 한다.

라. 무엇을 위한 자율과 민주인가

그러면 학교 경영의 자율화와 민주화는 무엇을 위한 자율화이고 민주화인가? 더 근본적으로는 무엇을 위한 학교 경영인가? 학교와 교육에 있어서 자율적 경영이나 민주적 경영이 목적 그 자체일 수는 없다. 학교는 학생을 가르치기 위해서 이 세상에 존재하는 조직이므로 학생 교육이 학교의 최고의 목적이 되는 것이다. 다시 말하면 학생 교육을 잘하기 위해서 학교 경영도 해야 하는 것이고, 또 학교 경영을 자율화, 민주화해야 학생 교육을 잘할 수 있을 것이라는 가정하에서 자율화와 민주화를 논의하는 것이라는 사실을 잊어서는 안 된다.

학교 경영의 자율화와 민주화의 결과는 학교교육의 질 향상으로 나와야 한다. 몇몇 조직 구성원의 자율화와 민주화의 욕구를 충족시켜 주기 위해서 학교 경영을 자율화하고 민주화하자는 논리가 아니다.

학교교육의 질 향상은 21세기 지식정보사회에 있어서 지상 최고의 과제이다. 지식과 정보는 산업사회에서처럼 공장에서 만들어 내는 것이 아니고 교육에서 창출해 내야 하기 때문이다. 또 우리나라 총체적 위기의 근본원인이 되는 '도덕적 해이'의 도덕도 결국 교육을 통해서 극복해야 하기 때문에 우리나라에서 교육의 질 향상이 가장 절박한 문제이다. 거기다 공교육에 대한 불신이 고조되고 있는 현실에서 더 이상 교육의 질을 이대로 방치할 수는 없다.

그래서 학교 경영의 자율화와 민주화의 수준에서 멈추고 말면 안 된다. 이 자율화와 민주화가 교육의 질 향상과 잘 연결되어 교육의 질 향상이라는 궁극적 목적을 달성할 수 있어야 학교 경영의 자율화와 민주화도 의미를 갖는다.

예를 들면, 영국이나 미국에서도 학교 경영을 잘하자고 학교운 영위원회를 설치했는데 이를 설치하기 전보다 설치한 후에 학생교육이 얼마나 잘되었는지 그 증거를 대고 검증해 내라는 것이다. 다시 말하면 학교운영위원회 설치 후에 학생성적(정의적, 인지적, 심체적 영역을 모두 포함하여)이 얼마나 향상되었는지 밝혀내라는 것이다. 이러한 주장과 논리는 한국의 상황에도 적용될 수 있으리라 본다. 교육개혁을 한다고 이것저것 흔들어 놓고 있는데 이것들이 다 교육의 질 향상에 얼마나 기여하고 있는지에 대하여 먼저 검토해야 한다. 우리는 무슨 일을 하든지 항상 학교의 궁극적 목적을 의식하고 이것과 연결시켜 보는 노력을 해야 한다.

학교교육의 질과 가장 밀접하게 관련되는 변인은 ① 교사, ② 교육과정(교육내용), ③ 교육 여건(교재, 교구, 시설, 환경, 재정)과 ④ 학생의 네 가지를 꼽을 수 있다. 교육이란 곧 교육 여건 ③ 속에서 교사 ①과 학생 ④ 사이에 교육과정 ②를 놓고 상호작용하는 것이라고 할 수 있기 때문이다. 학교 경영도 결국 이들 네 변인을 잘 다루기 위한 것이고, 자율화와 민주화도 이들 네 변인을 다루는 데 있어서 자율화하고 민주화하자는 의미가 된다.

교육의 질과 관련하여 최근에 강조되는 것이 학교 문화이다. 이것도 이미 다룬 자율화와 민주화의 문화라고 해도 좋을 것이다. 어떤 사람은 바람직한 학교문화를 열 가지 항목으로 제시하기도 한다.

첫째, 관료적 의사결정체제로부터 참여적 공동의사결정체제로 바뀌어야 한다는 것이다. 이에 대해서는 이미 자율화와 민주화에서 다룬 셈이다.

둘째, 수락과 순응을 강요받던 학교문화에서 창의와 비판적 사고가 존중되는 문화로 바뀌어야 한다는 것이다. 창의와 비판은 민주화의 촉진제인 동시에 교육의 질 향상의 열쇠이기도 하다. 또 자율적인 분위기에서 창의와 비판도 가능하다.

셋째, 굳어진 계층적 구조로부터 전문적 동료구조로 바뀌어야 한다.

넷째, 고립체제로부터 협동적 공동체제로 바뀌어야 한다. 특히 학교는 아직도 산업시대의 공장 모형에서 탈피하지 못하고 분리와 분업, 고립체제로 되어 있는데 이것을 빨리 바꿔야 한다.

다섯째, 교사와 학생의 수동적 태도가 좋은 것으로 생각하기 쉬운데 이를 적극적, 열정적 태도로 바꿔야 성과를 올릴 수 있다.

여섯째, 전통 지향의 학교로부터 혁신 지향의 학교로 확실히 바꿔야 한다.

일곱째, 학교라는 하나의 기관과 그 안에서 일하는 개인을 비난하기보다는 기관과 개인의 책임을 강조해야 한다. 책임에 대하여는 이미 언급한 바 있다.

여덟째, 경쟁으로부터 협동의 문화로 가야 한다. 그런데 우리는 학교에서까지 학생과 교사를 계속 경쟁 속으로 몰아넣고 있다. 이것은 잘못된 방향이다.

아홉째, 획일성으로부터 다양성으로 가야 한다. 이에 대하여도 이미 여러 번 지적했다.

열째, 분리로부터 통합성의 학교 문화로 바뀌어야 한다. 이것도 이미 지적한 바 있다.

좋은 학교 문화를 유지하고 더 좋은 문화를 형성, 발전시키기 위해서는 지도자가 문화적 지도력(cultural leadership)을 발휘하여야 한다고 하여 최근에 문화적 지도력이 강조되고 있다. 문화적 지도력이란, 어떤 책에서는 ① 수직적 팀의 문화(계층이 다른 직위나 직급 간에 팀을 이루어야 한다.), ② 결점이 아니라 비전에 초점을 맞추는 문화, ③ 동료적 관계성의 문화, ④ 신뢰와 지원적인 문화, ⑤ 권력과 지위 지향이 아니라 가치와 흥미, 관심을 중시하는 문화, ⑥ 광범한 참여의 문화, ⑦ 평생을 통한 계속적인 성장의 문화, ⑧ 현재의 생활에 충실하면서도 장기적 전망을 하는 문화, ⑨ 계속적이고도 부단한 개선의 문화, ⑩ 개인에게 권한을 부여하는 문화를 추구하기 위하여 지도자는 지도력을 발휘해야 한다. 그래서 마침내는 교육의 질을 향상시켜야 한다.

이러한 학교문화를 더 줄여서 표현하면 첫째, 신뢰의 문화를 가장 강조하고 싶다. 신뢰가 깨진 상태에서는 모든 시도가 다 허사가 된다.

둘째, 자율의 문화를 강조한다. 학생도 교사도 직원도 스스로 하고자 해야 살맛도 나고 성과도 오르는 것이다.

셋째, 학습의 문화를 중시한다. 학교는 학생만 학습하는 곳이 아니라 모든 사람들이 배우는 곳이다. 학교뿐만 아니라 전 국민이 다 학습자가 되어야 한다. 이러한 학습 문화가 형성되어야 지식정보사회의 국제 경쟁에서 교육의 질도 승부를 걸 수 있다.

마. 학교 경영자의 지도력

학교 경영은 전적으로 학교장에게 책임이 있다. 학교운영위원회와 교직원과 함께 학교 경영을 해야 하지만 최종 책임은 어디까지나 항상 학교장에게 있다. 자율과 분권화에 의하여 교육부와 교육청으로부터 학교 경영의 권한 위임을 받아 다시 이를 학교운영위원회와 교직원, 학생과 나누어야 한다.

학교 경영이 자율화되고 민주화되면 될수록 교장의 할 일은 많아지고, 어려워지고 행정과 경영에 대한 교장의 전문성은 높아져야 한다. 그래서 교장도 연구하고 학습하는 교장이 아니면 그 직무를 감당하기 어렵게 된다. 그래서 미국의 경우 교장은 대부분 박사학위를 갖고 있다. 교장직을 평생의 전공으로 하기 때문이다. 교장직에서 지도력을 발휘하여 국제적으로 경쟁력 있는 학교교육을 이룩해 낸다는 것이 그리 만만한 일은 아니다.

도덕적 해이를 극복하여 신뢰의 위기, 권위의 위기, 지도력의 위기를 극복하여 교육의 질로 국가의 경쟁력을 키워야 한다. 지식정보사회에서 교육이 쓰러지는 것은 산업사회에서 경제가 쓰러지는 것보다 더 위험하고 비참하다. 교육 국가 한국에서 교육이 쓰러지면 우리 민족은 희망을 갖기 어렵게 된다. 아무리 어렵더라도 우리 교육자는 끝까지 교육을 포기하지 말고 꼬장꼬장 정직한 어린이와 청소년을 교육해 내놔야 한다.(전북교육, 2001. 1. 2.)

최근에 '학교 자율화' '자율형 사립학교' 등 '자율'이란 말이 많이 나오고 있으나 말만 요란할 뿐 자율은 이루어 지지 않고 있다. 자율은 조금씩 떼어주는 척 하지 말고 전적으로 떼어 맡기고 책임지게 하는 식이어야 한다. 그러려면 학교에 주인이 있어야 하고, 책임 역량도 있어야 한다. 현재의 순환근무제로는 자율과 책임을 감당할 수 없다.

교육은 국가를 지키는 최후의 보루

교육은 국가를 지키는 최후의 보루이다. 교육이 무너지면 그 민족, 국가는 더 이상 기댈 곳이 없다. 한 가닥, 마지막 희망도 가질 수 없게 된다.

맨 앞에서 군인과 경찰이 총칼로 국가를 지키고, 뒤에서 기업가, 경제인, 금융인들이 돈을 가지고 지키지만 맨 마지막 요새는 교육자, 성직자, 정신적 지도자들이 교육과 정신으로 국가를 지키는 것이다.

독일의 피히테는 『독일 국민에게 고함』에서 독일이 망한 것은 국민교육을 잘 못했기 때문이라고 했다. 유태인들은 나라 땅덩어리야 있거나 없거나, 나라 이름이야 있든지 없든지 유태정신교육만 계속할 수 있다면 언젠가는 다시 나라를 세울 수 있다고 하여 2000년 만에 다시 이스라엘이라는 나라를 세워 지금은 큰소리치며 떳떳하게 살고 있다. 우리나라도 일본에게 나라를 빼앗겼을 때 우리 선조들은 어린이·청소년운동, 민족학교 설립과 교육 등 교육을 통해서 나라를 다시 찾으려 했던 것은 유태인들과 같은 생각이다. 갈라진 남북을 통일시키는 것도 총 알이나 달러가 아니라 궁극적으로 교육을 통해서 해야 할 것이다. 덴마크를 부흥시킨 것도 국민교육이요, 멕시코, 네덜란드가 IMF 체제를 극복한 것도 근본적으로는 교육을 통해서라고 한다. 국가가 잘되는 것도 근본적으로는 교육 때문이요, 국가를 망하게 하는 것도 궁극적으로는 교육의 잘못 때문이다. 선진국들이 200년, 300년 걸려서 산업화시킨 것을 우리가 30년 만에 산업화에 성공할 수 있었던 것도 교육받은 인구가 많이 있었기 때문이므로 근본적으로는 교육 때문에 가능했던 것이며, 이어서 우리가 IMF 체제를 맞게 된 것도 근본적으로는 도덕적 해이, 암기교육 때문이고, 지식정보사회와 지구촌 국제사회에 알맞은 교육을 못했던 데 원인이 있었다고 한다면 이것 또한 밑바닥은 교육 때문이다. 기업인, 금융인, 경제 관료, 정치인들이 경제 운용을 잘못했기 때문이라고 한다 하더라도 결국 이들을 잘 못 길러 낸 교육의 책임이라고 하지 않을 수 없다. 어느 나라나 국가의 위기를 교육을 통해서 근본적으로 극복하려는 교육 처방을 내리는 것이 거의 상식이다.

그런데 우리나라가 어려운 시기를 맞고 있다면 더욱 교육에 힘을 쓰고, 교육에 더 투자하고, 교육을 더 존중하여 국가의 어려움을 교육으로 극복하려고 해야 할 텐데 반대로 여기저기서 지금 교육이 무너지고, 교육이 죽어 간다는 소리가 들리고 있다. 교육이 살아나 국가의 위기를 교육으로 극복해야 할 텐데 교육마저도 위기를 맞고 있으니 실로 걱정이 아닐 수 없다. 국가와 민족의 장래를 걱정하는 올바른 정신을 가진 학부모, 시민, 국민, 올바른 원로가 나서지 않으면 안 될 교육위기, 국가위기를 맞고 있다.

지금까지 교사들은 교육 시설·여건이 나쁜 가운데서 군사부일체, 권위주의를 가지고 과밀학급, 많은 학생들을 통제했었는지 모른다. 그런데 이제 교사의 전통적인 권위주의를 대체할 만한 전문적 권위를 확보하지 못한 채 교사는 지금 통제력을 잃고 있다. 얼마 전까지만 해도 모두가 외동딸, 외아들에다 부모의 기 안 죽이기 가정교육 때문에 교사가 학생을 통제하지 못하고 가르쳐 먹기 어렵다고 한탄했었다. 아이들이 집에서만 왕 노릇 하는 게 아니라 교실에서까지 모두 왕 노릇 하려 하니 교실이 옛날 교실이 아니라고 했었다.

거기다가 몇 년 전부터 되지도 않는 열린 교육을 한다고 교실은 난장판이 되기 시작했다. 열린 교육이 무엇인지도 제대로 알지 못하는 상태에서 급조된 전국 획일의 열린 교육 강요로 교사들은 더욱 통제력을 잃고 우리나라 교육은 중심을 잃고 놀아나게 되었다.

거기다가 말뿐인 수요자 중심 교육, 학습자 주도 학습, 변질된 학교운영위원회로 우리의 교육은 완전히 중심을 잃게 되었다. 도대체 누가 우리나라 교육을 공급해 주는 사람이고 누가 교육의 수요자인지 뒤죽박죽이 되었다. 교육 정책가, 교육행정의 수요자, 고객인 교사를 만족시켜 주지 못하면서 누구보고 누구를 중심에 두고, 누구를 만족시키란 말인가? 교사, 교원은 교육정책, 교육행정의 수요자이고 고객이란 걸 교육행정당국자들은 알아야 한다. 얼치기 수요자 중심 교육이란 말로 모두가 교육의 주인 노릇을 하려고 하다 보니 교육도, 학교도 주인을 잃게 되었다.

교육청과 학교에 교육은 없고 돈 놓고 돈 따먹기 거짓말 평가만 보이게 한 것도 교육을 흔들어 놓은 원인이 되었다. 거짓말 자료준비, 거짓말 보고 대회, 교육청·학교 길들이기로 우리나라 교육의 질이 얼마나 발전하고 향상되었는가? 학생들을 가르치는 대신 거짓말 평가 자료를 복사해 놓는 것이 돈 따먹기에 유리하다는 걸 교사라면 누구나 잘 알고 있다.

수업시간보다 방과 후 활동, 과외활동에 흥청망청 돈을 쓰는 것은 또 무슨 정책인가? 모든 교육 예산이 깎이고 중단되는데 방과 후 활동비는 처치 곤란할 정도로 쏟아져 나온단다. 본말이 뒤집힌 교육이 되고 있다.

대한민국 교육은 촌지로 누더기가 되었다. 농촌도, 벽지도 모두 촌지 교사 천지인 줄 아는 모양이다. 비밀경찰을 풀어서 촌지 교사를 잡아갈 일이지 학생, 학부모 보고 자기들 스승을 고발하고 신고하라고 하는 나라가 이 지구상에 우리나라말고 또 어디에 있단 말인가? 교육 말세로다. 교사는 권위도, 자존심도 모두 내던져 버렸다. 이런 교육난국에 교사들은 학생을 못 가르치는 한이 있더라도 더 이상 일체 책잡힐 일을 하지 말아야 할 것이다.

교사의 교권은 체벌 교사 문제로 날개 없이 추락하게 되었다. 많은 학생을 가르치면서 꾸중도 못하고 언짢은 소리도 못하게 되었다.

숙제도 내주지 못하게 되었다. 꿀밤이란 걸 줘도 학생들이 왜 때리느냐고 하면서 고개를 추켜세우고, 눈을 째려 뜬다는 것이다. 많은 학생들을 권위주의란 걸로 통제했었는데 이제는 속수무책이라 교육 부재, 교육 포기 상태이다. 이제는 체벌 교사보다 교사가 학생, 학부모, 경찰로부터 폭행, 연행되는 문제가 두렵게 되었다. 이런 판에 교사들은 도대체 무슨 열이 나서 학생들을 때리면서, 혼내면서, 숙제까지 내주면서, 방과 후 활동까지 하면서 과잉 충성을 하여 가르치려고 하는지 모르겠다. 교원을 노동자로 몰아 노조를 합법화하고, 정년을 단축하고, 학부모 비전문인의 평가를 받게 하고 처참하게 무시당하면서까지 학생을 때리고, 혼내고, 숙제를 내줄 열이 아직 남아 있단 말인가? 도대체 왜 '남의 자식을' 혼내면서까지 가르치려 하는가? 학생은 당신 제자가 아니라 남의 자식이고 수요자라는 것을 모르시나요? 국가와 민족의 장래를 걱정하는 사람들의 한숨소리가 높아지고 있다. 스승의 날과 스승이 사라진 지 오래고 노동자의 날 노동자만 남게 되었다.

　민심이반, 교심이반이 일어나고 있다. 명퇴 신청자가 많은 것도 교심이반 현상이다. 선생님들의 마음이 돌아선 지 이미 오래다. 아이들에게 따뜻한 점심이나 잘 먹여서 사고 없이 집으로 돌려보내기나 하자는 것이다. 이렇게 되면 결국 선량한 학생, 순진한 학부모와 국민에게 손해가 가게 되는데 이것이 안타깝고 불쌍하다. 이는 모두 일부 똑똑한 학부모 단체, 교사 단체, 정치 지도자 교육행정 지도자를 잘못 만난 덕분이다.

　이반된 교심을 가지고 무엇을 어떻게 개혁하겠다는 것인가? 이런 판국에 누가 더 이상 장단을 맞춰 주고 누가 춤을 춰 줄 것인가? 억지 춤도 한도가 있는 것이다. 무서워하는 체하는 것도 한계가 있다. 교육은 국가를 지키는 마지막 요새이다. 이 마지막 요새가 무너지면 이 나라의 앞날은 더 이상 없다. 교육이 무너지면 경제도 정치도, 국방도 어렵다. 이미 무너진 요새를 회복하기에도 몇십 년이 걸릴지 모른다는 것이다. 노동자들이 이 요새를 노동으로 구축할 것인가? 역사는 분명 이런 경고를 심판할 것이다.〈「새교육」 1999. 2. 한국교총〉

가. 교장의 직무

외국의 교장 제도에 대하여 말하기 전에 먼저 교장의 직무가 무엇이냐에 대하여 알아볼 필요가 있다. 그리고 교장의 직무도 각 나라의 역사와 전통에 따라 다르다는 것을 먼저 인정해야 될 것이다. 그러나 어느 나라에서나 근본적으로 교장은 학교에 관한 모든 것을 책임지는 책임자라고 할 수 있다. 학교는 학생 교육을 위해서 존재하는 기관이기 때문에 학생 교육에 대하여 책임지는 사람도 교장이다. 교장 혼자서 학생 교육을 다 할 수 없기 때문에 교직원이 필요하게 되는데 이 교직원을 지도·감독·장학하는 책임이 저절로 교장에게 부수적으로 따라붙고, 조직과 기관을 관리하고 경영하는 책임도 교장에게 있다. 한마디로 말하면 학교는 교장 책임하에 있는 것이다. 그래서 교장은 흔히 배의 선장에 비유된다. 선장 책임하에 때로는 폭풍과 풍랑을 극복하고 목표 지점 항구에 성공적으로 항해하여 정박시켜야 하기 때문이다.

여기서 두 가지 점에 주의해야 한다. 첫째, 우리나라에 많은 교사와 교장들이 학생 교육을 교장이 아니라 교사가 하는 것으로 잘못 알고 있다는 점이다. 교사는 학생을 가르칠 수 있는 권한을 학생이나 학부모로부터 직접 받아 온 것이 아니라 주민(학부모)→교육감→교장으로부터 받아 온 것이라는 점을 이해해야 한다. 교사는 교장의 허락 없이 아무 학생이나, 아무 교과목이나 자기 마음대로 가르칠 수 없다는 것을 알아야 한다. 학생 교육의 책임자는 교장이다.

둘째, 우리나라에서 학교에 대한 모든 책임이 전적으로 교장에게만 주어지지 못하고 교육감에게 2차적인 책임이 있다는 점이다. 학교 재정, 시설, 인사, 교육과정에 관한 권한이 전적으로 교장에게 있는 것이 아니라 우리나라 지방 교육자치제의 단위인 시·도 단위 교육감에게 있기 때문이다. 그리고 교장은 교육감의 명에 의하여 수시로 학교를 이동하기 때문에 교장은 제한된 범위에서만 ① 학교에 대한 학생 교육, ② 소속직원의 지도·감독·장학, ③ 학교 경영의 권한과 책임을 진다고 볼 수밖에 없다.

이러한 교사와 교장의 관계, 교장과 교육감과의 관계, 권한과 책임의 비율과 비중도 각 나라에 따라 다를 수밖에 없다. 그러나 세계적인 경향은 단위 학교와 교장에게 모든 권한과 책임을 맡기는 방향으로(단위학교 자율책임경영제) 가고 있다는 점이다. 그래서 교장직의 중요성이 점점 더 강조되고 있는 것이다.

각 나라에서 그동안 교장의 직무와 역할, 교장에게 요구되는 자질과 능력, 지도성을 밝히려는 노력을 많이 해 왔다. 교장의 직무를 명료화하기 위한 접근으로 ① 법규를 통해서 밝히려는 법규적 접근, ② 역사적으로 교장의 이미지나 직무가 어떻게 변천해 왔는지 알아보려는 역사적 접근, ③ 교장이 실제 무슨 일을 하고 있는지 관찰·분석하여 교장의 직무를 밝히려는 교장의 실제 활동 분석법, ④ 교장의 역할과 기대가 무엇인지 조사·분석하여 알아보려는 교장의 역할 정의와 기대에 의한 접근, ⑤ 교장의 직무기술서를 작성하여 직무를 밝히려는 직무 기술에 의한 접근, ⑥ 교장의 과업 영역과 기능 영역을 찾고자 노력하는 과업과 기능 영역 명료화 접근, ⑦ 교장이 행정을 해 나가는 과정을 살펴봄으로써 교장의 직무를 밝히려는 행정과정에 의한 접근, ⑧ 교장에게 요구되는 자질 능력(competence)을 밝히고, 양성 과정과 연수 과정에서 이런 자질 능력을 길러 주고 확인해서 자격을 부여하고 채용하려는 자질 능력에 의한 접근 등이 있다.

이렇게 많은 접근을 통해서 교장의 직무와 역할, 자질 능력을 밝히려는 것은 그만큼 교장직이 중요하기 때문이다. 그래서 '교육행정＝학교행정'이라고 할 만큼 실제 학생을 가르치고 있는 학교 현장에서의 행정이 중요하고, 또 '학교행정＝교장론(principalship)'이라고 할 만큼 교장직이 중요한 것이다. 그런데 우리나라에서는 중앙과 지방의 교육행정은 횡포를 부린다고 할 정도로 뚜렷이 보이는데 학교행정은 보이지 않고 교장론이란 학문과 실제는 그런 것이 있는 줄도 모르고 있는 실정이니 한심하다 하지 않을 수 없다.

법규적으로 볼 때 우리나라에서의 교장의 직무는 학생 교육을 위한 직원의 지도·감독과 교무통할이라고 할 수 있다. 그러나 서양의 국가들에서는 교장의 직무를 법규로 명시하고 있는 경우는 극히 드물다고 봐야 한다.

역사적으로 볼 때, 미국에서는 수석교사(principal teacher, head teacher)의 이미지로부터 교수교장(teaching principal), 관리교장(building principal)을 거쳐 장학교장(supervising principal)의 이미지로 변해

왔다고 보는데 다른 측면에서는 ① 학생 개인 하나하나에 관심을 갖는 'Mr. Chips'의 이미지, ② 다른 교사보다 더 잘 알고 더 잘 가르치리라 기대되는 수석교사 이미지, ③ 경영과 행정적 일에 집중하던 행정가로서의 이미지, ④ 개혁에 열중하던 변화촉진자로서의 이미지, ⑤ 리더의 역할이 강조되는 지도자로서의 이미지로 변해 왔다고도 한다. 교장의 이미지도 이렇게 역사적으로 변천하는데 우리나라에서는 '권위주의적 어른'의 이미지가 주류를 이루어 왔는데 오늘날은 겉도는 민주화와 함께 정당한 교장의 권위까지도 도전받는 교장 수난시대를 맞고 있다고 해야 할 것이다.

교장의 실제 활동을 분석한 것을 보면 미국 교장의 경우 ① 교육 프로그램개발(교육과정, 수업지도성 발휘), ② 인사(평가, 조언, 협의회, 충원), ③ 학교 관리(주간 계획, 사무, 예산, 통신, 메모 등), ④ 학생을 위한 활동(회의, 장학, 계획), ⑤ 교육청 관계 업무(회의, 특수 임무, 보고 등), ⑥ 지역사회(사친회, 자문 집단, 학부모회), ⑦ 계획(연간 계획, 장기 계획), ⑧ 전문직적 발전(독서, 협의회 등), ⑨ 학생 행동 지도(기강, 출석, 협의)에 많은 시간을 보내는 것으로 연구 보고 되는데 우리나라의 경우는 이런 정도라도 상세히 연구된 보고도 없다. 여기서 교장이 한다고 한 대부분의 일을 우리나라에서는 부장교사들이 나눠 맡아서 하는 경우가 많은 실정이다.

교장의 역할은 너무나 많기 때문에 여기서 일일이 제시하기 어려울 정도인데 ① 관리자, ② 수업지도자, ③ 훈육자, ④ 인간관계 촉진자, ⑤ 중개자, ⑥ 인간주의자, ⑦ 촉매자, ⑧ 합리주의자, ⑨ 정치가로 규정하는 사람도 있다(Blumberg & Greenfield, 1980). 그런데 모든 행정가가 다 ① 대인관계 역할(기관장, 지도자, 연락자),

② 정보관리 역할(청취자, 전파자, 대변자), ③ 결정의 역할(최고결정자, 혼란처리자, 자원배분자, 협상가)을 한다고 볼 때 교장도 이런 역할에서 예외일 수는 없다. 우리나라의 교장도 이런 역할들을 수행하겠지만 어떤 역할에 더 비중을 두느냐에 있어서 다른 나라의 교장들과 차이가 있을 것이다.

교장의 직무기술서는 그가 처한 지역과 학교에 따라 다를 수 있는데 외국에서는 각 학교 교장의 직무를 비교적 상세히 제시해 놓고 교장초빙 시에 이를 광고에 공고하고 이에 의하여 채용하고 평가하게 되어 있다. 미국 Lake Osweyo 고등학교장의 직무기술서를 보면 학교 최고 책임자(Chief Officer)로서의 총체적 책임을 먼저 간단한 문장으로 진술해 놓고 나서, ① 일반적 행정책임, ② 교육청의 기대, ③ 인사 담당자의 기대, ④ 지역사회의 기대, ⑤ 수업 프로그램과 관련한 기대, ⑥ 학생의 기대, ⑦ 관리적 기대, ⑧ 책임위임에 대한 기대로 분류하여 각 영역별로 상세한 항목으로 그 직무를 기술해 놓고 있는 것을 볼 수 있다.

교장의 과업과 기능 영역도 학자에 따라 여러 가지로 다양하게 분류하고 있으나 ① 수업과 교육과정, ② 교직원 인사, ③ 학생 인사, ④ 재정과 시설, ⑤ 학교와 지역사회와의 관계로 묶을 수 있을 것이다. 여기서 우리나라 교장의 경우는 제일 중요한 '수업과 교육과정' 영역을 교장의 과업으로 중시하지 않는 경향이 과거에 있었고, '학생 인사'와 '지역사회 관계'도 교장의 과업으로 중시하지 않았었다고 봐야 할 것이다. 우리나라 교장의 관심은 재정과 시설, 교직원 인사에 국한시키는 경향이 있었고 이런 결과 오늘날 교장직이 도전받고 있는지도 모른다.

행정의 과정으로는 ① 의사 결정, ② 구체적 계획, ③ 의사소통, ④ 통제와 조정, ⑤ 재평가의 주기를 생각할 수 있는데 교장도 이런 과정을 거치면서 학교행정을 해 나가야 할 것이다.

지금까지 살펴본 교장의 직무나 역할, 책임, 과업을 수행해 내기 위해서는 자질과 능력이 있어야 하는데 각 영역별로 교장이 갖춰야 할 자질과 능력을 항목으로 하여 목록으로 제시하고 이를 중심으로 자질 능력 향상에 노력하고 또 이들 항목에 의하여 확인하고 평가하는 경우가 두드러지게 나타나고 있다. 예를 들면, 미국 플로리다 주의 교장에게 요구되는 자질 능력을 ① 목적과 방향 설정, ② 인지적 기술, ③ 합의 과정 관리, ④ 질 향상, ⑤ 조직, ⑥ 의사소통의 여섯 영역으로 나누어 19개의 자질 능력 항목에 63개의 행동 지표까지 제시하고 있다. 우리나라의 경우는 이러한 자질능력 근거 교장교육(Competency – Based Principal Education) 노력도 해 보지 않고 교장의 자질에 대해서 이러쿵저러쿵하는 경우가 있다.

이렇게 교장의 직무가 무엇인가 간단히 살펴보았지만 여기서 알 수 있는 분명한 사실은 무엇인가? 그것은 바로 교사의 직무와 교장의 직무는 분명히 다르다는 사실이다. 교장이 하는 일과, 역할과, 책임과, 자질 능력은 교사의 것과 다르다는 사실이고 이를 인정하지 않을 수 없다는 점이다. 훌륭한 교사라도 반드시 다 훌륭한 교장이 되는 것은 아니라고 할 수 있다.

교사를 오래하면 저절로 훌륭한 교장이 된다는 보장도 없다. 교사와 교장은 높다, 낮다는 개념보다 전문영역이 다르다는 입장을 취하지 않을 수 없다. 교사의 전문성을 인정해야 하듯이 교장의 전문성과 전문직을 인정해야 하는 것이다.

그러면 외국의 교장 제도는 어떠한가? 이에 대하여 살펴보게 되면 이런 입장은 더욱 분명해질 것이다.

나. 외국의 교장 제도 사례

최근에 우리나라에서 교사에 의한 교장 선출 보직제 주장이 나오고 있기 때문에 주로 교장 자격과 임용에 초점을 맞춰 외국의 교장 제도에 대하여 살펴보고자 한다. 그런데 외국에서는 한 나라 안에서도 똑같은 획일적인 제도가 아니라 지역과 지방에 따라 아주 독특하고 다양하기 때문에 어느 한 가지로 말하기 어렵다는 점을 먼저 밝혀 둬야 한다. 장님 코끼리 만지기식이 되기 쉽다는 것이다. 그래서 자기주장에 맞춰 필요한 것만 인용하고 그것을 강조하여 독자를 의도적으로 오도하려 하는 사람도 있는데 우리는 먼저 이를 경계해야 한다.

그리고 외국의 사례에 대하여 알아볼 때 항상 그 나라의 역사와 전통, 기후 풍토의 독특성을 인정해야지 무조건 우리나라에 차용하려는 태도는 위험하다는 경고와 함께 외국의 교장 제도에 대하여 필자가 알고 있는 범위 내에서 살펴보기로 한다.

1) 미국의 교장

유럽 쪽의 교장들이 수석교사의 이미지, 제일 잘 가르치는 교사, 교사 대표의 이미지, 수업 쪽에 기울어진 이미지를 갖고 있는 데 비하여 미국 교장의 색깔은 그동안 경영·관리적 측면을 강조하는 비즈니스적 이미지를 많이 가지고 있었다가 80년대부터는 지도자, 특히 수업 지도자, 장학 지도자의 이미지를 강조하는 경향으로 옮겨 가고 있다고 할 수 있다.

그리고 미국은 경험을 중시하는 나라임에도 교장의 경우는 교사를 오래 하다 보면 교장이 된다는 생각보다는 교장직을 전공으로 공부하고 연구하고, 실제 경험해야 젊어서도 교장을 할 수 있다는 생각이 짙다. 다시 말하면 교사로부터 발탁·연수가 아니라 별도의 교장 양성 교육과 훈련에 의한 교장제라고 봐야 한다.

그래서 미국 대부분의 주에서는 대학원의 교장 과정, 교육행정전문가 과정, 교육행정박사 과정을 거쳐야 교장이 될 수 있는 자격을 갖추게 된다고 봐야 한다. 교직 경력은 최소 3~5년이 요구되는데 초등 교장에 의외로 운동 코치(감독) 경력자가 많은 것을 보면 반드시 Classroom teacher 경력자로 제한되어 있지는 않은 것으로 봐야 할 것 같다.

대학원 교육행정과에서 교육행정가를 양성하더라도 첫째, 유능한 교육행정가 후보자를 대학원에 유치, 선발하는 절차로부터 출발해야 한다.

둘째, 양성프로그램이 단계적으로 잘 짜여야 하는데 ① 교육 조직과 그 조직에서 일하는 사람들에 대한 이해, ② 학교와 교육구의 주변 사회와의 관계에 대한 이해, ③ 교육과정과 수업에 대한 이해, ④ 학교 경영에 대한 이해를 돕는 내용이 포함되어야 한다는 것이다.

셋째, 예비 교육행정가(교장)는 많은 임상적 경험을 갖도록 하는데 학과목에서도 많은 관찰과 실험의 경험을 갖도록 하고, 의사들처럼 실습과 인턴과정을 필수로 요구하고 있다.

미국 미네소타 대학교의 경우 교육행정가 양성 프로그램을 보면 ① 교육행정 기초 12학점 이상, ② 학교행정 전문기술 영역 12학점 이상, ③ 교육행정 특수 분야 12학점 이상, ④ 교육과정, 수업, 장학 영역 12학점 이상, ⑤ 인간 행위 심리학, 검사와 측정, 교육철학, 특수아 교육·상담 중에서 12학점 이상을 이수하고, 대개 1년의 인턴을 마쳐야 했었다. 그래서 미국에서 교육행정가의 길로 들어서려면 최소한 석사를 마치고 박사에 준하는(석사와 박사의 중간) 정도의 과정을 이수해야 하는 것으로 봐야 한다.

그래서 빠르면 30대 초반에 교장이 되어 평생을 교장과 교육행정가로 바칠 수 있게 된다. 필자와 같이 박사학위를 공부하던 미네소타 주의 한 고등학교 교장은 30대 초반부터 52세 현재까지 계속 중학교·고등학교 교장을 하고 있다. 대개는 처음엔 계약제의 성격을 가지나 잘하면 한 학교에서 평생을 보낼 수도 있으나 초빙교장제의 성격이기 때문에 유리한 조건으로 스카우트되어 발전해 나갈 수 있다.

한 학교에 교장 자리가 비게 되면 자격과 책임, 조건, 직무기술서 등을 제시하고 전국에 초빙 광고를 하여 가능한 한 많은 사람으로부터 지원 서류를 받게 된다. 이때 우수한 교장을 초빙하기 위해서 학교 단위, 또는 교육청 단위에 교장 Searching Committee를 구성해서 이 일을 하게 하는 경우가 많다. 여기까지가 모집(recruit) 단계이다. 다음은 선발단계로 여러 차례의 서류심사를 통하여 부적격자, 불리한 자를 제쳐 놓아 가면서 선발 후보자를 줄여 가게 된다. 그래서 최종적으로 4~5명, 또는 7~8명의 면접 대상자를 선정하고 면접에 들어가게 된다. 면접은 주로 학교운영위원회가 중심이 된다고 할 수 있다. 그런데 미국의 학교운영위원회는 우리나라와 달리 학교운영위원회가 학교 운영의 '책임'도 진다는 점에 유의해야 한다. 권한만 챙기고 책임을 지지 않는 것을 학교 운영위원회라고 할 수 없다.

그리고 학교는 학부모만의 것이 아니라 지역사회의 것, 주민의 것이라는 주인 의식이 분명한 것이다. 그래서 면접 위원으로 학부모 대표, 지역사회 대표, 교사 대표가 참여하고 교육청의 인사 담당, 주민 대표인 교육위원 중에서 인사 담당 위원이 참여하게 된다. 여기서 교사 대표가 참여하는 것은 미국에서는 교사와 교장 모두 한 학교로 임용되기 때문에 어쩌면 평생을 한 팀으로 한 학교에서 근무해야 하기 때문이다. 최적격자가 선발되면 대개 4~5년 계약으로 교육위원회가 임용하게 되고 평가에 의하여 성공적으로 첫 계약기간을 마치게 되면 대개 정년까지 보장받게 된다.

이러한 선발과정은 교사에게도 적용되는데 교사 임용 시에는 반대로 교장의 추천과 면접의 영향의 비중이 상대적으로 높아지게 된다. 이것은 교장이 그 교사와 팀으로 한 학교에서 호흡을 맞춰 학생 교육을 해야 하기 때문이다.

교장은 학교에서 민주적이고 수평적이면서도 절대적인 권한을 갖는다. 자신의 교육철학과 교육이론에 의하여 학교를 이끌어 가고 학생 교육을 하는 데 보람을 느끼는 사람들이 교장직을 전공으로 하여 교장이 되고자 한다.

미국 교장은 배의 'Captain'에 비유되기도 하지만 'Key Boy'라는 별명을 가질 정도로 학교의 열쇠(master key)를 가지고 다니면서 학교의 모든 살림을 실질적으로 한다. 그래서 미국 교장은 몹시 바쁘다. 교사를 채용하고 평가하는 교사에 대한 인사권을 가지지만 그렇다고 권위주의적이거나 군림하는 일은 없다고 봐야 한다. 미국 교사의 경우 1년 12개월 중 대개 9~10개월 근무이지만(봉급 지불) 교장의 경우는 대개 10~11개월 근무이기 때문에 봉급이 약간 많은 대신 무거운 책임이 따른다. 그리고 미국은 경력과 학력에 따라 봉급이 비슷하지만 직책의 곤란도와 책임의 정도에 따라 그 비율을 달리 적용하는 것으로 봐야 한다. 어려운 일을 하고 책임이 무거운 사람일수록 보수가 많아질 수밖에 없다.

미국의 교장의 경우 학생 하나하나를 파악하고, 성적을 확인하고, 부모에게 편지를 쓴다. 전교생 학생 이름을 최소 2/3는 외우고 기억할 정도이다.

그런데 안타깝게도 지금 미국에는 교장과 교육행정가 희망자가 급격히 줄고 있어서 문제이다. 어려운 만큼 보상과 보람이 따라붙지 못하기 때문에 젊은이들이 교장과 교육행정직에 도전하지 않고 어려운 교육행정을 전공하려 하지 않는다는 것이다. 필자의 모교인 미네소타 대학교 대학원 교육행정과에 한때 15명 이상의 교수가 있었는데 이제는 5, 6명의 교수로 학과가 축소되어 있는 것을 보았다.

2) 영국의 교장

미국의 교장이 경영자·행정가의 이미지가 강했던 데 비하여 영국의 교장은 교사의 'Head'라는 이미지와 수업에 대한 책임이 강조되는 경향이다.

영국도 미국과 같이 대학교의 대학원에 교육행정가자격과정이 있으나 미국처럼 반드시 대학원에서만 교육행정가 자격을 취득하는 것은 아니다. 우리나라에서 얼마 전에 시작한 '학점은행제'처럼 필요한 학점을 1일 과정, 2일 과정, 20일의 단기 과정, 1학기 과정에서 이수하고 이를 은행에 저금하듯이 축적했다가 1996년부터 시행된 '학교행정가 자격인증위원회'에 제출하여 자격을 인증받을 수 있다.

참고로 런던대학교 교육대학원의 학교행정가과정을 보면 ① 학교행정입문, 학교행정과 조직, 학교와 공공정책, 변화의 과정 각 15시간씩 60시간, ② 교육행정의 과정, 조직의 형성, 학교 경영 계획, 학교장의 지도성 각 15시간씩 60시간, ③ 교육과 경제, 인사의 평정, 연구방법론, 논문지도 60시간 계 180시간 6학점을 1년에 마치고 1년의 실습(60시간 2학점)으로 2년에 240시간 8학점을 이수하게 되어 있다(정태범, 2000). 우리나라 대학원에서 15시간을 1학점으로 하고 있는데 시간 수로 치면 1년 과정이 12학점으로 되어 있는 셈이다.

교장 임용 과정은 미국과 비슷하겠으나 영국에서는 학교운영위원회에서 주로 결정권을 갖다시피 하는 것으로 봐야 한다. 물론 형식상으로 지방교육당국(LEA)과의 협동이라 할 수 있으나 영국은 원래 학교단위에 권한이 많았었으나 점점 더 학교 단위책임 경영제(영국에서는 School–Based Management 대신에 Local Management 라는 용어를 주로 사용)로 가면서 학교운영위원회의 비중이 무거워지고 있다. 그래서 필자가 런던대학교 교육행정학 교수를 만나 영국에서는 교장을 누가 선발하느냐고 물었더니 두말하지 않고 'School Governors'라고 했었다. 우리나라의 학교운영위원회에 해당된다.

운영위원의 면접에서 초점은 과거의 '수업'에서 '기업가적 정신',

‘조직 관리자’, ‘교육 경영’, ‘의사소통 능력’ 쪽으로 옮겨 가는 경향이다.

영국도 미국처럼 학교는 전적으로 교장에게 맡겨져 있다고 봐도 과언이 아니다. 학교의 주인으로서의 권한과 책임을 지게 된다. 그래서 학교 문패와 함께 교장의 문패가 나란히 붙어 있고 거처와 교장실이 학교의 한 건물에 있기도 한다고 한다. 미국에서는 교감 자격증이 따로 없고 교감(Assistant principal. Associate principal 등이 있는 경우도 있고 Administrative assistant만 있는 경우도 있음)을 안 거치고 교장이 되기도 하지만 영국의 경우는 대개 부장교사, 교감을 거쳐 교장이 되는 것이 보통이다. 그러나 30대 초반에 교장이 되어 평생을 한 학교에서 교장을 하기도 한다. 이것이 ‘(Goodbye)Mr. Chips’형의 교장이다. 영국 교장의 권위는 임금님 앞에서도 모자를 쓰고 학교에 들어가도록 임금님의 양해를 구했다는 일화로서 그 상징성을 짐작할 수 있을 것이다.

물론 교사와 학부모를 학교 경영에 끌어들이고 참여시키지 않으면 교장으로서 학교를 이끌어 가기 어려운 것은 영국도 예외가 아니다.

전통적이고 보수적 성향이 짙었던 영국에서도 개혁바람과 체벌금지 등으로 교사들이 아이들을 가르치는 데 어렵게 되자 자꾸 교직을 떠나고, 교장도 영국교육기준청(OFSTED, 과거의 HMI)이 실시하는 학교 평가에서 나쁜 평가를 받게 되면 책임을 져야 하기 때문에 ‘교장 구인난’을 겪게 되는 것이다. 이래저래 어느 나라나 교육과 교직, 교육행정직의 수난시대를 맞고 있는 것이다. 우리나라에도 교장 기피시대가 머지않아 찾아올 것에 대비해야 할 것이다.

3) 독일의 교장

독일의 초·중등 교장은 수석교사의 이미지가 강한 교사의 한 사람에 속한다. 그래서 교사라야 교장이 될 수 있다. 그리고 교장도 수업을 담당한다. 그리고 독일은 철저히 연방제를 택하기 때문에 연방에 따라 교장제가 다르다.

교장이 되기 위한 자격은 특별히 정해져 있지 않고 주정부나 학교에 따라 다르다고 할 수 있다.

초등학교의 경우는 교장 자리가 비게 되면 그 학교 교사협의회에서 대개 그 학교 교사 중에서 선출하여 주교육부에 보고하면 교장으로 임명되고 나서 대개 교장에 필요한 보수교육을 받는다.

중등교장의 경우는 결원이 생기면 반드시 교장자격 요건들을 명시하여 신문에 공고하여 공개 채용하는 것이 16개 주 공통이라고 할 수 있다. 이때 어떤 주에서는 주교육부가 전적으로 책임지고 선발하여 일방적으로 해당 학교에 임명하기도 하고, 어떤 다른 주에서는 해당 학교의 교사들로 구성된 교장선출위원회가 공고에서 선발까지 모든 책임을 지고 선발하고 보고하면 주교육부가 임명해 주는 형식을 취하기도 한다. 여기서도 교사들이 같은 학교에서 계속 근무한다는 점에 유의해야 한다. 그 외의 다른 주에서는 절충형으로 해당 학교 교사협의회 의견과 교육청 또는 주교육부의 검토를 거쳐 확정하기도 한다. 예를 들면, 베를린 주의 경우 해당 학교 교사협의회가 공모하여 최우수 후보자 2명을 선발하여 서류심사를 요청하면 시교육청에서 심사 후 심사결과를 학교에 보내면 학교에서는 전체 교사회의에서 투표로 1순위자를 뽑아 교육청에 보고하면 이의가 없는 경우 교육청이 3개월간의 시보기간으로 임명하고 성공적으로 마치면 65세 정년을 보장해 주게 된다는 것이다. 반드시 시보 또는 수습기간이 있고 8~10년의 기간을 정하여 임용한다는 것이 각 주의 공통점인 것 같다.

학교가 되었든 아니면 교육청이나 교육부가 되었든 선발 과정이나 면접 과정에서 중시하는 것은 ① 수업 능력, ② 교직원회의 관리 능력, ③ 학교법과 학교행정 및 조직 관리 능력, ④ 지도자로서의 능력 등이라고 한다.

교장은 ① 수업도 맡고, ② 교사 회의를 주관하고, ③ 대외적으로 학교를 대표하고, ④ 대내적으로 학교를 정상적으로 기능을 하도록 보살피고, ⑤ 교사에 대하여 인사권을 행사하고, ⑥ 재정관을 두어 재정을 운영한다. 독일 학교법에 나타난 교장의 임무는 ① 조언·상담 활동, ② 조정과 협동, ③ 학부모, 학생, 각종 단체의 보호와 지원, ④ 직무의 위임 수행, ⑤ 학교 질서 유지, ⑥ 안전관계 활동, ⑦ 교사를 위한 계속 교육 등이다(박덕규 외, 1988).

독일에서 교장 선발에 비교적 교사의 입김이 센 주가 있으나 학교 내 교사 중에서 교사에 의하여 인기투표하는 형식은 아니며 교사와 교장이 한 학교에 고정 근무한다는 점이 우리나라의 상황과 다르다는 것을 알아야 한다.

4) 프랑스의 교장

프랑스의 교장은 학생들에게 아주 자상한 부모나 조부모의 이미지라고 할 수 있다. 프랑스의 교장은 학생들의 대화 상대자이고,

고민을 털어놓는 상대자이기도 하다. 독일의 교장과 마찬가지로 프랑스의 교장도 또 하나의 교사일 뿐이다.

프랑스의 초등교장은 3년 이상의 교사 경력이라면 주교육청에 교장 지원을 할 수 있다. 주 장학관이 임명한 심사위원들이 개별 면접을 하여 선발하는데 전체 심사위원회에 의하여 최종 합격자가 결정된다.

면접 시 주요 관심사는 ① 교육문제 분석력, ② 학교의 실질적인 문제, ③ 의사소통 능력 등이 된다.

중등교장의 경우는 프랑스 최고 권위의 교사자격증에 해당하는 아그레가제 소지자에게 별도의 연수과정을 부과하여 양성한다. 이 아그레가제는 아그레자시옹이라는 국가시험 합격자에게 수여되는 것인데 이 시험은 40세 미만자, 문과 또는 이과 학사학위 소지자, 석사학위 소지자, 이학, 법률 또는 경제학 박사학위 소지자, 중등교사 자격증 소지자 또는 기술교사 자격증 소지자 등이라고 한다. 아그레가시옹 시험은 예비시험, 최종시험으로 나누어지고, 숫자가 제한되어 있어 누구나 인정하는 자랑스럽고, 권위 있는 시험이고 자격증이다.

교장으로 선발되면 4~5주간 연수를 받고 임명된 뒤에도 계속 2년간 연수를 받는다고 한다. 일단 교장으로 임명되면 특별한 잘못이 없는 한 정년을 보장받게 된다.

프랑스의 교장도 전적으로 학교에 대하여 책임을 지며 교사들의 의견을 존중하여 학교를 운영하고, 대외 관계를 잘하여야 학교를 잘 이끌어 갈 수 있는 입장이다.

프랑스도 역시 교장의 일은 많고 어려운 데 비하여 이에 상응하는 보상이 따르지 못하여 교장 지원자가 부족한 상태이다.

5) 기타 다른 나라의 교장

일본의 교장 제도는 우리나라의 것과 흡사하다고 할 수 있다. 그것은 우리나라가 계속 일본의 것을 모방하고 법체계까지 똑같이 해 왔었기 때문이다. 다만 일본의 것은 지방 교육자치제를 제대로 하고 있기 때문에 지방에 따라 조금씩 다르다는 점이 우리나라와 다르다. 그리고 일본에는 교장에게는 면허장이 요구되지 않고 교두(교감)에게만 면허장이 요구되는데 ① 학교 교유(교사) 일급 보통면허장을 갖고, ② 5년 이상의 교육 경력이 있으면 교장이나 교두가 될 수 있는 기본적인 자격을 갖추는 것으로 본다. 교장은 교감 경력 4년이면 지원할 수 있다. 이들 기본 자격자 중에서 반드시 공개 시험이나 선고(選考)에 의하여 임명하게 되어 있다. 그리고 우리나라와 달리 중학교의 면허장과 고등학교의 면허장이 별도로 나누어져 있어 구별되어 있다.

소학교와 중학교의 경우 교육 경력 15년 이상, 38세 이상이라야 교두 시험에 응시할 수 있고, 교두 3년 경력이면 교장 시험에 응시할 수 있다. 교두 시험 평균 경쟁률은 현재 약 15:1 정도 된다.

현립 고등학교의 경우 10년 이상 교육 경력, 40세 이상자가 관리직 선고시험에 의하여 교두가 될 수 있고, 교두 5년이면 교장이 될 수 있는 기본 자격을 갖게 된다. 그런데 이런 기준도 지방에 따라 달라지고, 또 최근에는 개혁 바람에 의하여 전혀 교직 경험이 없는 경영인이 임명되기도 하였다 한다(일본 가고시마 고등학교 우치다 교장의 경우). 그리고 교장에 한하여 초등, 중등의 칸막이를 엄격히 하지 않게 되었다. 예를 들면, 돗도리 시 나가노고소학교 교장의 경우 중등 음악교사 출신이었다.

중국은 공산주의 국가로서 비교적 교사의 영향이 크다고 할 수 있는데 그래도 교원 대표, 학술 전문가, 교육 관료로 구성되는 교원자격심사위원회에서 교장을 임명하는 것으로 되어 있다. 내몽고 자치주의 경우 교장 자리가 빌 경우 교원들이 교내에서 한 사람당 3명씩 추천하게 되어 있으나 이것은 형식적이고 실질적으로는 시 교육구에서 공산당원 교원 중에서 임명한다는 것이다.

태국의 경우는 교직 경력 5년 이상이면 누구나 국가시험에 의하여 교장이 될 수 있는데 필자가 만난 한 교장은 25세에 교장 시험에 합격하여 만난 당시 50세인데 25년째 교장을 하고 있다고 하였다. 35학급 이상의 학교에서는 영어로 'director'라고 부르고 그 이하는 'principal'이라고 불렀었는데 최근엔 이런 전통도 변하고 있다고 한다. 작은 학교에서는 교장도 수업을 하고 있으며 교장실이 별도로 있지 않은 경우도 있었다.

직접 민주주의를 하는 스위스의 경우는 마을 사람들이 마을 사람 중에서 교장을 선발하는 곳이 있었다. 마을 이장을 뽑듯이 농부가 교장으로 뽑혀 가끔씩 학교에 들려 교사들이 가르치는 일을 지원해 주고 마을 사람들의 요구를 교사들에게 전달하여 관철시키기도 하였다. 그리고 가르치는 대부분의 일은 전적으로 전문 교사들에게 맡겨 주는 것이다.

이렇게 외국의 교장은 그 나라의 역사와 전통, 시대 상황에 따라 다른 자격과 임무, 책임을 수행하게 되는 것이다. 그러나 교사가 하는 일과 교장이 하는 일과 역할은 다르고 또 교사를 팀으로 하여 학생을 교육해야 하기 때문에 교사보다는 한 수준 높은 자격과 자질을 요구받게 된다는 것을 알 수 있다.

다. 외국의 교장 제도에서 얻을 수 있는 시사점

교장 제도뿐만 아니라 외국의 모든 교육 제도는 모두 그 나라의 역사와 전통 또 시대적 상황 속에서 나온 것이기 때문에 좋은 제도 나쁜 제도가 있는 것이 아니다. 그러므로 각 나라의 제도는 모두 서로 존중되어야 한다. 그리고 아무리 선진국의 것이라도 무조건 자기 나라로 빌려 오려고 할 때는 반드시 위험과 모험이 따른다는 점을 인정하고 또 이러한 점을 주의해야 한다.

그러나 외국 몇 나라의 교장 제도에 대하여 살펴보면서 우리나라에 시사받을 수 있는 몇 가지 공통점을 발견할 수 있다.

첫째, 가르치는 교사의 전문성과 행정하는 교장직의 전문성은 서로 다르다는 점을 인정하고 교장직의 전문성을 강조하고 강화한다는 것을 알 수 있다. 그래서 교장 등 교육행정직으로 나갈 사람을 일찍이 가려내어 연수가 아니라 양성 교육을 하여 교육행정가를 길러 내는 것이다.

둘째, 교장직의 전문성을 인정하기 때문에 교장직을 몇십 년씩 장기적으로 맡고 또 한 학교에서 오래 근무한다는 것을 알 수 있다. 교장을 몇 년 하고 말거나 이 학교 저 학교로 무책임하게 떠돌아다니는 떠돌이 신세가 아니라는 점도 발견할 수 있었을 것이다. 앞으로는 책임지는 교장이 되어야 할 것이다.

셋째, 교장이 될 수 있는 자격을 분명히 하고 대체로 공개 채용하는 경향이라는 것을 알 수 있다. 대개 특정한 학교의 교장으로 근무하는 것도 알 수 있다.

넷째, 외국에서는 지방 교육자치를 하여 지방마다 교장제가 다

르고 또 학교마다 다른 것을 알 수 있다. 특히 학교단위자율책임
경영제가 강조되면서 교장의 권위가 중시되고 또 존중된다. 따라서
우리나라에 비하여 역할과 기능, 책임도 분명하다.

나눠 먹기식 인사가 교육의 본질이나 목적일 수는 없다. 어떻게
하면 학생 교육을 잘하고 학교행정을 잘하느냐가 중요한 것이다.
비현실적인 주장이나 논쟁으로 국가적 에너지를 분산시켜 낭비시
키지 말고 교육의 질 향상에 국가적 에너지를 결집시켜야 한다.

(교육개발 2002. 1. 2.)

참고문헌

박덕규·박재윤·박영숙(1998), 교원 승진 및 전직제도 개선방안 연구,
    한국교육개발원.
정태범(2000), "교장의 양성체제", 한국교사교육 제17권 제3호, 한국교
    원교육학회.
주삼환(1992), 교육행정논단, 서울: 성원사.

교장은 배의 선장(captain)에 비유 된다. 선장은 해상에서 입법,
사법, 행정권을 통째로 가진다. 학교가 통째로 교장에게 맡겨져 있
다는 뜻이다. 학생과 학부모, 교직원 한 배 가득 싣고 다가오는 파
도를 넘고 빙산과 암초를 피해 목적지 항구 교육목표에 정박시키
는 보람에 선장·교장은 오늘도 나침반을 잡고 항해·교육행정을
한다.

가. 지방화 시대의 교육감

한쪽으로는 국가 간 담벽이 허물어지면서 세계화·지구촌화의 방향으로 가는 반면 다른 한쪽으로는 분권화의 경향에 의하여 지방화의 방향으로 가고 있다. 국가 전체의 마인드는 세계를 향해 나아가고 나라 살림은 국민과 주민 가까이 다가가는 지방정부의 시대로 가야 하고 또 현재도 계속 그 방향으로 가고 있는 것이다.

교육에 관한 사항도 세계적으로 경쟁력을 갖는 교육을 해야 하는 동시에 지방의 특수성을 살리는 다양한 교육을 해야 하는 것이다. 우리나라의 교육도 중앙집권·중앙통제에 의한 획일교육을 지양하고 대신 지방 교육자치에 의한 다양화 교육을 지향해야 한다. 1991년부터 「지방 교육자치에 의한 법률」에 의하여 형식적으로는 지방 교육자치를 하게 되어 있으나 실질적으로는 아직도 교육인적자원부의 전횡에 의한 획일교육을 하고 있는 것이다. 우리나라의 다른 모든 부분이 민주화되어 있다고 한다 하더라도 교육에 관한 한은 아직도 세계에서 그 유례를 찾기 힘들 정도로 독재이고 획일적인 것이다. 독재와 획일을 민주와 평등으로 착각하고 또 오도되고 있는 것이다. 선택의 자유가 없고 통제된 하나만이 강요되는 것을 평등으로 호도하고 있는 것이다.

그러나 지방화와 다양화가 세계적 경향이고 또 시대적 요청이고 대세라면 우리의 교육도 어차피 그 방향으로 가지 않을 수 없게 되는 것이다. 그럴 경우 지방 교육감은 지방 교육에 관한 실질적인 지금의 교육인적자원부장관이 되는 것이다. 교육감은 지방의 공교육에 관한 지방장관이 되기 때문에 교육감직은 아주 중요하게 된다. 미국의 경우 미 헌법에 의하여 교육은 주정부의 책임이라고 규정해 놓아 중앙정부는 교육에 대한 권한과 책임이 없는 상태이다.

교육이 지방화되는 것은 좋은 현상이라고 할 수 있으나 동시에 교육계가 정치화되면서 교육감직은 더욱 어려워지고 또 그만큼 중요해지고 있다. 학교도 더 이상 낭만적인 전원의 농촌사회를 연상할 수 없게 되고 대신 권력 다툼을 하고 힘겨루기, 이익 챙기기를 하는 경쟁적인 대도시 사회로 바뀐 것이다. 따라서 교육감직도 더 이상 명예나 얻고 자리나 지키고 있는 고요한 교육자의 자리가 아니다. 고요한 온실 속에서 행정을 해야 하는 것이 아니라 비바람치는 들판, 야생 속에서 살아남아야 하는 자리가 되었다.

요약하자면, 교육도 지방화되면서 교육감은 지방교육부장관이 되어야 하기 때문에 더욱 중요하게 되고, 또 교육이 정치화되면서 정치판 속에서 교육의 목적을 달성해야 하기 때문에 교육감직이 더욱더 중요한 자리가 되면서 더욱 유능한 교육감이 요구되는 상황이 되었다.

나. 교육감에게 기대하는 역할

　지방 교육자치가 원칙대로 실행된다면 교육감은 지방교육부장관이 된다. 지금도 교육감은 법적으로 시·도 교육·학예에 관한 (최고)집행기관이다. 그래서 우리나라에서는 최고 의결기관으로서 교육위원회를 두고 이와 분리하여 독립기관으로 집행기관인 교육감을 따로 두고 있다. 교육위원회가 결정해 준 정책을 교육감이 행정으로 집행해야 하는 형식으로 되어 있어 의결기관과 집행기관의 두 개의 독립된 지방교육기관을 두고 있는 셈이다.

　교육감이 해야 할 일은 ① 조례안의 작성, ② 예산안의 편성, ③ 결산서의 작성, ④ 교육규칙의 제정, ⑤ 학교 기타 교육기관의 설치·이전 및 폐지에 관한 사항, ⑥ 교육과정의 운영에 관한 사항, ⑦ 과학·기술교육의 진흥에 관한 사항, ⑧ 사회교육 기타 교육·학예 진흥에 관한 사항, ⑨ 학교체육·보건 및 학교 환경정화에 관한 사항, ⑩ 학생 통학 구역에 관한 사항, ⑪ 교육·학예의 시설·설비 및 교구에 관한 사항, ⑫ 재산의 취득·처분에 관한 사항, ⑬ 기채·차입금 또는 예산 외의 의무 부담에 관한 사항, ⑭ 기금의 설치·운용에 관한 사항, ⑮ 소속 국가공무원 및 지방공무원 인사관리에 관한 사항, ⑯ 기타 당해 시·도의 교육·학예에 관한 사항과 위임된 사항이라고 「지방 교육자치에 관한 법률」에 명시되어 있다.

　교육감직에 부과된 이런 일을 하기 위해서 교육감은 무슨 역할을 해야 하는가? 교육감에게 기대되는 주요 역할은 무엇인가? 교육감에게 기대되는 역할은 너무나 많고 다양할 것이다.

Raymond Callahan(1966)은 미국에서 교육감직이 ① 학자적 지도 자로서의 교육감(Superintendent as scholarly leader), ② 사업·사무 (서무)적 관리자로서의 교육감(Superintendent as business manager), ③ 민주적 학교에서 교육 지도자로서의 교육감(Superintendent as educational leader in democratic schools), ④ 응용사회과학자로서의 교육감(Superintendent as applied social scientist)의 4단계로 발전해 왔다고 하였다.

Larry Cuban(1976)도 Callahan과 비슷하게 교육감 역할의 주요 3 측면을 강조하고 있는데 ① 교원 – 학자(예: 전문가, 수업 지도자), ② 행정수장(Administrative chief, 예: 권위주의적 관리자, 과학적 관리 전문가), ③ 협상가 – 정치가(예: 갈등을 해결하는 다양한 집 단으로부터 지원을 이끌어 내는 사람)를 제시하였다. Callahan의 것 에서 마지막 사회과학자로서의 교육감을 뺀 것 이외는 두 가지가 서로 동일하다.

Theodore J. Kowalski는 『교육감론(The School Superintendent: The – ory, Practice, and Cases, 1999)』이란 책의 교육감직(Superintendency) 에 따른 역할 기대를 Callahan의 제안에 따라 ① 교사들의 교사 (The Teacher of teachers, professional educators, 또는 scholarly leader), ② 사업관리자(The Superintendent as Business manager, 또 는 Chief executive officer), ③ 민주적 지도자(The Superintendent as Democratic schools), ④ 응용과학자(the Superintendent As Applied Social Scientist)로 구성하고 있다.

물론 우리나라의 교육감의 역할은 지방자치와 민주주의가 발전 한 미국의 교육감의 역할과 다를 것이다. 그리고 미국의 교육감은 우리나라의 시·군·구 교육장까지 포함하고 있기 때문에 더욱 차이가 있을 수 있다. 그러나 앞에서 말한 네 개념과 역할은 기본적인 것이므로 우리나라의 교육감직에도 해당되는 것으로 봐야 하므로 이를 중심으로 좀 더 자세히 살펴보기로 한다.

1) 교육 전문가로서의 교육감

미국에서 1800년대 중반 교육감직이 생겨나면서부터 1910년경까지, 그리고 우리나라에서는 초창기부터 교육감의 주된 이미지와 주요 역할은 교육 전문가이다. 그야말로 교육 경험이 많고 학식과 덕망이 많은 원로 교육자로서의 이미지와 역할로 교육감직이 비춰졌던 것이다. 학교를 질서정연하게 유지하고, 교사들을 잘 장학(獎學)하고, 획일적인(우리나라에서는 전국적으로 획일적인) 교육과정을 잘 실행으로 옮기는 것이 교육감의 주 역할이고 교육감의 주개념이었다. 그래서 교육감은 교육과 수업의 지도자로 인식되어 있다. 교육감은 교사의 교사이고 또 장학사(Supervisors)의 장학자(관)로 생각하기 때문에 교육감이라는 Superintendent는 장학관(獎學官)으로도 번역되는 것이다. 만일 교육감에게 이런 교육의 전문성이 인정되지 않았더라면 아마 미국에서는 비전문적인 교육위원회 의장이 직접 교육감의 역할까지 맡았을지도 모른다. 교육위원은 교육의 전문성보다 주민의 대표성이 더 강조되기 때문에 비전문인(lay)인 것이다. 지금도 비전문적인 교육위원이 주민이 원하는 주요 정책(policy)을 결정하고 교육 전문가인 교육감이 그것을(주민이 원하는 정책을) 집행·실행(execute)하라고 하는 것이다. 그래서 지방 교육자치는 비전문인(교육위원회) 통제(lay control) – 전문인 집행 관리 (professional executive management)의 형식으로 되어 있는 것이다.

학교는 역시 학생을 교육하는 기관이고 교사는 학생 교육 때문에 존재하는 사람들이기 때문에 이들 학교와 교사를 책임지고 있는 교육감이 교육에 대하여 전문성이 없어서는 안 될 것이다. 그리고 교육감의 행정 직원들이나 학부모, 교사, 학생, 심지어는 일반인들에게 하는 말 한 마디와 행동 하나하나가 곧 교육이 되는 것이기 때문에 교육감은 기본적으로 참교육자이어야 한다. 만일에 교육감이나 교육인적자원부장관이 "나는 학교(대학)에서 하나도 배운 것이 없고 감옥소에서 인생의 모든 것을 다 배웠다."고 공공연히 말을 한다면 어떻게 되겠는가? 그러면 학생들보고 학교에 가지 말고 모두 감옥소에 가란 말인가? 국민 기초교육을 받아야 할 학생들보고 교육 최고 책임자가 무시험으로 대학 갈 수 있다든가, 한 가지만 잘해도 대학 간다든가, 학벌 없는 세상을 만들겠다고 선동적인 말을 한다면 어떻게 되겠는가?

그러나 현대의 교육감은 이제 순수한 교육자만으로는 충분하지 못한 세상으로 변한 것이다. 교육의 철학과 역사, 교수법, 교사 장학만 말하면 되던 고요한 교육의 세상만은 결코 아닌 것이다. 교육을 하려도 사람과 돈, 시설이 필요하고 이들을 관리해야 하는 일도 중요하게 인식되기 시작하고, 또 교육도 대도시화하면서 이해집단 간의 갈등 속에서 교육을 해 내야 하는 또 다른 역할이 교육감에게 부여되기 시작하여 다음에 다룰 역할들이 또 강조되는 것이다.

그렇더라도 교육자로서의 교육감의 역할은 계속 강조되지 않을 수 없다. 특히 지식정보사회가 되면서 교육의 질을 가지고 국운을

건 경쟁을 하게 되는 때에 교육감의 교육적(수업적) 지도력은 아무리 강조해도 오히려 부족한 실정이다. 그래서 미국이나 영국 등 선진국에서는 교육의 수준과 표준을 높여 놓고 거기에 도달하기 위해서 자꾸 쥐어짜는 쪽으로 기울어지고 있다. 여기에서 교육감이 주도적인 역할을 하는 것이다. 수업지도력을 다시 부활하여 강조하는 교육개혁의 주요 시도와 그 예를 찾아보기는 그리 어렵지 않다.

예를 들면, 학생의 수행(performance)에 대한 높은 기대로 정기적인 시험과 최종시험을 실시하여 교육감은 그 결과로 지역사회에 말을 해야 하는 것이다. 이것이 교육감의 책무성이다. 국민의 세금을 써서 교육한 그 결과를 가지고 국민에게 말을 하라는 것이다. 학생의 최종 수행을 위해서 이에 알맞은 교육과정을 제공하고 필요하다면 보충 프로그램도 제공해야 하는 것이다. 교육감은 학생의 최종 성적(인지, 정의, 심체적 모든 성적)의 결과로 자신의 책무성을 말해야 하는 것이다. 민주화도 좋고, 공개 행정도 좋고, 애들 놀리기 창의성도 다 좋으나 교육의 최종 결과로 교육감이 보여 줄 것이 없다면 교육감의 1차적 직무는 일단 유기된 것이라는 냉혹한 현실을 인식해야 한다.

다음으로는 교사의 직무 수행에 대한 높은 기대로 교사에 대한 직무수행평가와 교사의 전문적 발달을 위한 연수에서 교육감이 지도력을 발휘하려는 개혁 노력이다. 앞에서 말한 학생들의 높은 성취를 위해서는 교사들이 높은 성취와 성취동기와 성장노력이 있어야 한다. 교육감 혼자서 직접 학생 성취를 높일 수는 없는 것이다. 특히 우리나라에서 유능한 사람들이 교육 이외의 다른 분야로 다 빠져나간 나머지가 교사로 몰려오는 상황에서 교사를 사기충천하게 만들어 교사의 높은 직무 수행을 이끌어 낸다는 것이 교육감의 만만치 않은 도전이다.

더구나 억눌리고 짓밟혔었다고 생각하던 교사들이 점점 더 과격해지고 호전적으로 나오는 상황에서 교육감이 교육적·수업적 지도력을 발휘하기는 쉽지 않을 것이다. 임시로 자기 임기나 마치려고 단체 교섭에 서명해 놓고 그것을 협상과 타협이라고 한다면 이 나라의 어린이, 청소년 교육은 어디로 가고, 학생 성취를 가지고 어떻게 국제 경쟁을 할 수 있겠는가? 교사의 요구를 들어줄 것은 교사들이 요구하기 전에 교육감이 미리 알아서 해결·처리해 줘야 한다. 그러나 국민의 세금으로 안 될 일, 학생과 학부모 국민에게 손해가 가는 요구와 주장에 교육감이 서명해 줘서는 안 된다. 교육감은 교사의 편에도 서야 하지만 주민과 국민의 편에도 서야 한다.

교육개혁의 세계적인 경향의 또 하나는 분권화에 의한 학교단위자율책임경영제이다. 여기서 교육감은 학교 간에 어떻게 균형을 유지하고 조정하느냐가 중요한 과제가 된다. 이는 학교단위자율책임경영제가 되는 과정, 되었을 때의 문제이고 우리나라에서는 오히려 학교단위자율책임경영제로 가게 하는 데 교육감이 교육적 지도력을 발휘하는 데 더 신경을 써야 할 문제이다.

서로 대립되고 논쟁을 일으키는 패러다임 상황에서 교육감이 어떻게 지역사회의 가치를 지키고 수업적 결정을 하느냐도 중요한 문제이다. 예를 들면, 앞에서 잠깐 언급한 것처럼 결과로 말하라는 것으로 산출근거교육(Outcome-based education)에 대한 논란이다. 지금 미국, 영국에서는 교수와 평가 측면에서 산출근거교육, 결과지향교육(result-oriented education)의 주장이 많이 나오는데 동시에 이에 대한 반대와 반박도 만만치 않다. 이런 때 교육감은 어떤 방향을 제시해야 할 것인가? 교육감이 연구를 안 해 가지고는 섣불리 어떤 편에 서기 어려울 것이다.

또 하나의 예를 들면, 공립학교 간 경쟁체제의 도입으로 세금지불보증제(vouchers), 헌장에 의한 자율학교(charter schools), 학교 선택제, 우리나라의 자립형 사립학교 등의 교육개혁에 대하여 어떤 교육감은 반대 입장에 서고 어떤 교육감은 지지 입장에 서고 있다. 그리고 이런 입장들이 자신의 교육의 전문적 철학에서 나온 것인가? 아니면 상황적 입장 때문인가?

어쨌든 교육감은 교육자로서 높은 교육적 전문성을 갖고 있어야 한다. 교육감이 전문적 표준에 도달했는지 알아보기 위한 표준으로 ① 지도력과 지역사회 문화, ② 정책과 최고의사결정, ③ 의사소통과 지역사회와의 관계, ④ 조직 관리, ⑤ 교육과정 계획과 개발, ⑥ 수업 관리, ⑦ 인력 자원 관리, ⑧ 지도력의 가치와 윤리로 확인할 것을 제안하기도 한 연구가 있다.

2) 사무적 관리자, 최고 행정집행자로서의 교육감

미국에서는 20세기 초, 우리나라에서는 1960년대부터 산업화에 의한 영향으로 인사관리, 재무관리, 시설관리의 중요성이 대두되면서 교육감을 더 이상 교사의 교사, 교육 전문가, 학식과 덕망에만 머물게 내버려 둘 수 없게 되었다. 교육감직뿐만 아니라 순수한 교육에서 행정과 관리가 분리되는 경향을 띠게 되었다.

교육에서도 효율성의 개념이 도입되게 되었는데 특히 미국에서는 과학적 관리운동의 영향으로 교육의 효율화 개념의 파고가 높았다. 그러나 우리나라의 경우는 교육이 너무나 열악한 실정이어서 효율성과 경제성을 따질 엄두를 내지 못하다가 오히려 90년대 이후 최근에야 이런 주장들이 나오고 있다.

교육감의 역할에서 경영자·관리자의 역할이 중요하냐, 지도자의 역할이 중요하냐를 따지기는 어려울지 모르나 관리자나 경영자가 일을 어떻게 해야 하느냐(How things should be done)에 관심을 더 기울인다면, 지도자는 무엇을 해야 하느냐(What should be done)에 관심을 더 둔다고 하면 어느 정도 구별될 것이다. 옳은 일을 하느냐(지도자, do right thing), 일을 올바르게 하느냐(관리자, do thing rightly)이고, 목적과 내용이 더 강조되느냐 수단과 방법이 더 강조되느냐의 관심과 비중의 차이라고 할 수 있다. 말할 것도 없이 옳은 일을 옳게 처리해야 할 것이다. 그래서 교육감에게 관리자의 역할과 마인드가 강조되고 이런 마인드가 들어오는 것은 좋으나 거기서 멈추지 말고 관리자→행정가→지도자의 수준으로 올라가야 한다. 최근에 일반직들의 입에서 교장·교육감의 일반인 전문 경영인이니 CEO니 하면서 아무나 교장, 교육감을 할 수 있는 것처럼 내비치는 것은 아주 위험한 일이다.

미국에서 교육감직이 전문 교육자에 그치지 않고 사무관리자의 개념이 도입되면서 교육감 전문 양성·준비과정이 생겨나고 이에 따라 자격증·면허증(licensure)이 요구된 것은 교육행정 발전에 많은 기여를 했다고 봐야 할 것이다.

반대로 우리나라에서 교육감을 '집행'에 강조를 두어 관리적 냄새만 풍기게 해 놓은 것은 문제점이라고 할 수 있다. 지방 교육자치에 관한 법률에서 '교육·학예에 관한 사무의 집행'으로 축소 표현해 놓은 것도 문제이다. 어쨌든 교육감이 사무적 관리에 머물러 있지 않고, 이것만이 전부도 아니고, 전적인 역할이 아니라는 것은 의문의 여지가 없다.

교육감은 관리적 역할로서 ① 재정관리, ② 시설관리, ③ 인사관리, ④ 특수교육과 학생 인사 봉사, ⑤ 교육청과 학교 변호사와의 관계, ⑥ 지원 봉사의 영역으로 나누어 볼 수 있다.

재정관리로서는 예산 편성, 결산과 회계 감사, 채무 관리, 위기 관리, 구매와 재고 관리, 보수와 임금 관리로 나누어 볼 수 있다.

시설관리로서는 시설 계획, 건설, 보수 관리 유지, 폐지·폐기 등의 순서로 관리적 측면을 고려해야 할 것이다.

인사관리는 ① 임용의 실제, ② 인력자원 개발, ③ 임용 관리(기록, 봉급, 부가급, 법적 문제, 환경 통제, 직원 해직), ④ 직원과의 관계(직원 사기, 단체 교섭, 고충 관리) 등의 요소를 생각해 봐야 할 것이다.

특수교육 관리는 프로그램 조직, 특수교육 서비스 장학, 인사관리, 특수교육 관련 분쟁 관리 등으로 나누어 생각하고, 학생 인사 서비스는 출석 문제, 경제적으로 불리한 사람들에 대한 서비스, 상담 서비스, 학생 행동 관리, 학생 보건, 사회사업 등으로 나누어 챙겨 봐야 할 것이다.

학교교육 관련 법적 분쟁과 소송, 판례 등이 많아지면서 변호사의 도움을 받아야 하므로 앞으로 이 분야의 교육감의 관리가 중요해지게 될 것이다.

교육감의 행정 지원에서 중요한 것은 버스와 교통 문제와 급식 문제가 중요할 것이다. 소극적으로 이 부분에서 사고 방지만 생각할 것이 아니라 적극적인 서비스의 질 향상을 위해서 교육감은 노력해야 할 것이다.

3) 민주적 지도자, 교육적 정치가로서의 교육감

관리자로서의 교육감의 역할이 들어오면서 독재적 행정, 권위주의적 행정, 집권적 권한과 권위가 되기 시작하였다. 이렇게 되자 또 이에 대한 공격이 거세지게 되었다. 효율성 못지않게 선택의 자유에 대한 요구가 높아지게 되었다.

다양한 이해집단들이 자기들의 이익을 지키기 위해서 권력투쟁을 하게 되었다. 이들의 요구를 조정하고 지역사회의 가치를 지키기 위해서는 교육감에게 정치력이 요구되게 되었다. 학부모 집단, 교사 집단, 시민 단체, 정치 집단 일반직 집단들의 틈바구니에서 교육감은 어떻게 조정하여 교육적 가치를 지키고 성과를 올리느냐가 문제이다. 다양한 집단의 참여 속에서 교육감은 민주적 지도력을 발휘해야 한다.

또 지방정부에는 교육에 관한 정부만 있는 것이 아니기 때문에 부족한 재정 자원을 가지고 정부의 다른 부문들과 심각하게 경쟁을 해야 하는 것이다. 쉽게 말하면 예산 따내기 경쟁을 해야 하는데 그러자면 교육감은 자연히 정치적이지 않을 수 없다.

최근에 교원 단체들이 몇 개로 갈라지고 또 그중에 일부는 과격해지고 단체 교섭을 하게 되면서 교육감은 여기서도 정치력을 발휘해야 한다.

교육인적자원부와의 관계, 국회와의 관계, 지방자치단체, 즉 시장·도지사와의 관계, 지방의회, 교육위원회와의 관계, 학교운영위원회와의 관계에서 교육감은 정치적 성격을 띠지 않을 수 없다. 교육감이 정치력을 갖지 못하고 또 교육의 전문성을 갖지 못하면 이들 기관과 단체에 끌려 다니게 되고 마침내 교육의 가치가 우선순위에서 밀려나게 되는 것이다. 그러면 수많은 교원과 학생들의 입장은 비참해지는 것이다. 미국에서도 유능한 교육감은 교육위원회(비전문인)에 좋은 자문을 하고 설득을 하여(정치력을 발휘하여) 이들을 교육적으로 이끌고 가지만 무능한 교육감은 이들에 끌려 다니게 되어 교육이 정치판이 되고 교육이 우선순위에서 항상 밀려나게 된다는 연구가 보고되고 있다. 교장도 마찬가지이어서 유능한 교장은 학교운영위원회를 교육적으로 리드해 나가지만 무능한 교장은 학교운영위원회에 끌려 다니게 되어 학교가 교육이 아니라 정치적으로 움직이게 된다는 것이다.

교육감이 교육위원과 긍정적인 관계를 형성하고 유지하기 위해서는 우선 ① 자아의식과 정직→② 지식과 조력의 제공→③ 양방 의사소통→④ 상호 존중→⑤ 협동→⑥ 신뢰의 과정을 거쳐 최종적으로 신뢰를 달성해야 한다.

교육과 학교가 이제 더 이상 교육적인 외로운 섬·고도·독도로 존재할 수 없고 어쩔 수 없이 정치판 속에서 또는 정치와의 조화 속에서 교육목적을 달성해야 하기 때문에 교육감의 정치적 역할은 중요시된다. 정치가로서의 교육감은 여러 집단 간의 갈등을 해소하고 조정하는 일을 해야 한다.

4) 응용사회과학자로서의 교육감

선진국에서는 교육감이 이런 다양한 역할을 수행해야 하다 보니 교육감을 전문가로 양성(교육)하게 되었다. 대학원에서 박사학위 과정이나 전문가 자격(certification, licensure) 프로그램을 필수로 요구하게 되었다. 그래서 행정가의 행위에 필요한 분석을 하여 이에 필요한 심리학, 인류학, 사회학, 체제 분석 등 다양한 사회과학 과목들을 교육행정 코스에 넣게 되었다. 그래서 교육감은 사회과학 종합 학문적 응용사회과학자가 되어야 한다고 했던 것이다. 알아야 면장도 하는데 교육감은 알지 못해도 할 수 있겠는가? 전문적 지식 기반이 있어야 하는데 이 전문적 지식 기반이 응용사회과학이 되어야 한다는 입장이다. 교육감에게는 지혜와, 직관력, 재능, 예술성도 있어야 한다.

그런데 현재의 우리나라 교육감에게 응용사회과학의 종합과학을 공부해서 교육감이 되었느냐고 물어보기는 어려운 실정이다. 그러나 언젠가는 우리나라에서도 교육행정대학원에서 교육감 양성 과정을 두어 자격증이나 학위를 부여하고 이들 중에서 교육감을 선출하게 하거나 임명하게 되어야 할 것이다. 그리고 교육감뿐만 아니라 모든 교육행정가를 발탁이 아니라 전문으로 양성해야 할 것이다.

지금까지 교육감의 주요 역할로 ① 전문 교육자, ② 관리자, ③ 정치가, ④ 사회과학자의 네 가지를 제시하고 이에 대하여 설명했는데 이들 역할은 따로따로 떨어진 것이 아니라 종합적이고 통합적이며 또 균형과 조화를 이뤄야 하는 것이다. 그리고 이들 4역할은 기본적이고 1차적인 것이고 여기에 ① 개인적 철학, ② 사회적 기대, ③ 전문적 준비(양성) 노력, ④ 이전의 경험과 사회화 과정과 같은 상황적 영향변인을 고려하여 교육감 행정 행위를 해야 하는 것이다. 즉 교육감 직무 수행을 해야 하는 것이다. 그런데 여기서는 중요한 상황변인, 영향변인에 대해서는 다룰 여유가 없었다. 이런 상황변인 외에 교육과정, 수업적 접근, 교육철학과 같은 본질적 변인은 더 중요하다. 이들 역할 기대와 영향변인을 그림으로 나타내면 [그림 15 - 1]과 같다.

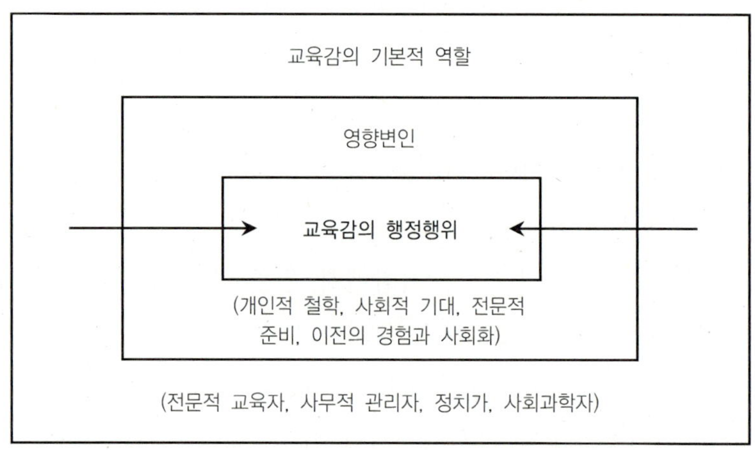

[그림 15 - 1] 교육감의 역할기대의 통합과 이에 영향을 주는 주요 변인들

다. 교육감에게 요구되는 지도력

지도력(leadership)이란 조직의 목적과 그 달성을 위한 전략을 결정하고, 그 목적 달성을 위한 합의를 도출해 내고, 다른 사람들로 하여금 목적 달성을 위해 노력하도록 영향을 주는 것이라고 할 수 있다.

이에 비하여 관리(management)는 조직목적 달성을 위한 노력에서 전략을 실행하고 자원을 통제하는 과정이라고 할 수 있다. 행정(administration)은 관리와 지도력의 중간 수준에 위치하는 것으로 보게 된다. 그래서 미국 쪽에서는 교장이나 교육감 보고 관리자 수준을 뛰어넘어 행정가가 되고, 행정가 수준에 머무르지 말고 지도자가 되라고 하여 지도자, 지도력을 높은 수준으로 본다. 그러나 때로는 관리와 행정, 지도성을 동의어로 생각하여 서로 바꾸어 쓰기도 한다.

1) 지도력의 근원과 고차원적 지도력

Sergiovanni는 지도력이 나오는 근원 또는 요인, 차원으로 ① 기술적 기능, ② 인간적 기술, ③ 교육적 능력, ④ 상징성, ⑤ 문화적 능력, 도덕적 능력의 다섯을 들고 있는데 기술적, 인간적 수준까지를 관리, 조직의 본질에 해당하는 교육을 다루는 수준까지를 행정, 이보다 높은 상징성, 문화, 도덕적 능력까지 포함하는 것을 지도력이라고 하고 있다. 기술과 인간을 다루는 일은 일을 해 나가는 과정에 해당하며, 교육 조직에서 교육의 전문성을 갖는 것은 조직의 사명과 본질에 해당되며, 조직과 일에서 의의와 의미를 심어 주기 위해서는 상징성과 문화적 지도력과 도덕적 지도력을 발휘해야 한다는 것이다. 그리고 이해타산에 의하여 주고받기식의 교환적·거래적 지도력(transactional leadership)의 낮은 수준을 뛰어넘어 마음에서 우러나 일을 하도록 영향력을 행사하는 변혁적 지도력(transformational leadership)을 발휘해야 한다는 것이다. 이것을 요약하면 [그림 15 - 2]와 같다.

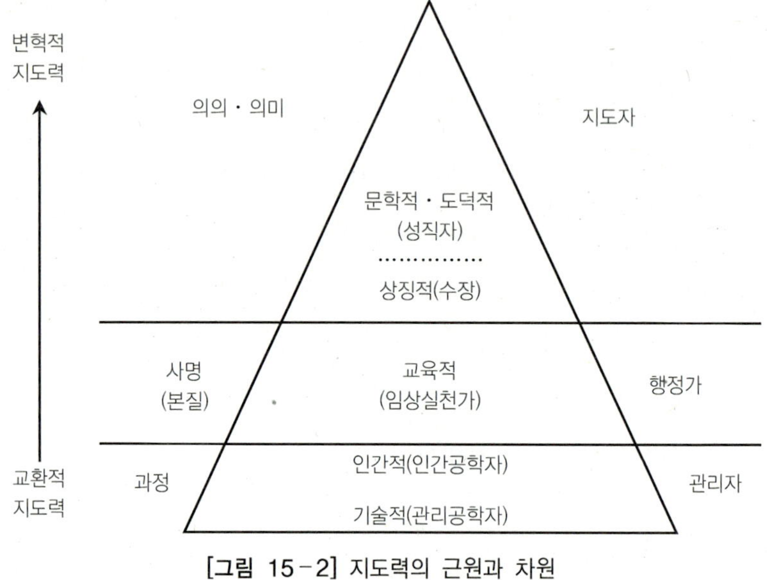

[그림 15-2] 지도력의 근원과 차원

최근에 기업문화, 조직문화, 학교문화가 중시되면서 좋은 문화를 형성하고 좋은 문화를 유지하는 데서 지도자는 지도력을 발휘해야 하는데 이것이 바로 높은 수준의 문화지도력이다. 교육감은 지방교육장관으로서 이러한 문화지도력을 발휘해야 한다.

그리고 교육감은 자유, 정의, 평등, 평화, 인간주의와 같은 고등 이상과 도덕적 가치(Yukl, 1989, p.210)에 호소하는 도덕적 지도력, 곧 변혁적 지도력을 발휘해야 한다. 일과 직장, 조직에서 의미와 의의를 찾고 이를 추구하도록 영향력을 행사하는 것이 보다 높은 수준의 지도력인 것이다. 높은 수준의 변혁적 지도력은 곧 ① 지도자·추종자 모두의 공통의 목표에 대한 헌신, ② 높은 수준의 도덕성 추구, ③ 높은 수준의 욕구에의 동기 유발에 발동을 걸어 주는 것이라고 할 수 있다(Burns, 1978).

240

이와 비슷하게 Warren Bennis(1984)도 변혁적 행동에 의한 근본적 지도력의 능력으로 ① 목적과 비전을 위해 헌신하게 하는 주의 집중(attention), ② 이 비전을 내 것으로 삼게 또는 공통의 것으로 삼게 하도록 의사소통하는 의미(meaning), ③ 사람을 믿고 계속 초점을 갖도록 하는 신뢰(trust), ④ 자신의 기술을 알고 이 기술을 계속 개발하도록 노력하게 하는 자아(self)의 넷을 들고 있는데 이것도 지도자로서 가져야 하는 높은 수준의 지도력이라고 할 수 있다.

교육감은 교육개혁 지도자로서 지도력을 발휘하지 않으면 안 된다. 이러한 변화지도자로서의 지도력이 없다면 진정한 의미의 개혁은 일어나기 어렵다. 변화를 위해서는 먼저 ① 지방 조직 문화를 이해하고, ② 리드해 나가야 할 교원을 귀하게 여기고 교원의 전문적 성장을 촉진하고, ③ 교육감이 무엇에 가치를 두는지 밝히고, ④ 협동을 이끌어 내고, ⑤ 강요하기보다는 자발적, 민주적 참여와 헌신을 이끌어 낼 수 있어야 변화와 혁신, 개혁은 가능해진다.

2) 변화하는 시대에 맞는 지도력

변화하는 시대에 맞게 교육감의 전문적 지도력도 변해야 한다. 첫째, 태도, 가치, 신념에 초점을 맞추도록 해야 한다. 지도력에 있어서 조직변인인 조직의 구조에 의한 전적인 의존보다 더 중요한 것은 인적 변인인 지도자와 추종자의 철학과 태도와, 가치, 신념의 일치가 중요하다. 지도자와 추종자 사이에 이런 철학, 태도, 가치, 신념이 일치되지 않을 때 지도력이 먹혀들기 어렵다. 그런데 이런 신념체제를 바꾸기는 극히 어려운 일이다. 그래서 또한 교육감이 이런 측면에서 지도력을 발휘하기가 심히 어려운 것이다. 예를 들면, 교육감의 신념과 전교조의 신념이 다를 때 교육감의 지도력이 발휘될 수 있겠는가?

둘째, 집권화냐 분권화냐 양자택일식 편도가 아니라 '방향감 속의 자율(directed autonomy)'에의 초점이다. 현대 행정이나 기업 경영에서까지 전적인 집권화나 전적인 분권화, 전적인 통제나 전적인 자율은 있을 수 없다고 보고 있다. 큰 정책이나 방향에서는 합의를 보고 그 범위 내에서 전문가의 전문적 자율을 부여해야 한다는 것이다. 분권화의 방향으로 가고, 또 권한 부여의 방향으로 가야 하지만 무조건적인 분권화나 자율화는 존재할 수 없다는 것이다. 여기서 교육감이 어떻게 지도력을 발휘하느냐가 중요하다.

셋째, 앞에서도 잠깐 언급된 것처럼 교육감의 윤리적 실천, 도덕적 실천에 있어서 지도력을 발휘하는 일이 중요하다. 교육기관과 학교는 도덕적 성격이 강하기 때문에 교육감은 도덕성과 윤리성으로 지도력을 발휘해야 한다. 윤리적, 도덕적 지도력이라고 하면 부정부패하지 않는 것만 생각하기 쉬운데 여기서 윤리적, 도덕적 지도성은 이를 포함하여 무엇을 어떻게 하여 목표를 달성하고 교육을 개선하느냐 하는 적극적 측면이 더 강조되는 것이다. Sergiovanni(1992)가 말하는 3H − Heart, Head, Hand에서 Heart(뜨거운 가슴, 감성, 윤리, 도덕)에서 출발하여 Head(이성, 합리성, 찬 머리)로 생각하여 Hand(날랜 손발, 기교, 기능, 기법)로 행정을 하는 3H의 조화를 강조하게 된다. 그리고 과거의 행정은 지나치게 Hand를 강조하거나 Head에 치우쳤던 점이 있다.

넷째, 지식정보사회의 도래와 함께 교육감은 기술 공학, 정보의 측면에서도 지도력을 발휘해야 한다. 이 분야에 대하여 잘 알아야 할 뿐만 아니라 교육위원, 지역주민과 정보를 공유하기 위한 노력이 있어야 한다. 그리고 지도자는 미래 사회에 대한 전망을 정확하게 하고 이에 대비해야 한다.

라. 교육감의 역할과 지도력 종합

결국 교육감은 ① 비전과 목적, 방향감을 정확하게 세우고 이를 달성하기 위한 알맞은 계획을 세우고(visioning과 planning), ② 학생 교육을 위한 교육과 수업에서 지도력을 발휘해야 한다. ③ 교육 조직은 사람을 움직여 사람을 교육하는 것이 본질이고 핵심이므로 교육 직원과 함께 일하는 속에서 지도력을 발휘해야 하는 것이다. ④ 행정의 과정에서는 행정의 핵이라 할 수 있는 '의사 결정'을 민주적으로 그리고 올바르게 하고, '의사소통'을 잘하여 지도력을 발휘해야 한다. 그리고 마지막으로 ⑤ 교육감은 외로운 섬에서 행정을 하는 것이 아니므로 지역사회와 여러 이해집단과 어떻게 동반자 의식(partnership)을 형성하기 위한 지도력을 발휘하느냐가 중요하다.

교육감의 기본적 역할로 여기서는 ① 전문 교육자, ② 집행 관리자, ③ 정치가, ④ 사회과학자의 네 역할을 제시하고 각각의 역할 수행을 위해서 요구되는 교육감의 지도력을 종합적으로 제시하였다. 지도력의 근원으로 ① 기술적, ② 인간적, ③ 교육적, ④ 상징적, ⑤ 문화적, 도덕적인 차원을 들고 이들 모든 근원이 중요하지만 낮은 수준에 머무르지 말고 고차원의 지도력인 문화적 지도력, 도덕적 지도력, 즉 변혁적 지도력까지 발휘할 수 있어야 한다는 점을 강조하였다. 이것을 다른 측면에서 보면 ① 목표에서 주의 집중, ② 의미의 발견, ③ 신뢰의 구축, ④ 자아의 발견과 실현에 초점을 맞추도록 지도력을 발휘해야 한다는 말이 된다.

교육감의 지도력도 시대에 맞게 변해야 하는데 특히 ① 철학, 태도, 가치, 신념의 일치 형성, ② 방향감 속의 자율, ③ 윤리·도덕 실천, ④ 정보 기술 공학에서의 지도력을 강조했다.

참고문헌

Bennis, W. G.(1984). The Four Competencies of Leadership. *Training and Development Journal*, 38(8), pp.14 – 19.

Burns, J. M.(1978). *Leadership*. New York: Harper and Row.

Callaham, R. E.(1966). *The Superintendent of School: A Historical Analysis* (ERIC Document Reproduction Service No. ED 0104410).

Cuban, L.(1976). *Urban School Chiefs under Fire*. Chicago: Univ. of Chicago Press.

Kowalski, T. J.(1999). *The School Superintendent: Theory, Practice, and Cases*. Columbus, Ohio: Prentice Hall.

Sergiovanni, T. J.(1992). *Moral Leadership: Getting to the Heart of School Improvement*. San Francisco: Jossey – Bass.

Yukl, G. A.(1989). *Leadership in Organization*(2nd ed.). Upper Saddle River, NJ: Prentice Hall.

미국의 경우 16,000~17,000개의 기초단위 교육구에서 교육자치를 하고 있다. 이 단위의 교육감(superintendent)은 교육감 전공과정

을 마치고 교육감 자격증을 가져야 교육감을 할 수 있게 되어 있는 주가 많다. 우리나라 교장과 교육감, 교육장도 직무수행을 위한 공부를 할 필요가 있다.

국가 위기에서의 교육

　　B.C 70년경 유태인들은 나라의 임종을 맞게 되었습니다. 예루살렘성 밖은 모두 로마 군인들이 몇 겹으로 포위망을 치고 있었습니다. 나라의 운명이 꺼져 가는 촛불의 신세였습니다. 나라가 망하는 것은 기정사실이 되었는데 문제는 나라의 임종을 어떻게 맞느냐 하는 것이었습니다. 성안에서는 나라의 지도자들이 이 문제를 놓고 회의에 회의를 거듭하고 있었습니다. 성안의 백성들은 그래도 지도자 회의에서 좋은 안이 나오겠지 하면서 국가 운명의 마지막 결정을 이 지도자 회의에 기대를 걸고 있었습니다.

　　그러자 얼마 후에 뜻밖의 소문이 퍼지기 시작했습니다. 마지막으로 희미하게나마 희망을 걸었던 게 지도자 회의인데 지도자 회의를 이끌고 있던 요하난 벤 자카이가 중병에 걸렸다는 것입니다. 백성들은 하느님까지 원망하게 되었습니다. 나라가 이렇게 위급한 지경에 이르렀는데 우리 유태인이 무슨 나쁜 짓을 했다고 우리의 지도자인 요하난 벤 자카이까지 중병에 들게 하는 거냐고 말입니다. 여기저기서 한숨 소리가 들리고 있었습니다.

　　얼마 후에 마침내 그 지도자가 돌아가셨다는 소식이 들려왔습니다. 성안에 온통 울음바다가 되었습니다. 이제는 지도자 회의고 뭐고 모든 게 끝장이라고 했습니다. 며칠 후 장의행렬이 성 밖으로 향하게 되었습니다. 이때 포위망을 치고 있던 로마 군인들의 제지를 받게 되었습니다. 군인들은 이 성 밖으로는 개미 새끼 한 마리도 여기서 나가지 못한다고 으름장을 놓았습니다. 이에 대해 유태인 장의행렬은 말합니다. 너희들은 우리 지도자가 돌아가셨다는 걸 모르느냐? 이 성안에는 묘지가 없다. 시체를 썩힐 수는 없지 않느냐? 로마 군인들도 난처했습니다. 장례를 못 치르게 하고 시체를 썩히라고 할 수도 없고 성 밖으로 행렬을 내보낼 수도 없는 노릇이었습니다. 그래서 시체가 든 관을 칼로 찔러 보려고 했습니다. 유태인들은 눈물로 호소와 항의를 합니다. 아무리 망하는 나라라고 하더라도 돌아가신 분을 칼로 찔러 두 번 죽게 할 수 없다고 말입니다. 그리고 유태인 풍습엔 시체에 칼을 대지 못하게 되어 있다고 했습니다(이건 어느 나라라도 그럴 겁니다). 할 수 없이 로마 군인들은 장의행렬을 최소 인원으로 줄이고 몸수색을 하여 무기가 될 만한 것은 모두 빼앗고 겨우 파고 묻을 수 있는 연장만 가지고 나가게 했습니다.

　　새벽녘에 묘지에 도착한 관 속에서는 살아 있는 요하난 벤 자카이가 나왔습니다. 요하난 벤 자카이는 그 길로 로마군 사령관을 만나러 갔습니다. 깜짝 놀란 로마군 사령관 베스다시안은 어떻게 이 밤중에 죽음을 넘어 이곳에 왔느냐고 물었습니다. 요하난 벤 자카이는 "황제폐하, 우리 예루살렘성이 함락당한다는 것은 우리도 잘 알고 있습니다. 이제 성이 함락당하면 성안은 모두 불 질러지고 초토화되고, 로마 군인들의 군홧발에 모두 유린될 것입니다. 그래서 황제폐하께 조국의 멸망 앞에 마지막 부탁을 하러 죽음을 넘어 이렇게 왔습니다." 베스파시안은 당황했습니다. "아니 난 일개 군사령관이오, 폐하는 지금 로마에 계시오." "아닙니다. 귀하는 분명, 폐하가 되실 것입니다." "도대체 나라의 멸망 앞에 마지막으로 부탁할 일이 무엇이오?" "폐하, 성안을 다 불태우더라도 하나 보존할 게 있습니다. 그 하나만을 보존해 주겠다는 약속을 해 주십시오." "도대체 성안에 살려 둘 게 무엇이오?

아하, 당신 어머니를 살려 달라는 얘기겠지?" "아니오." "그러면, 당신 처자식 살려 달라는 얘긴가?" "그것도 아니오." "그럼, 도대체 그게 무엇이오? 아하, 당신들이 숭상하는 교회, 사원을 불태우지 말라는 얘기겠지?" "그것도 아닙니다." "그러면 도대체 무엇이오? 나라가 멸망하더라도 남겨 놓고, 살려 놔야 할 게 말입니다."

여러분, 여러분이 망하는 나라의 지도자라면 적 장군에게 마지막으로 무엇을 부탁하겠습니까? "폐하, 집 한 채를 살려 주시오. 큰 집도 아니고 20명이 겨우 들어가는 작은 방 하나입니다." 여러분, 이 방 한 칸이 무엇입니까? 학교입니다. 나라는 망하더라도 유태인의 교육은 계속되어야겠다는 것입니다. 이것이 유태인들 지도자 회의의 마지막 결론입니다. 나라 이름이야 있든지 없든지, 나라 땅덩어리야 가질 수 있든지 없든지 유태정신만 교육을 통해서 계승될 수 있다면 나라를 다시 찾을 수 있다고 유태인들은 굳게 믿었던 것입니다. 20명씩만 그들의 지도자 랍비를 길러 낼 수 있다면 언젠가는 나라를 다시 세울 수 있다고 생각했던 것입니다. 베스파시안은 황제가 되었다고 하는데 그때의 약속이 이루어졌는지, 약속이 지켜졌는지는 모르나 어쨌든 유태인들은 눈에 보이는 국토나 국호보다는 정신을 중시했고, 교육을 최우선시했습니다. 그 결과 나라 없이 2천 년 동안 갖은 고생을 하며 돌아다니다가 다시 모여 이스라엘을 세우고 지금도 '눈에는 눈, 이에는 이'로 맞서며 큰소리치며 살고 있는 것입니다.

나라가 망하더라도 교육은 계속되어야 합니다. 이런 결론은 유태인뿐만 아니라 우리 조상들도 마찬가지였습니다. 우리가 일본에게 나라를 빼앗겼을 때 우리 조상들도 교육을 통해서 독립을 하려고 했습니다. 그래서 민족학교를 세우고, 어린이 운동, 청소년 운동을 일으켰던 것입니다. 그런데 우리는 교육을 통해서 우리의 힘으로 독립을 하지 못하고, 외세, 남의 힘으로 해방이 되었기 때문에 우리는 지금 남과 북으로 두 동강이 나 이 고생을 하고 있는 것입니다. 유태인은 자기들 힘으로 나라를 다시 세워 큰소리치며 살고 있고요. 여러분, 왜 우리가 남북으로 갈라져야 합니까? 갈라지면 나쁜 짓을 한 일본을 갈라놔야지요. 우리가 독립운동을 할 때, 공산주의가 어디 있고, 민주주의가 어디 있었습니까? 그때는 오로지 민족주의만 있었습니다.

여러분, 우리는 언젠가는 하나의 조국을 만들어야 합니다. 역사적으로 3국시대도 있었고 2국시대도 있었지만 우리는 모든 것이 하나인 단일민족입니다.

여러분 그러면 우리는 무엇으로 통일을 해야 합니까? 총알로 통일할 수 있습니까? 아니면 달러($)로 통일하겠습니까? 모두가 어려운 일입니다. 민족의 동질성 교육을 통해서 해야 완전한 통일이 됩니다. 우리는 물리적 통일보다도 먼저 정신적, 교육적 통일을 해야 합니다.

우리는 지금 전쟁 중에 있습니다. 일본과의 전쟁도 완전히 끝나지 않았습니다. 우리의 정신대 할머니들의 외로운 전쟁을 외면해서는 안 됩니다. 징용으로, 노무자로 끌려가 돌아가신 많은 영령들이 지금도 이국땅 하늘에 떠돌고 있습니다. 일본의 역사교과서 왜곡과의 전쟁도 계속해야 합니다. 이 끝나지 않은 전쟁이야말로 교육을 통해서 이겨 내야 합니다.

　　남북 간의 전쟁(6 · 25 동란이란 것)도 끝난 것이 아닙니다. 휴전 상태입니다. 휴전 상태인데 우리는 지금 전쟁이 다 끝난 줄 알고 흥청망청하고 있습니다. 더구나 휴전 협정에 우리 남한은 서명도 못한 상태입니다. 우리의 운명을 우리가 결정하지 못하게 된 입장입니다. 이 전쟁도 결국 앞에서 말씀드린 대로 교육을 통해서 휴전을 끝내고 통일을 이룩해야 합니다.

　　우리가 60년대～80년대 짧은 동안에 산업화를 이루어 비약적인 경제 발전을 가져올 수 있었던 것도 밑바탕에서 교육이 떠받쳐 주었기 때문이었습니다. 교육의 힘으로 경제를 떠받쳐 줬으면 이번엔 반대로 경제가 번 돈으로 교육을 뒷받침해 줘야 하는데 경제가, 기업이 교육을 외면한 결과 우리가 90년대 말 IMF 관리체제의 위기를 맞게 되었던 것입니다. IMF 위기와의 전쟁도 아직 완전히 끝난 것으로 생각해서는 안 됩니다. 또다시 마음이 흐트러지면 또 어려운 때를 맞게 됩니다. 이 IMF와의 전쟁도 교육 전쟁입니다. 멕시코, 네덜란드, 영국도 여러 번 IMF를 맞았는데 궁극적으로는 교육으로 처방했다는 것입니다.

　　그러면 오늘 제 얘기의 결론은 무엇이겠습니까? 국가 위기의 극복은 교육이라는 것입니다. 교육은 모든 것의 출발인 동시에 최후의 보루입니다. 교육의 기초 출발이 잘못되면 국가가 위기로까지 몰리게 됩니다. 그리고 국가가 위기에 닥쳤을 때도 교육으로 극복해야 합니다. 교육이 무너지면 그 나라는 영원히 망하는 것입니다. 정치인, 기업인이 우리를 실망시키는 일이 있더라도 우리 교육자가 계속 정직한 어린이와 젊은이들을 교육시켜 내놓을 때 우리는 희망을 가질 수 있습니다. 유태인들은 2천 년 동안이나 희망을 버리지 않고 노력하여 오늘날의 이스라엘을 만들지 않았습니까?

　　세계는 우리 민족을 유태인 다음으로 지독한 민족이라고 하면서 주목합니다. 유태인이나 우리나 교육으로 살아가는 나라입니다. 교육으로 끝나지 않은 전쟁들을 승리로 이끌고 세계 속에서 우리도 큰소리치며 떵떵거리며 살아가야겠습니다.

〈2000. 충남대 사회교육원 특강〉

찾아보기

◉ 사항

◉ 인명

저자 주삼환(朱三煥) ─────────────────────────────────

▌약 력

　　서울교육대학교, 서울대학교 교육대학원 교육행정전공 석사
　　미국 미네소타대학교 대학원 교육행정전공 박사, 서울시내 초등교사 약 15년
　　한국교육행정학회장 역임
　　미국 오하이오주립대학 객원교수, 한국대학교육협의회 파견교수
　　인문사회연구회 이사 역임
　　현) 충남대학교 명예교수

▌저 · 역서

　　1. 미국의 최우수학교, 블루리본 스쿨(2009, 학지사, 공저)
　　2. 리더십 패러독스(2009, 시그마프레스, 공역)
　　3. 도덕적리더십(2008, 역, T. J. Sergiovanni 저, 시그마프레스)
　　4. 한국대학행정(2007, 시그마프레스, 문화체육관광부 우수도서)
　　5. 교육행정사례연구(2007, 학지사, 공저)
　　6. 교육행정철학(2007, 학지사, 공저)
　　7. 장학의 이론과 기법(2006, 학지사)
　　8. 한국교원행정(2006, 태영출판사, 문화체육관광부 우수도서)
　　9. 미국의 교장(2005, 학지사)
　10. 학교경영의 이론과 실제(학지사, 2006, 공저)
　11. 교육행정 및 교육경영 4판(학지사, 2009, 공저)

－ 한국학술정보(www.kstudy.com) 주삼환 교육행정 및 장학 시리즈 도서 35권 －

Ⅰ. 교육 칼럼 및 비평 시리즈
Ⅰ-1 우리의 교육, 몸으로 가르치자
Ⅰ-2 많이 가르치고도 실패하는 한국교육
Ⅰ-3 위기의 한국교육
Ⅰ-4 전환시대의 전환적 교육
Ⅰ-5 교육이 바로 서야 나라가 산다
Ⅱ. 장학 · 리더십론 시리즈
Ⅱ-1 장학의 이론과 실제:Ⅰ. 이론편
Ⅱ-2 장학의 이론과 실제:Ⅱ. 실제편
Ⅱ-3 수업분석과 수업연구(공저)
Ⅱ-4 전환적 장학과 학교경영
Ⅱ-5 장학: 장학자와 교사의 상호작용
　　　(역, A. Blumberg 저)
Ⅱ-6 임상장학(역, Acheson & Gall 저)
Ⅱ-7 교육행정 특강
Ⅱ-8 교장의 리더십과 장학
Ⅱ-9 교장의 질 관리 장학
Ⅱ-10 교육개혁과 교장의 리더십
Ⅱ-11 선택적 장학(역, A. Glatthorn 저)
Ⅱ-12 장학 연구
Ⅱ-13 인간자원장학(역, Sergiovanni &
　　　Starratt 저)

Ⅲ. 교육행정 시리즈
Ⅲ-1 올바른 교육행정을 지향하여
Ⅲ-2 한국교육행정강론
Ⅲ-3 미국의 교육행정
Ⅲ-4 지방교육자치와 대학자치
Ⅲ-5 전환기의 교육행정과 학교경영
Ⅲ-6 고등교육연구
Ⅲ-7 교육조직 연구
Ⅲ-8 교육정책의 방향(역, J. Rich 저)
Ⅳ. 교육행정철학 시리즈
Ⅳ-1 교육행정철학(역, C. Hodgkinson 저)
Ⅳ-2 리더십의 철학(역, C. Hodgkinson 저)
Ⅳ-3 대안적 교육행정학(공역, W. Foster 저)
Ⅳ-4 교육행정사상의 변화
Ⅴ. 교육행정 관련학문 시리즈
Ⅴ-1 교양인간관계론(역, A. Ellenso 저, e-book)
Ⅴ-2 입문 비교교육학(역, A. R. Trethwey 저)
Ⅴ-3 사회과학이론입문(공역, P. D. Reynolds 저)
Ⅴ-4 허즈버그의 직무동기이론(역, F. Herzberg 저)
Ⅴ-5 미국의 대학평가(역, Marcus, Leone
　　　& Goldber 저)

위기의 한국교육

초판인쇄 | 2005년 9월 30일
초판발행 | 2005년 9월 30일
개정인쇄 | 2009년 8월 21일
개정발행 | 2009년 8월 21일

지은이 | 주삼환
펴낸이 | 채종준
펴낸곳 | 한국학술정보㈜
주 소 | 경기도 파주시 교하읍 문발리 파주출판문화정보산업단지 513-5
전 화 | 031) 908-3181(대표)
팩 스 | 031) 908-3189
홈페이지 | http://www.kstudy.com
E-mail | 출판사업부 publish@kstudy.com

등 록 | 제일산 115호(2000. 6.)
가 격 | 27,000원

ISBN   978-89-268-0271-7 93370(Paper Book)
       978-89-268-0272-4 98370(e-Book)

이 책은 한국학술정보(주)와 저작자의 지적 재산으로서 무단 전재와 복제를 금합니다.
책에 대한 더 나은 생각, 끊임없는 고민, 독자를 생각하는 마음으로 보다 좋은 책을 만들어갑니다.